W0393337

Der eigene Garten

Der eigene Garten

Friedrich Schenk

Die Deutsche Nationalbibliothek verzeichnet diese Publikation in der Deutschen Nationalbibliografie; detaillierte bibliografische Daten sind im Internet über http://dnb.d-nb.de abrufbar.

© 2009 by Stiftung Warentest, Berlin
Alle veröffentlichten Beiträge sind urheberrechtlich geschützt. Das gilt auch gegenüber Datenbanken und ähnlichen Einrichtungen. Die Reproduktion – ganz oder in Teilen – durch Nachdruck, fototechnische Vervielfältigung oder andere Verfahren – auch Auszüge, Bearbeitungen sowie Abbildungen – oder Übertragung in eine von Maschinen, insbesondere Datenverarbeitungsanlagen, verwendbare Sprache oder die Einspeisung in elektronische Systeme bedarf der vorherigen schriftlichen Zustimmung des Verlags. Alle übrigen Rechte bleiben vorbehalten.

ISBN: 978-3-86851-003-4

Liebe Leserin, lieber Leser,

der eigene Garten ist besonders in den Großstädten auch bei der jüngeren Generation wieder schwer im Kommen, sei es in der lange Zeit verpönten Kleingartenkolonie oder am Stadtrand. Der Wunsch, in der Natur zu sein und die Jahreszeiten intensiver zu erleben, treibt diesen Trend an. Und wer erfolgreich ein Gartengrundstück erobert hat, steht vor den gleichen Fragen wie der Hausbesitzer, wenn es darum geht, aus dem begrenzten Raum für sich das Beste zu machen.

Der Garten muss neu angelegt und den Wünschen der ganzen Familie angepasst werden. Die Kinder wollen schließlich klettern, schaukeln, im Sommer mit Wasser plantschen und auf dem Rasen spielen. Vielleicht fehlen auch noch Terrasse, Sitzplätze und Wege, nicht nur für sommerliche Feiern und Grillabende, sondern genauso zur verdienten Erholung nach Feierabend und an den Wochenenden. Schutz vor neugierigen Blicken und ruhige Nischen schaffen Zäune und Hecken, die auch für den Familienhund ein sicheres Revier „abstecken" können. Und was ist mit Zier- und Nutzbeeten, Vorgärten, Kräutern für die Küche – vielleicht eine Kräuterspirale? Und Obst und Beeren? Was ist ein Garten ohne den eigenen Familien-Apfelbaum? Bleibt noch Platz für den schon lange ersehnten Gartenteich? Und der Kompost darf nicht vergessen werden!

Was geht und wie es geht, stellen wir in diesem Buch einfach und praxisnah mit vielen nützlichen Tipps sowie leicht nachvollziehbaren Schritt-für-Schritt-Anleitungen vor. Vielleicht können wir Ihnen ja dabei helfen, einige – manchmal später kostspielige, aber immer ärgerliche – Fehler von vornherein zu vermeiden und Ihr gärtnerisches Wirken gleich zu einem guten Ergebnis zu bringen. Das Wichtigste ist aber, dass Sie sich mit möglichst wenig Arbeitsaufwand in Ihrem Garten wohlfühlen und diesen als Ort der Erholung genießen können.

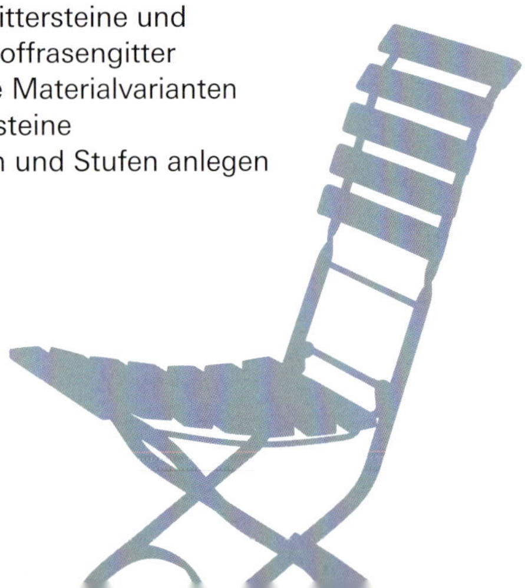

87 Oasen schaffen

113 Rasen

141 Zierflächen fürs Auge

229 Bodenpflege im Garten

251 Schädlinge erkennen und bekämpfen

271 Service

Lage und Beschaffenheit des Gartengrundstücks

Lage und Beschaffenheit des Gartengrundstücks

So einladend können Gärten sein

Die Kosten für den Grundstückserwerb haben heutzutage Größenordnungen erreicht, die viele Menschen zwingen, an der Grundstücksgröße zu sparen, damit der Traum vom eigenen Heim noch finanziert werden kann. Die Folge davon sind Reihenhäuser mit manchmal sehr kleinen „handtuchförmigen" Gärten; Doppelhaushälften und Einfamilienhäuser kommen in der Regel mit Grundstücksgrößen von 180 bis 800 Quadratmeter aus. Nur in einigen wenigen Fällen werden heute noch großflächige Grundstücke mit Einfamilienhäusern neu bebaut. Größere Gärten gehören allerdings manchmal zu etwas älteren Gebrauchtimmobilien.

Aber auch bei kleineren Gärten „geht viel", wenn man bewusst plant und Kreativität bei der Raumausnutzung entwickelt. Die Grundstücksgröße allein ist sicher nicht entscheidend für die Gestaltung Ihres Gartens.

Eine Bestandsaufnahme

Der eigene Garten ist heute ein Erlebnisraum, der vielfältige Ansprüche erfüllen soll – Erholung und Ruhe, Naturerlebnis, Kinderspielplatz, Lieferant von gesundem Obst und Gemüse.

Wenn Sie Ihren Garten ganz neu anlegen wollen oder einen bereits bestehenden Ihren Wünschen entsprechend umgestalten wollen, sollte es im ersten Schritt immer darum gehen, sich die gegebenen Verhältnisse genau anzuschauen und diese möglichst auch schon für die weitere Planung und die spätere Erarbeitung eines Gesamtkonzepts zu dokumentieren.
Sehr hilfreich ist hierbei eine vergrößerte Kopie des **Lageplans** Ihres Grundstücks. Falls Ihnen keiner vorliegt, zum Beispiel bei einer älteren Immobilie, können Sie ihn bei Ihrem Katasteramt gegen eine geringe Bearbeitungsgebühr anfordern.
Handskizzen reichen für die Gartenplanung natürlich auch völlig aus. Leihen Sie sich für die Vermessung ein langes Maßband aus, wenn Sie selber keines haben. Die Skizzen sollen nämlich schon möglichst maßstabgetreu werden, damit Sie Terrasse und Wege, aber auch Pflanzengrößen und Grenzabstände realistisch und einfach abbilden können.
Neben den **Himmelsrichtungen,** die unbedingt in die Planungsskizze aufgenommen werden müssen, stellen die **Gebäude und Anlagen** auf Ihrem Grundstück, also Ihr Haus, die Garage und/oder der Carport, aber auch Leitungstrassen und Kanalschächte die ziemlich unveränderbaren Merkmale für die weitere Gartenplanung dar.
Auch wichtige Einflüsse von außerhalb der Grundstücksgrenzen sollten unbedingt in dieser ersten Planungsphase beachtet und für die spätere Gartengestaltung im Plan festgehalten werden. Hierzu gehören zum Beispiel die **Gebäude auf den Nachbargrundstücken,** die eventuell Schatten in Ihren Garten werfen oder manchmal einfach nur sehr unansehnlich wirken. Bei einer ausführlichen Grundstücksbegehung werden Sie sicher auch weiter entfernte „Scheußlichkeiten" bemerken, die mit etwas Planung optisch verdeckt werden können. Aber auch wünschenswerte Aussichten, die unbedingt freigehalten werden sollen, gehören rechtzeitig in der Planungsskizze vermerkt.
Geräusch- und Lärmverursacher wie nahe, stark befahrene Straßen, Bahn-

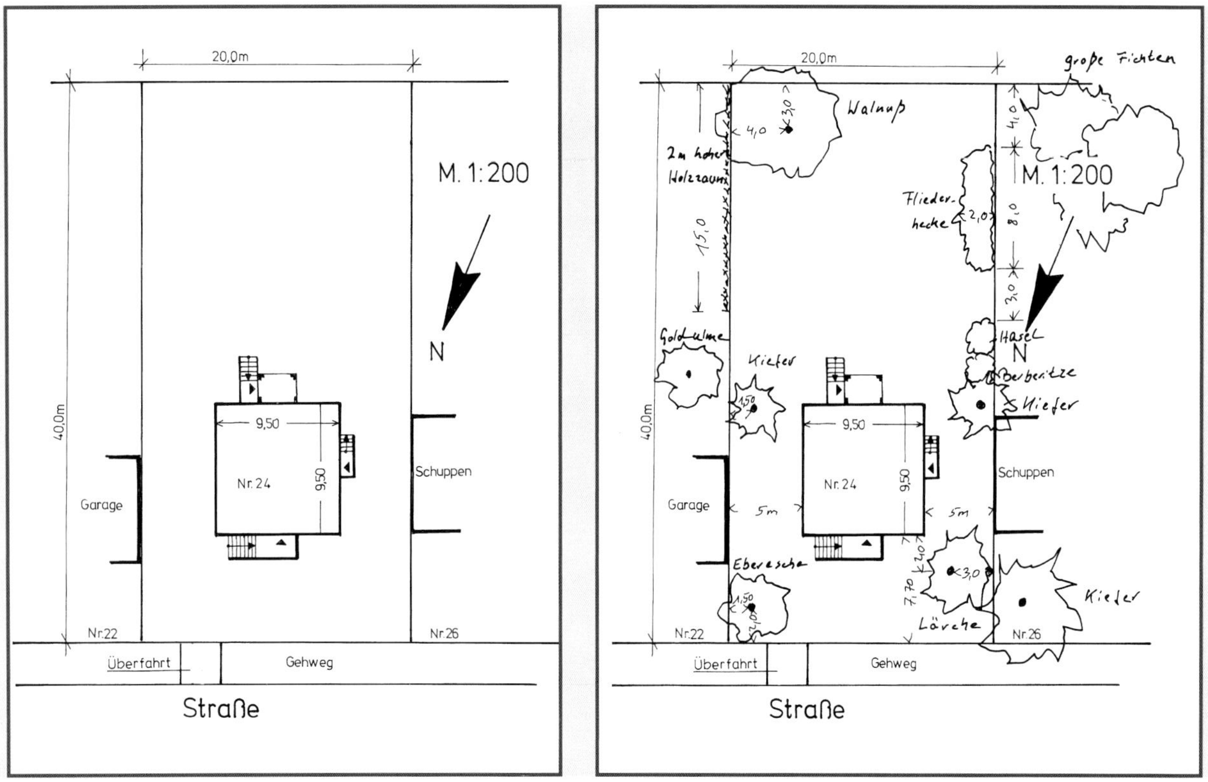

Bestandsaufnahme im Garten. Vom „nackten" Lageplan ausgehend werden Umgebungseinflüsse und die großen Pflanzen wie Bäume und Hecken maßstabsgerecht erfasst.

linien oder auch Gewerbegebiete dürfen in Ihrem Plan genauso wenig fehlen wie die notwendigen Standorte für **Sichtschutzmaßnahmen** aus Bäumen, Sträuchern, Hecken oder Zäunen, die Sie zur Wahrung Ihrer Privatsphäre errichten können. Sicht- und Lärmschutzmaßnahmen wirken übrigens immer in beide Richtungen und können für ein gutes nachbarschaftliches Verhältnis sorgen. Ihre Nachbarn, falls sie nicht eingeladen sind, bekommen von einer etwas lauteren Sommer-Gartenparty hinter einer dichten Hecke oder einer Zierfläche aus Gehölzen und Stauden viel weniger mit als ohne einen solchen Schutz.

Ebenfalls zur Ist-Beschreibung gehört ein eventuell vorhandenes **Geländegefälle,** dessen Konturen Sie grob mit „Höhenlinien" in der Planungsskizze vermerken können. Bei Neubauten muss die Lage von Treppen und Stützmauern im Garten möglichst früh festgelegt werden, damit diese Arbeiten noch von den Baufirmen durchgeführt werden können.

Wenn das Grundstück schon über früher angelegte **Wege, Plätze und Gehölze** verfügt, müssen einige Entscheidungen getroffen werden, bei denen die Gartenskizze wiederum sehr hilfreich sein kann: Beseitigen, erhalten oder erneuern? Passen die alten Wege in Größe, Farbe und Form in das „neue"

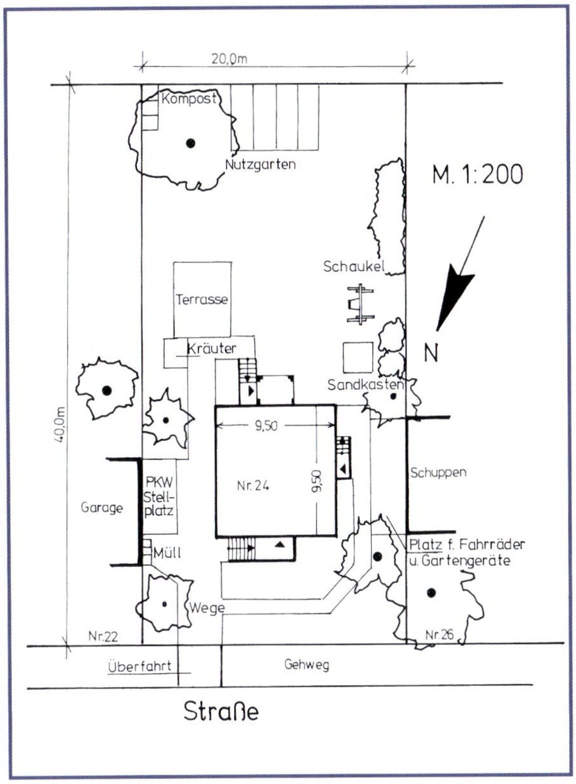

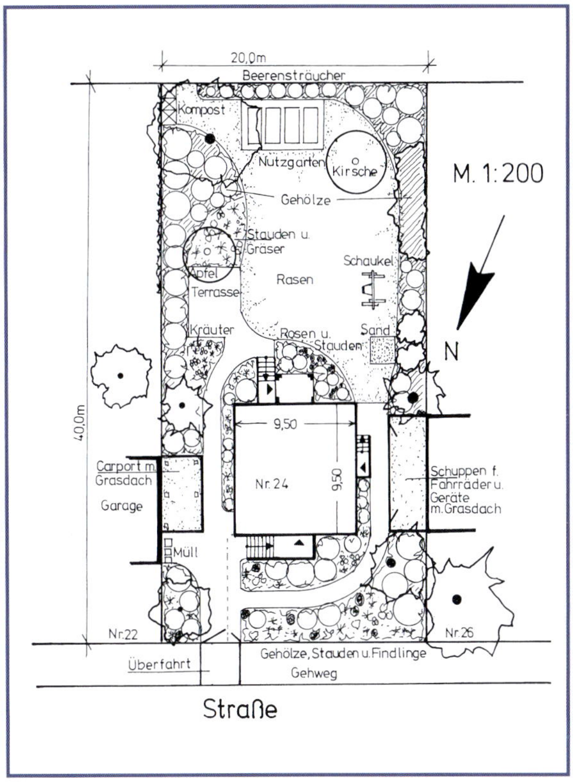

Gesamtkonzept? Sollen wasserundurchlässige Weg- und Terrassenbeläge vielleicht gegen versickerungsfähige ausgetauscht werden?

Wie sieht es mit den **Bäumen und Sträuchern** aus? Passen sie noch in den neuen Garten? Haben sie den richtigen Standort? Was soll man tun: Erhalten, umsetzen oder gar fällen?

Bäume dürfen häufig gar nicht gefällt werden; manche aus naturschutzrechtlichen Gründen, andere wiederum fallen möglicherweise unter die **Baumschutzverordnung** Ihrer Gemeinde, die das Fällen von Gehölzen ab einem festgelegten Stammumfang verbietet. Gemessen wird der Umfang des Baumes je nach Bundesland in einer gesetzlich festgelegten Höhe über dem Erdboden. Größere Bäume dürfen dann nur noch mit einer Ausnahmegenehmigung gefällt werden, zum Beispiel bei Vorliegen von Baumkrankheiten und/oder dann, wenn von dem Baum oder Baumteilen eine konkrete Gefahr ausgeht. Obstbäume sind von den Baumschutzmaßnahmen der Gemeinden meistens nicht erfasst, da bei ihnen der Obstertrag im Vordergrund steht, der mit zunehmendem Alter der Gehölze geringer wird.

Falls Sie also Baumfällungen auf Ihrem Grundstück in Erwägung ziehen, sollten Sie sich bei Ihrer Gemeinde- oder Stadtverwaltung vorher informieren.

Beim Planen das Wichtigste zuerst: Wege, Stellplätze, Gartenhäuschen, Schuppen und Aufenthaltsbereiche. Auch ein Gartenteich sollte jetzt schon berücksichtigt werden. Zum Schluss die Kür, die detaillierte Bepflanzung.

Bedenken Sie aber auch, wie viel Zeit ein neu gepflanzter Baum benötigt, um zu stattlicher Größe heranzuwachsen. Wir möchten Ihnen deshalb eher den weitestgehenden Erhalt des Baumbestands empfehlen. Besonders größere Bäume geben einem Hausgarten einen besonderen Charakter und können häufig auch unproblematisch in das Gartenkonzept integriert werden. Und: Gerade Laubbäume wirken klimaregulierend. Wenn südlich von Sitzplätzen im Garten, von einem gläsernen Wintergarten oder einer großen Glasfront ein größerer Laubbaum steht, spendet dieser im Sommer in den heißen Mittagsstunden kühlenden Schatten. Im Winter beeinträchtigt er die Sonneneinstrahlung kaum, weil ja das Laub abgefallen ist.

Wärmepumpen und Erdkollektoren

Vielleicht haben Sie sich ja entschieden, bei Ihrem neuen Eigenheim für Heizung und Warmwasserbereitung die Erdwärme zu nutzen. Sie werden dann schon vor der Neuanlage des Gartens mit relativ wenig Aufwand einen **Erdkollektor** eingraben. Später können allerdings Probleme mit der Vegetation auftreten. Der Wärmeentzug kann Pflanzen „kalte Füße" bereiten. Deshalb sollten Sie die Leitungen in etwa 1,5 Meter tiefen Gräben verlegen, die um wertvolle Pflanzen einen Bogen machen.

Erdsonden sollte man möglichst dort einbauen lassen, wo das Bohrfahrzeug hinfahren kann, ohne große Schäden anzurichten.

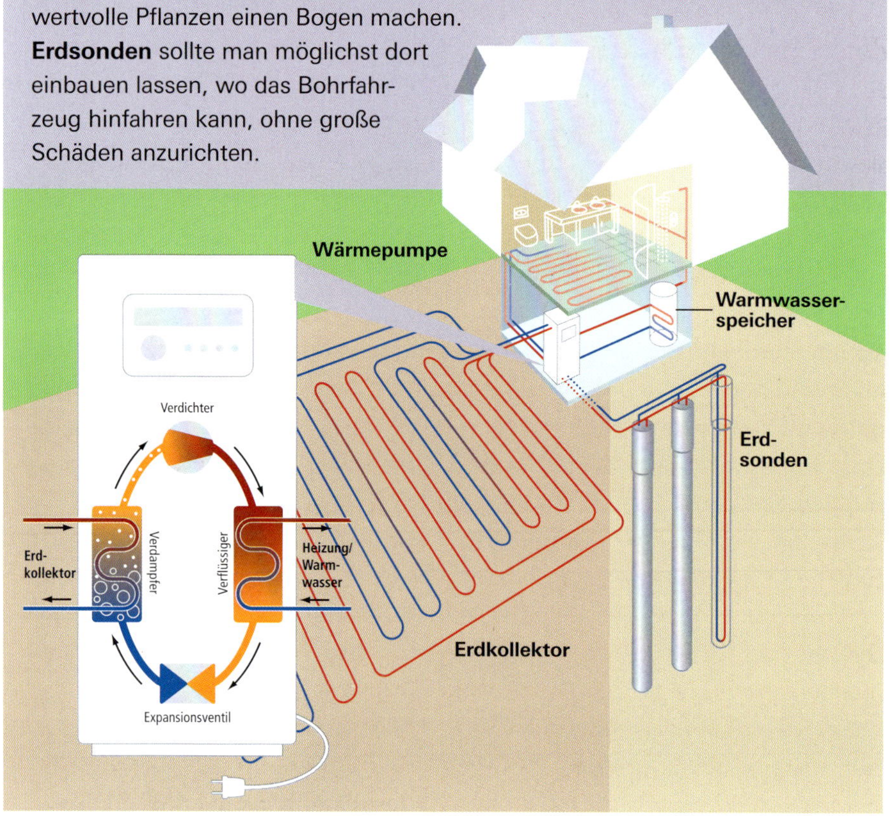

So funktionierts

Kältemittelkreislauf: Wie im Kühlschrank dient in der Wärmepumpe ein Kältemittel zum Wärmetransport.

Verdampfer: Wärmetauscher, der die Energie aus der Sole auf das – hier sehr kalte – Kältemittel überträgt, das dabei verdampft.

Verdichter (Kompressor): Pumpe, die das Kältemittel komprimiert und dabei erhitzt (ähnlicher Effekt wie beim Aufpumpen eines Fahrradreifens).

Verflüssiger: Wärmetauscher, der die Energie vom – hier heißen – Kältemittel auf Heiz-/Warmwasser überträgt.

Expansionsventil: Das unter Druck stehende Kältemittel wird hier eiskalt (ähnlicher Effekt wie beim Öffnen von Gasflaschen oder bei Sprays.)

Beachten Sie auch die vorhandenen **Wasser- und Stromanschlüsse.** Für die Planungen relevant wird das, wenn Sie Stromleitungen im Garten legen möchten – zum Beispiel für die Beleuchtung der Wege – und möglicherweise auch neue unterirdische Wasserleitungen für Bewässerungsanlagen und Wasserhähne (→ „Gartenpipeline und Bewässerungssysteme", Seite 49). Auch die Überlegung, ob man im Boden unter dem Garten eine **unterirdische Zisterne** einbauen lassen möchte, sollte im Planungsstadium berücksichtigt werden.

Bevor Sie jetzt bei der Planung des Gartens zu den Neuanpflanzungen kommen, gebührt erst noch dem **Boden** Ihres Grundstücks einige Aufmerksamkeit. In jedem Fall sollten Sie bei Ihrer Planung die örtlichen Bodenverhältnisse berücksichtigen, denn nicht jede Bodenqualität eignet sich für jede Bepflanzung.

Wie Sie Ihren Boden bestimmen und bei Bedarf aufwerten können, beschreiben wir im Kapitel „Was wächst hier überhaupt?" (→ Seiten 21 ff.).

Bei Neubauten kann es manchmal sogar sinnvoll sein, den durch die Baumaschinen stark verdichteten und möglicherweise auch verunreinigten Boden abtragen und durch humushaltigen Mutterboden ersetzen zu lassen, wenn man Wert auf Gartengestaltung legt.

Guter Schatten – schlechter Schatten

Große Schattenspender wie Bäume oder auch hohe Nachbargebäude können sich sehr nachteilig auf die Leistung von Solaranlagen auswirken, wenn ihr Schatten auf Fotovoltaikpaneele (Stromproduktion) oder solarthermische Kollektoren (Warmwasserbereitung) fällt.

Ziele der Gartengestaltung

Sie haben einen Plan, und Sie wissen über die Bodenqualität zumindest grob Bescheid. Nun tritt die nächste Stufe der Gartenplanung in Kraft. Was soll alles verwirklicht werden? Und was geht eigentlich alles? Was passt sinnvoll in das Gesamtkonzept?

Vielleicht können Sie ja im Rahmen einer „Familienkonferenz" zunächst einmal alle Wünsche Ihrer Familie an den Garten sammeln. Für die meisten (kleinen) Kinder stehen bestimmt Spiel- und Rasenflächen mit Schaukel und Rutsche sowie Platz für das Planschbecken ganz oben auf der Wunschliste. Aber es sollen ja auch noch Wege, Terrassen, Sitzplätze, Zier- und sicherlich auch Nutzflächen angelegt werden, um den Garten als Erholungsort und Lebensraum für die ganze Familie nutzbar zu machen. Und wo sollen Teich und Kräuterbeet hinkommen, wohin Komposter und Mülltonnen, wohin Stein- oder Heidegarten? Und wo bleibt dann noch Platz für eine Trockenmauer und Gabionen (→ „Oasen schaffen", Seiten 87 ff.)?

Die Gartenplanung

Die zuvor angefertigte Skizze (Bestandsaufnahme) wird jetzt zur Grundlage für den neuen Entwurf des anzulegenden Gartens.

Bei großen Grundstücken lassen sich die meisten Wünsche der Familienmitglieder recht großzügig planen und realisieren. Es besteht allerdings die

Gefahr, dass der Garten durch eine Aufteilung in separate Teilbereiche nicht mehr als Ganzes erlebt werden kann. Hier gilt es deshalb, bereits bei der Planung frühzeitig die Teilbereiche harmonisch in das Gesamt-Gartenkonzept einzupassen und für fließende Übergänge zu sorgen.

Je kleiner das Grundstück ist, desto intensiver sollten Sie sich um die Gestaltung des Gartens kümmern und die sich Ihnen bietenden Möglichkeiten planvoll ausnutzen. Sehr wichtig hierbei ist, dass Sie auch die senkrechten Flächen auf dem Grundstück mit in Ihre Planung einbeziehen. Begrünte Fassaden, Garagenwände und Zäune tarnen die häufig „harten" Grundstücksgrenzen. Der Garten wird wesentlich größer wahrgenommen, als er eigentlich ist. Dieser Effekt lässt sich auch – natürlich in Absprache mit den Nachbarn – durch entsprechende gemeinsame Grenzbepflanzungen erzielen. Das kann eine grüne und/oder blühende Hecke anstelle eines Zaunes sein, das können aber auch größere Gehölze, Zier- und Nutzbäume und/oder Sträucher sein, die direkt auf die Grenze gepflanzt werden und von denen dann alle Anwohner etwas haben. Wenn Sie sich mit Ihren Nachbarn besonders gut verstehen, können Sie auch (streckenweise) auf Zaun und Hecke ganz verzichten und stattdessen Gartenbereiche für die gemeinsame Nutzung planen, vielleicht mit einem großen Spiel-, Sport- und Rasenplatz für die Kinder.

Bei der Bepflanzung kleiner Grundstücke können Sie natürlich auch auf kleinwüchsige Arten zurückgreifen. Selbst Obstbäume mit einem niedrigen Stamm bringen ordentliche Erträge und passen in beinahe jeden Garten (→ „Mit oder ohne Leiter ernten?", Seite 193).

Kinder im Garten

Kinder lernen im Garten ganz spielerisch, mit der Natur zu leben. Deshalb sollten ihnen schon bei der Gartenplanung unbedingt feste Plätze reserviert werden, aber nicht nur für Klettergerüst, Sandkasten, Schaukel und Co.!

Auch ein eigenes Stück Garten zum Forschen und Experimentieren gehört mit auf den „Spielplatz". Bei sehr kleinen Gärten reichen manchmal schon einige mit Erde befüllte Behältnisse oder eine abgetrennte Ecke.

In ihrem eigenen Gartenteil können die Kinder dann ungehindert säen, gießen, das Wachstum beobachten, ernten, probieren und Erfolge oder auch Misserfolge erfahren. Manche spätere Gartenleidenschaft findet ihren Ursprung in diesen ersten gärtnerischen Erfahrungen in der Kindheit.

Bei der Planung eines Spielplatzes für Ihre Kinder sollten Sie auch ein Stück robuste Rasenfläche einplanen, zum Beispiel für Ballspiele. Falls Sie die Spielfläche noch in dem Blickwinkel eines Fensters oder einer Außensitzgelegenheit anlegen können, erleichtern Sie sich die Beaufsichtigung.

Viele Sommerblumen, Stauden und Kräuter und manche kleinen Obstgehölze können auch in Töpfe und Kübel gepflanzt und auf der Terrasse oder an markanten Stellen im Garten, im Eingangsbereich oder auch auf Treppen dekorativ platziert werden.
Unabhängig von der Größe Ihres Gartens sollten Sie möglichst vermeiden, zu viele Pflanzen anzusiedeln und natürlich auch nicht die „falschen" in Ihren Garten holen. Gehen Sie bei der Planung immer von der **Größe der ausgewachsenen Pflanzen** aus. Es wäre schade, wenn Sie nach wenigen Jahren Ihren Garten auslichten und teuer gekaufte Pflanzen dem Komposthaufen opfern müssten.
Mit „falscher" Bepflanzung sind die Pflanzen gemeint, die mit den vorhandenen **Standortbedingungen** des Gartens nicht zurechtkommen. Sonnenbedürftige Kräuter und Stauden zum Beispiel kümmern im Schatten bedauernswert vor sich hin, bekommen Krankheiten und Schädlinge und werden letztlich vom Wildwuchs überwuchert, wenn sie nicht fortlaufend künstlich am Leben gehalten werden. Also – zurück zur Gartenskizze, in die Sie ja bereits die Himmelsrichtungen und Schattenspender eingetragen haben. Suchen Sie nur die Pflanzen für Ihren Garten aus, denen Sie auch optimale Wachstumsbedingungen zur Verfügung stellen können. Dies gilt natürlich für alle Gartenflächen. Hierzu müssen die spezifischen Ansprüche der Pflanzen an Licht, Boden, Nährstoffe und Wasser erfüllt werden. Sie werden es Ihnen durch Wachstum, Blüten- und Fruchtreichtum danken und Ihren Garten in eine blühende Oase verwandeln.

Die Visitenkarte fürs Haus: der Vorgarten

Bei der Gartengestaltung werden die Vorgärten häufig etwas vernachlässigt, frei nach dem Motto: „Was soll ich mir um die kleinen Flächen noch groß Gedanken machen?". Die Folge davon sind häufig sehr langweilige und uniforme Vorgärten. Dabei kommt doch gerade den Vorgärten als Schnittstelle zwischen öffentlichem und privatem Bereich die Funktion einer „Visitenkarte" für die Bewohner zu.

Natürlich verfügen Vorgärten oft nicht über die besten Standortvoraussetzungen, zumindest was die Besonnung der Flächen angeht, aber trotzdem ist es ohne großen Aufwand möglich, sie ansprechend zu gestalten. Mit einer überlegten Planung werden Sie sicherlich schöne Pflanzen auch für die Schatten- oder Halbschattenbereiche Ihres Gartens finden.

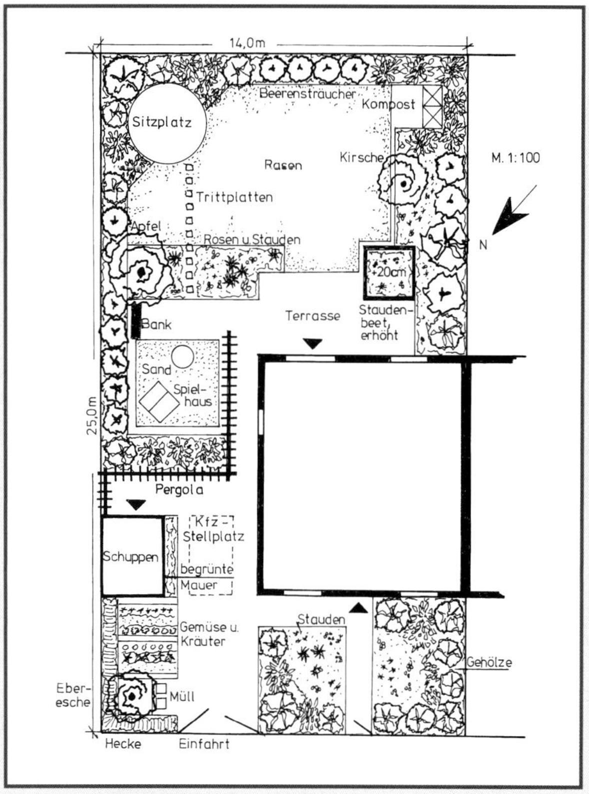

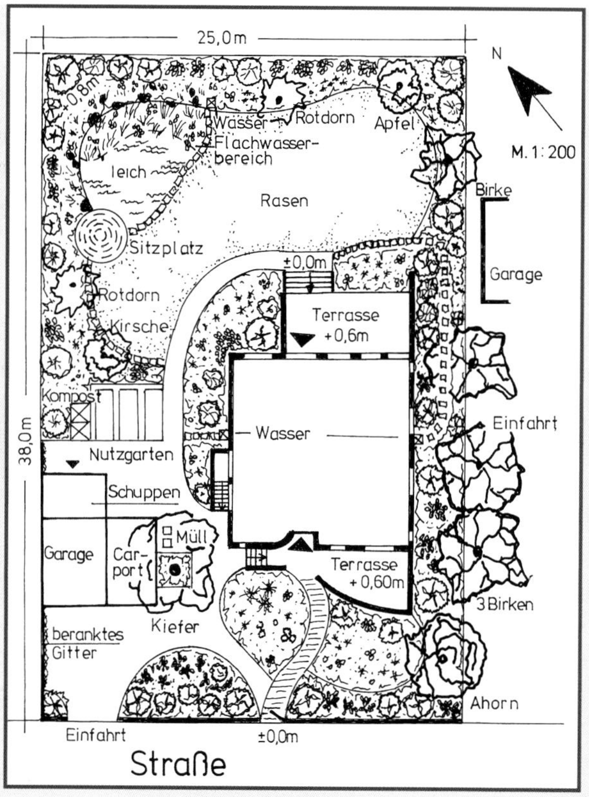

Kleiner Garten (Grundstück 350 m²)

Einen Sichtschutz zu den 3 Nachbargrundstücken und zur Straße bilden Gehölze und eine schmale Hecke an der Einfahrt. Daran schließen sich teilweise zum Garten hin niedrigere Pflanzen (Stauden, kleine Blühgehölze) an. Ein kleiner Küchengarten liegt in Hausnähe gleich neben der Einfahrt.

Kernstück des Gartens ist eine Rasenfläche, gesäumt von Blütenpflanzen, und ein in Gehölze eingebetteter runder Sitzplatz. Eine weitere Gliederung wird durch eine Pergola (z.T. berankt) und ein erhöhtes Pflanzenbeet erreicht. Die Geräteschuppenwand ist berankt.

Die Kinder haben eine große Sandspielfläche mit Spielhaus in Sichtweite der Terrasse.

Der beschattete Kompost in der hinteren südlichen Ecke ist unauffällig und stört nicht.

Großer Garten (Grundstück 950 m²)

Zwei Kfz-Stellflächen waren eine Auflage aus der Baugenehmigung. Die Hauseingänge liegen 60 cm über Gartenniveau, zum Vordereingang führt eine Rampe oder Treppe. Den Zugang zum Garten von der hinteren Terrasse erschließt eine breite Treppe.

Sichtschutz zu den Nachbarn und zur Straße geben Gehölze und berankte Gitter. Im Eingangsbereich und zum Rasen hin wachsen niedrigere Gehölze, Blumen und Stauden.

Der hintere „Wohngarten" hat eine große Rasenfläche und einen großzügig angelegten Teich. Da im Haushalt keine kleinen Kinder leben, ist dieser keine Gefahrenquelle. Hinter dem Teich ist ein bis zu 80 cm hoher Erdwall aus der Erde des Teichaushubs, der zum Teich hin mit Stauden, Gräsern und Kleingehölzen bepflanzt ist, dazwischen liegen dekorativ Findlinge.

Was wächst hier überhaupt?

Es lohnt sich immer, vor Beginn der eigentlichen Gartenarbeit der Qualität des Bodens auf dem eigenen Grundstück Aufmerksamkeit zu schenken. Das Erdreich besteht aus einer Mischung organischer und mineralischer Substanzen, aus Bodenluft und Bodenwasser: Aus (anorganischem) Ge stein wird durch Verwitterung **Mineralboden**, der ungefähr die Hälfte des Bodenanteils ausmacht. Die andere Hälfte besteht aus Bodenwasser, Bodenluft und organische Substanzen.
Zu den **organischen Anteilen** zählen Humus, Bodenlebewesen und Pflanzenwurzeln. Wenn Sie mit dem Spaten ein Stück ausstechen (Spatenprobe), werden Sie feststellen, dass der Gartenboden „lebt". Er ist versetzt mit Pflanzenwurzeln Algen, Pilzen und zahllosen quirligen Kleinstlebewesen wie Würmern, Hundert- und Tausendfüßern sowie Insekten(larven).

Verschiedene Bodenarten

Um Ihre Gestaltungswünsche möglichst alle umsetzen zu können, möchten Sie Ihren Gartenboden sicherlich in einen optimalen und gesunden Zustand versetzen. Als idealer Garten- (und auch Ackerboden) gilt ein krümeliger, gut durchlüfteter Erdboden, der Wasser gut speichern und gleichzeitig Überschüsse ableiten kann, sich leicht bearbeiten lässt und der genügend Nährstoffe enthält. In der Regel ist dies eine Mischung aus Sand, Lehm, Ton und organischem Humus.
Um dies zu erreichen, sollten Sie Antworten auf folgende Fragen finden:
- Über welchen Gartenboden verfüge ich?
- Muss, kann oder soll ich ihn „verbessern" – und wie mache ich das?

Grundsätzlich lassen sich so grob folgende Bodenkategorien unterscheiden:
- **Sandboden** (Unterkategorien: leichter Boden, Sand, anlehmiger Sand, lehmiger Sand),
- **Lehmboden** (Unterkategorien: sandiger Lehm, Lehm, lehmiger Ton, Ton),
- **Moorboden**.

Erste Auskunft über die Art des Bodens gibt die Finger-, Fühl- oder **Knetprobe** in Ihrem Garten.

Wissenswertes über den Boden

Eine noch genauere Beschreibung der Bodentests und viele Informationen zum Boden (auch für Kinder) findet man bei www.bodenwelten.de vom Bundesverband Boden e.V., gefördert durch das Bundesministerium für Umwelt, Naturschutz und Reaktorsicherheit.

Sandboden

Knet- und Fühlprobe: Sandböden sind relativ leicht zu erkennen, sie fühlen sich – wie der Name schon sagt – sandig, körnig an und lassen sich nicht mit der Hand kneten oder formen.

Nachteilig aus Sicht des Gärtners ist:

• Trockener und leichter Sandboden verfügt nur über eine geringe Menge wichtiger Mineralien für die Pflanzenernährung. Er sollte deshalb durch Kompost oder Gründüngung aufgewertet werden.

• Die geringe Wasserhaltefähigkeit. Zur Verbesserung empfehlen wir, Gesteinsmehl auf die Bodenfläche zu streuen und es leicht einzuarbeiten, damit der Wind es nicht forttragen kann. Die Gesteinsmehlarten wie Tonmehl, Basaltmehl und Urgesteinmehl enthalten Tonteilchen zur Wasserspeicherung.

Als Vorteile von Sandböden gelten für den Gärtner:

• Sie erwärmen sich schnell,
• werden leicht durchwurzelt,
• sind gut durchlüftet,
• sind gut durchwässert (keine Staunässe) und
• lassen sich leicht bearbeiten.

Leichter Boden sollte im Sinne einer schonenden Bodenbearbeitung nur selten – wenn überhaupt – umgegraben werden. Um die Bodenlebewesen bei ihrer „Arbeit" nicht zu stören, kommen eher Gartengeräte zum Einsatz, die den Boden auflockern, ohne ihn komplett umzuwenden. Hierzu zählen Sauzahn, Doppelgrabegabel und Kultivator/Grubber (→ Seite 31).

Lehmboden

Knet- und Fühlprobe: Lehmboden zeichnet sich im feuchten Zustand durch seine Knet- und Formbarkeit aus, trocken wird er hart. Besonders stark tonhaltiger Boden kann zwischen den Handflächen dünn ausgerollt werden.

Als Vorteil gilt, dass Lehmböden allgemein über eine gute Wasserhaltefähigkeit verfügen.

Als nachteilig gilt – besonders bei verdichtetem Lehmboden –, dass er:

• Wasser schlecht ableitet,
• nur eine schlechte Durchlüftung erlaubt,
• sich langsam erwärmt,
• schwierige Bedingungen für Wurzelwachstum und Keimung bietet.

Bei normalen und mittelschweren Lehm- und Tonböden reicht häufig ein Lockern oder Lüften des Bodens vor der Bepflanzung aus. Eine zusätzliche Kompostgabe verbessert immer die Qualität des Bodens.

Schwere und verdichtete Lehm- und Tonböden neigen zur Staunässe. Es gilt also grundsätzlich bei dieser Bodenart, den Boden aufzulockern. Hierzu empfehlen wir das Einarbeiten von Sand und/oder die Gabe von Kompost und Gründüngung (→ „Bodenpflege im Garten", Seiten 229 ff.).

Moorboden

Knet- und Fühlprobe: Moorboden ist ein wassergesättigter Boden, der aus Torf (vor allem verrottenden organischen Bestandteilen) besteht. Er fühlt sich in den Händen „nass" an.

Falls Sie zu den wenigen Menschen gehören, die einen Moorgarten besitzen, können Sie den Boden durch die Gabe von Kompost, Gesteinsmehl und Kalk deutlich aufwerten.

Mit Torf aus Mooren den Gartenboden verbessern?

Der früher häufig zur Bodenverbesserung aufgebrachte Torf aus dem Moor wird heute höchstens noch bei sehr kalkhaltigen Böden verwendet, da er einen niedrigen pH-Wert besitzt (Torf ist „sauer"). Bei normalen Gartenböden sollte deshalb die Gabe von Torf unterbleiben.

Da Torf nur wenige pflanzliche Nährstoffe besitzt, müssen regelmäßig Mineraldünger zugeführt werden. Außerdem werden durch den Abbau von Torf intakte Moorflächen und somit – zum Leidwesen des Naturschutzes – sehr wertvolle Lebensräume zerstört.

Zur sinnvollen, zeitgemäßen Bodenverbesserung empfehlen wir Kompost, Rindenhumus und Gründüngung. Selbst für Rhododendren, die Torf „lieben", können Sie auf Alternativstoffe aus dem Gartenhandel zurückgreifen.

Die Bodenfruchtbarkeit

Ob die Pflanzen in Ihrem Garten tatsächlich kräftig und gesund wachsen, hängt von verschiedenen Faktoren ab. Neben der Bodenart, der Bewässerung und Belüftung des Bodens sowie der Lage des Gartens kommt der **Nährstoffverfügbarkeit** eine besondere Bedeutung zu.

Wir empfehlen deshalb, bei der Neuanlage eines Gartens, aber auch danach alle drei bis fünf Jahre eine Bodenuntersuchung vorzunehmen. Das lohnt sich auf jeden Fall. Denn wenn Sie viel Geld für (unangebrachte) Düngemittel ausgeben oder viele Pflanzen in Ihren Garten setzen, die mit dem Boden nicht gut zurechtkommen, ist das Geld letztlich verschwendet und Sie sind enttäuscht, dass Ihr Garten nicht so blüht und gedeiht, wie Sie sich das vorgestellt haben.

Gartenbodenanalysen

Wir bieten für 47 Euro eine labortechnische Gartenbodenanalyse an, in der die Bodenart, der pH-Wert, Phosphorgehalt (P_2O_5), Kaliumgehalt (K_2O), Magnesiumgehalt, der Humusgehalt (Maß für den Anteil organischer Substanz im Boden), der Gesamtstickstoffgehalt und das C/N-Verhältnis bestimmt werden. Folgende Faktoren sind ganz bestimmend bei der Beurteilung der Bodenqualität:

- **Bodenart** (Fühl- oder Knetprobe). Die Bodenprobe gibt darüber Auskunft, welcher Boden sich in Ihrem Garten befindet.
- **pH-Wert.** Bei der Bodenanalyse wird der Säuregrad Ihrer Bodenprobe festgestellt. Die meisten Kulturpflanzen bevorzugen neutralen Boden (pH-Werte um 7,0).

Die pH-Wert-Bestimmung zeigt, ob Ihr Gartenboden sauer, neutral oder alkalisch reagiert. Das hat großen Einfluss auf die Bodenchemie.

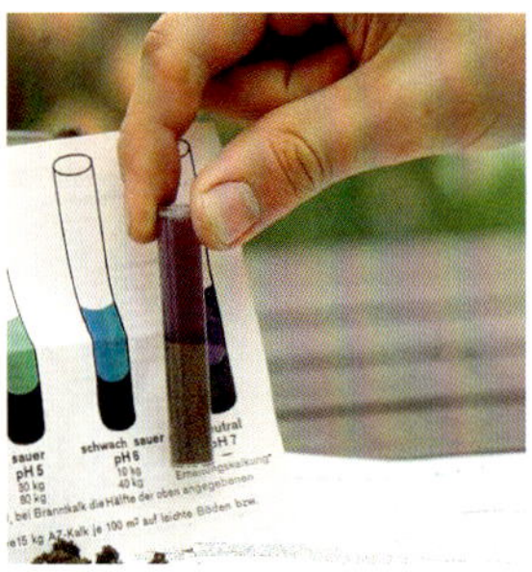

Erwünschte pH-Werte

Bodenart	Leicht	Mittel	Schwer
	Sandboden	lehmiger Sandboden bis sandiger Lehmboden	Lehm- und Tonböden
pH-Wert	5,5	6–6,5	7,2

Boden mit einem pH-Wert unter 4,5 wird als „sehr stark sauer“ bis „sauer“ klassifiziert. Bei einem pH-Wert über 7,2 spricht man von „basischen“ – also schwach bis stark alkalischen Böden.
Saurem Boden wird durch die neutralisierende Wirkung von Kalk entgegengesteuert. Da Regenwürmer keine Säure vertragen, wird durch das Hinzufügen von Kalk gleichzeitig das Bodenleben nachhaltig verbessert.

- **Stickstoff** (N) fördert die Eiweißbildung und das Wachstum der Pflanzen, Stickstoff ist ein wichtiger Baustein von Proteinen, des Erbguts (DNS) sowie des Chlorophylls. Das optimale **C/N-Verhältnis** (Kohlenstoff/Stickstoff) im Boden liegt zwischen 10:1 und 15:1.
- **Phosphor** (P) fördert den Blütenreichtum und die Wurzel- und Fruchtbildung der Pflanzen. Phosphor ist Energieträger und Bestandteil des Erbguts (DNS) sowie wichtiger Enzyme. Als ideal gelten 11–20 Milligramm Phosphat je 100 Gramm Boden.
- **Kalium** (K) fördert die Bildung von Zucker, Stärke und Fett in den Pflanzen und beeinflusst den Wasserhaushalt und den Stofftransport. Durch Kalium wird das Gewebe der Pflanzen gestärkt und somit die Widerstandsfähigkeit gegen Krankheiten, Schädlinge, aber auch Kälte bzw. Frost erhöht. Der ideale Kaliumanteil schwankt etwas in Abhängigkeit von der Bodenqualität.

Idealer Kaliumanteil (K) in 100 Gramm Boden

Bodenart	Leicht	Mittel bis schwer
Kaliumanteil	9–15 mg	16–25 mg

- **Magnesium** (Mg) steuert die Assimilation und Blattgrünbildung der Pflanzen, beeinflusst die Atmung und verschiedene Stoffwechselvorgänge.

Idealer Anteil von Magnesium (Mg) in 100 Gramm Boden		
Bodenart	**Leicht**	**Mittel bis schwer**
Magnesiumanteil	7–10 mg	12–25 mg

Tipp

Handelsüblicher Kalk (Kalziumcarbonat $CaCO_3$) besteht zu einem hohen Anteil aus Kalzium (Ca).

- **Kalzium** (Ca) beeinflusst das Größenwachstum der Pflanzen und die Zellvermehrung, festigt die Zellwände und wirkt auf den Wasserhaushalt und auf verschiedene Stoffwechselprozesse. Ein Kalziummangel äußert sich durch geringe Bewurzelung und schlechtes Wachstum.
- **Schwefel** (S) gilt als wichtiger Baustein diverser Verbindungen in Pflanzen (zum Beispiel Eiweißverbindungen, Enzyme, sekundäre Pflanzenstoffe wie Senf- und Knoblauchöl).
- **Spurenelemente/-nährstoffe** steuern die Keimung, den Chlorophyll- und Eiweißaufbau, die Fotosynthese, die Atmung und die Blüten- und/oder Fruchtentwicklung. Zum optimalen Pflanzenwachstum gehört ein ausgewogenes Verhältnis aller „Nährelemente". **Eisen** (Fe) wird in größeren Mengen benötigt und wird deshalb auch eher als Hauptnährstoff klassifiziert. **Mangan** (Mn), **Kupfer** (Cu), **Zink** (Zn), **Bor** (B) und **Molybdän** (Mo) werden tatsächlich von den Pflanzen nur in „Spuren" benötigt.
- **Humus** entsteht durch die Zersetzung organischer (pflanzlicher wie auch tierischer) Produkte. Diese werden zunächst mechanisch zerkleinert, für den Komposthaufen zunächst im Häcksler (→ „Häcksler", Seite 233), aber natürlich hauptsächlich durch die im Boden lebenden Kleinlebewesen. Danach wird das Material weiter abgebaut und zu Dauerhumus umgewandelt, dessen Nährstoffe von den Pflanzen verwertet werden können. Bei der Verdauung des Dauerhumus durch Regenwürmer findet eine Durchmischung mit dem Gartenboden statt. Es entstehen Bodenkrümel, die wiederum von

Mikroorganismen weiter aufbereitet werden. Der dunkel gefärbte **Dauerhumus** bevorratet viele Nährstoffe, die den Pflanzen nach und nach zur Verfügung gestellt werden. Bei leichten Böden, zum Beispiel Sandböden, bewirkt der eingearbeitete Dauerhumus ein besseres Bodengefüge und beeinflusst die Wasser- und Nährstoffhaltefähigkeit positiv. Bei schweren (Lehm-)Böden bewirkt der Dauerhumus eine bessere Durchlüftung und – damit einhergehend – schnellere Erwärmbarkeit des Bodens.

Als **Nährhumus** wird der leicht und schnell umsetzbare Teil des Humus bezeichnet, der den Bodenlebewesen als Nahrung dient. Durch die Umsetzung durch Lebewesen, wie auch durch chemische Vorgänge, werden für die Pflanzen lebensnotwendige Stoffe wie Stickstoff (N), Phosphat (P), Kalium (K), Magnesium (Mg), Kalzium (Ca) und Schwefel (S) bereitgestellt. Andere Wirkstoffe (pflanzliche Hormone und Antibiotika) unterstützen die Pflanzen bei ihrer gesunden Entwicklung.

Bei der **Bestimmung des Humusanteils** Ihres Gartenbodens (zum Beispiel durch unsere Bodenanalyse, Seite 24) wird der Humusanteil in Prozent angegeben. Sie können dann erkennen, ob sich in Ihrem Garten schwach humoser (bis 2 %), humoser (2–4 %), stark humoser (4–8 %), sehr stark humoser

Schritt für Schritt: Die Gartenbodenanalyse

An mehreren Stellen Bodenproben nehmen **(1).** Von der Schaufel **(2)** oder

direkt von der Stichfläche **(3)** jeweils mit einem Löffel etwas Boden kratzen.

Die Proben der verschiedenen Stellen gut mischen.

Zirka 500 Gramm aus dem Eimer im Beutel verschnüren **(4).** Probe mit

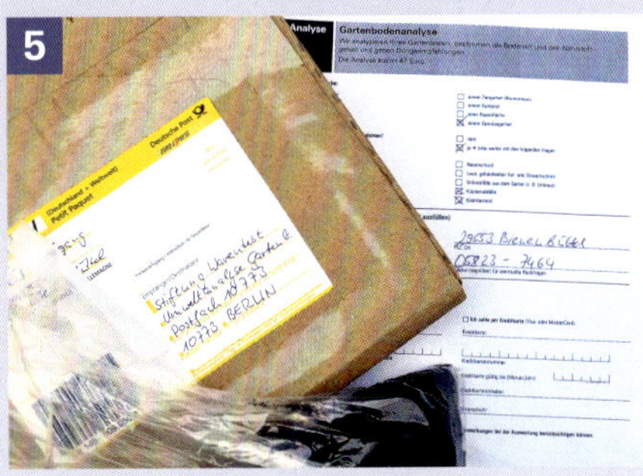

Kupon an die Stiftung Warentest schicken **(5).** Sie erhalten die

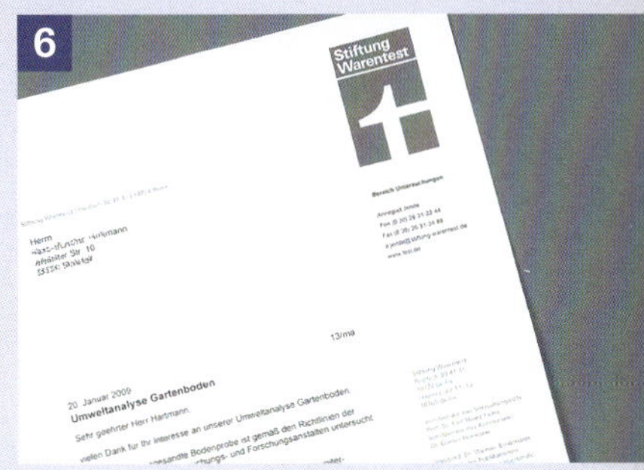

detaillierte Bodenanalyse und Düngeempfehlungen **(6).**

(8–15 %) oder gar anmoorig, torfiger (mehr als 15 %) Boden befindet. Zusammen mit den Ergebnissen einer solchen Bodenanalyse erhalten Sie individuell angepasste Düngeempfehlungen.

Wenn's gesund sein soll: Schadstoffanalyse

Vor dem Anlegen eines Nutzgartens, aus dem Sie gesundes Obst und Gemüse ernten wollen, empfehlen wir eine Bodenanalyse auf Blei und Kadmium, wenn es einen begründeten Verdacht auf Altlasten aus der Vergangenheit im Boden gibt. Auch wenn das Grundstück an einer viel befahrenen Straße liegt oder früher lag, kann sich im Boden wegen des bleihaltigen Benzins heute noch eine deutlich erhöhte Bleibelastung ergeben.
Die Analyse „Schwermetalle im Boden" (Kosten: 47 Euro) gibt Auskunft über eventuelle Nutzungsbeschränkungen des Gartens, enthält Erläuterungen zu den Schwermetallen und den gesundheitlichen Auswirkungen.

Womit düngen?

Durch Düngung sollte kein Eingriff in den Kreislauf der Natur stattfinden. Sie bildet lediglich die Grundlage für ein gesundes, natürliches Pflanzenwachstum. Grundsätzlich unterscheiden wir zwischen organischem Dünger und mineralischem Dünger, beziehungsweise den organisch-mineralischen Mischdüngern.

BSE-Gefahr durch tierische Dünger?
Wegen der vagen Gefahr einer BSE-Übertragung durch die Verwendung von Rinderprodukten haben ökologische Anbauverbände vorgeschlagen, auf Blut- und Knochenmehl zu verzichten, aber weiterhin Hornprodukte und auch Rindermist zu verwerten.

Organische Dünger

Wie im Kapitel „Düngen mit Komposterde" beschrieben (→ Seite 244), handelt es sich bei **Kompost** um einen sehr preiswerten hochwertigen organischen Dünger, der die Bodenqualität nachhaltig verbessert.
Noch stärker mit Nährstoffen angereichert ist **Stallmist,** den zu beziehen heute zumeist schwer fällt, in ländlichen Gegenden aber immerhin noch möglich ist (Bauernhöfe/Reitställe).
Ebenfalls zu den organischen Düngern zählen tierische Produkte wie **Hornspäne** oder – feiner gemahlen – **Horngrieß** und **Hornmehl**, die Sie dem Gartenboden zur Stickstoffanreicherung zuführen können.

Pflanzen-Düngejauchen

Zur schnellen Freigabe von Nährstoffen können Sie auch Pflanzen-Düngejauchen relativ einfach und bequem selbst herstellen. Als gängigste Düngejauchen gelten Brennnessel-*(Urtica)*-jauche und Beinwell-*(Symphytum officinale)*-jauche. Mit Brennnesseln können Sie – je nach Ihren Wünschen und Bedürfnissen – eine stickstoffreiche Jauche, mit Beinwell eine kalireiche Jauche produzieren.
Hierzu werden die Pflanzenteile (Blätter und Stängel) kleingezupft oder -geschnitten und anschließend in einem Fass oder Bottich mit Wasser im Verhältnis 1:10 übergossen. Den Bottich stellen Sie zur Beschleunigung

Brennnesseln (links) und Beinwell (rechts) sind gängige Pflanzen für die Jaucheherstellung.

der Gärung an einen sonnigen Ort und rühren den Inhalt täglich um. Wenn nach ungefähr zwei Wochen keine oder nur noch wenige Bläschen aufsteigen, ist Ihre Jauche „ausgegoren".
Achten Sie aber bitte auf die zu erwartende Geruchsbelästigung – und die Ihrer Nachbarn –, die durch den Gärungsprozess entsteht. Durch eine Gabe Gesteinsmehl können Sie den Geruch spürbar eindämmen.
Die fertige Jauche kann mit Wasser verdünnt (ungefähr im Verhältnis 1:10) per Gießkanne dem Gartenboden zugeführt werden.

Mineralische Dünger

Mineralische Dünger bestehen aus klein gemahlenen, zumeist im Bergbau abgebauten Mineralien. Diese werden häufig chemisch zu Salzen weiterverarbeitet, die in Wasser löslich sind und somit durch Regen und Bewässerung in den Gartenboden gelangen können. Bei den **Langzeitdüngern** handelt es sich um Körner, deren Nährstoffe von einer Hülle umgeben werden, die sich langsam zersetzt und dann den Nährstoff sukzessive freigibt.
Als Hauptkomponenten mineralischer Dünger gelten Stickstoff (N), Phosphor (P) und Kalium (K). Sehr häufig wird in unseren Gärten **Blaukorn** zur Düngung benutzt. Hierbei handelt es sich um einen mineralischen NPK-Dünger, der aber die organische Düngung nicht ersetzt.

Bearbeitung des Bodens

Bei der Neuanlage Ihres Grundstücks sollten Sie möglichst eine tiefgründige Bodenbearbeitung vornehmen. Damit Sie sich nicht selbst damit abplagen müssen, bitten Sie doch einfach Ihre Baufirma, die starken Bodenverdichtungen mit den schweren Baumaschinen wieder aufzulockern.
Vor der Bepflanzung beziehungsweise Ansaat sollte eine umfangreiche Bodenverbesserung durchgeführt gemacht werden, damit die Neuanpflanzung optimale Bedingungen für die ersten Jahre vorfindet. Außerdem erleichtert eine Bodenverbesserung die spätere Gartenarbeit ganz erheblich!
Nach dem Auflockern des Bodens und Absammeln der Steine können Sie auf geplante Rasenflächen 5–10 Zentimeter, auf spätere Gehölzflächen 10–20 Zentimeter Komposterde aufbringen und einarbeiten. Dabei kann der vorhandene zu ersetzende Boden entweder abgefahren oder zur späteren Modellierung des Gartens verwendet werden.

Geräte zur Bodenbearbeitung

Natürlich können Sie Bodenverdichtungen mit einigem Zeit- und Kraftaufwand auch selbst beseitigen. Neben der anstrengenden Arbeit mit den altbewährten Gartengeräten wie Hacke, Spaten, Grabegabel & Co. bietet sich – besonders bei größeren Flächen – der Einsatz von Motorgeräten an.

Motorhacke und -fräse

Diese Geräte werden mit Elektro- und leistungsstärkeren Benzinmotoren angeboten. Bevor Sie eine Motorhacke oder -fräse kaufen, sollten Sie sich erkundigen, ob Bau- und Gartenfachmärkte in Ihrer Umgebung diese Geräte nicht tageweise vermieten. Lassen Sie sich von geschulten Fachkräften den Einsatz des Geräts erklären und möglichst vorführen. Beginnen Sie nicht mit der Arbeit, ohne die Betriebsanleitung ausführlich studiert zu haben, und beachten Sie dringend die Sicherheitshinweise.

Obwohl diese Geräte die Arbeit auf größeren Flächen sicherlich deutlich erleichtern, verlangen sie trotzdem zur Führung einen nicht zu unterschätzenden Kraftaufwand.

Motorhacken verfügen über rotierende Hackmesser. Mit diesen Geräten können Sie verdichtete Böden, abhängig von der Leistungsstärke des Motors, tief auflockern.

Motorfräsen, mit sternförmigen Messern ausgerüstet, dienen eher dazu, den Boden oberflächlich zu lockern und ihm eine krümelige Struktur zu geben. Häufiges Fräsen des Bodens ist allerdings nicht zu empfehlen, da hierdurch die Bodenstruktur und auch der Humusgehalt nachhaltig beeinträchtigt werden.

Tipp

Überwinterung von Grabwerkzeugen

Zur Überwinterung empfehlen wir, die Gartengeräte gründlich zu säubern. Die Metallteile, die nicht aus Edelstahl bestehen, sollten nach Ende der Saison leicht mit biologisch abbaubarem Öl (Sägekettenöl) eingeölt werden. Mit geringem Zeit- und Arbeitsaufwand verlängern Sie hierdurch die Lebensdauer Ihrer Gartengeräte und sorgen für einen leichtgängigen Einsatz im nächsten Frühjahr.

Mechanische Geräte zur Bodenbearbeitung

Spaten

Der früher als unentbehrlich geltende Spaten wird heutzutage vornehmlich zum Ausstechen von Rasenkanten und natürlich zum Ausheben von Pflanzlöchern benutzt. Trotzdem kann bei stark verdichtetem Boden das Umgraben mit dem Spaten sinnvoll sein.

Das früher übliche tiefe und regelmäßige Umgraben hatte aber eher die Zerstörung der Bodenstruktur zur Folge. Aus diesem Grunde wird die Erde in Gemüse- und Zierbeeten heute schonender mit Grabegabel, Sauzahn und Hacken aufgelockert.

Achtung: Bei sehr preiswerten Spaten brechen und splittern leicht die Stiele, oder das Spatenblatt verbiegt bei starker Beanspruchung.

Bei der Anschaffung eines Spatens empfehlen wir deshalb, auf die folgenden Merkmale zu achten:

- Bei guten Spaten besteht **das Spatenblatt** aus Edelstahl oder hochwertigem Werkzeugstahl.
- Beim Einstechen des Spatens in den Boden helfen **verbreiterte Trittkanten** oben auf dem Spatenblatt.
- **Der Stiel** sollte aus stabilem Buchen- oder Eschenholz bestehen. Als Spatengriff hat sich die T-förmige Variante gegenüber dem D-Griff und dem Knopfgriff durchgesetzt.

- **Die Verbindung** vom Tüllenhals des glatt polierten Spatenblatts mit dem Stiel selbst sollte sehr robust und stabil sein.
- Auch auf die **Größe des Spatens** sollten Sie achten. Bei schwerem Boden lässt sich mit kleineren Spatenblättern leichter arbeiten.

Grabegabel und Doppelgrabegabel

Zur Lockerung des Bodens ohne Umgraben können Sie eine Grabe- oder Spatengabel verwenden. Mit ihren vier flachgeschmiedeten Stahlzinken wird sie etwa alle zehn Zentimeter bis zum Stiel in die Erde gesteckt und zur Lockerung des Erdreichs einfach hin und her bewegt.
Zur Arbeitserleichterung können Sie bei größeren Flächen eine Doppelgrabegabel einsetzen, mit der Sie dank ihrer dreifachen Breite schneller und gründlicher den Boden lockern können.

Sauzahn

Beim Sauzahn handelt es sich um eine pflugähnliche Ziehhacke mit nur einem Zinken, die bei leichten und mittelschweren Böden zur Bodenlockerung mit wenig Kraftaufwand durch den Boden gezogen wird. Mit dem Sauzahn lässt sich der Boden auch auf engstem Raum auflockern, etwa zwischen den Pflanzenreihen im Gemüsebeet.

Hacken

Bei sehr schweren Böden können auch Kreuz- und Rodehacken notwendig werden. Bei steinigen oder verkarsteten Böden sollten Sie einen **Karst** einsetzen. Mit dieser Hacke mit zwei kräftigen Zinken können Sie selbst dort noch arbeiten, wo der Sauzahn hängen bleibt oder der Spaten stumpf wird.
Zu den der Bodenlockerung dienenden Hacken gehören ebenso die **einfache Hacke** und auch die zweiteilige Hacke, der **Krail**, der ähnlich der Grabegabel mit um 90 Grad abgeknickten Zinken (3–4) versehen ist; der **Grubber** (auch **Kultivator**) mit drei bis fünf Zinken und der **Rollkrümler**.

Blumenerde

Zur Bepflanzung von Blumenkästen und Kübeln greifen viele Hobbygärtner auf gekaufte Blumenerde zurück. Bei unserer Untersuchung von Fertig-Blumenerden vor einigen Jahren wurden aber einige Mängel offenbar. Mehr als die Hälfte der untersuchten Blumenerden enthielt **weniger Erde,** als auf den Säcken angegeben war. Der Hauptgrund hiefür lag bei den Normen zur Bestimmung der Füllmenge und vielleicht auch ein wenig bei der „Sparsamkeit" der Anbieter. Die Füllmenge bezog sich nämlich auf den locker-flockigen Zustand beim Abfüllen der Säcke und nicht auf die verdichtete Erde im gelagerten Sack.

Tipp

Blumenerde mit Stickstoffdefizit?
Wenn Ihre Pflanzen trotz liebevoller Pflege in den mit gekaufter Blumenerde befüllten Pflanzbehältnissen nicht wie gewünscht wachsen, haben Sie wahrscheinlich eine Blumenerde mit zu geringem Stickstoffanteil erwischt. Sie sollten dann unbedingt selbst etwas Stickstoff nachdüngen.

Tipp

Hilfe bei ausgetrockneten Wurzelballen
Ausgetrocknete Pflanzen in Töpfen können Sie zur „Wiederbelebung" in ein Tauchbad setzen, bis keine Luftblasen mehr aufsteigen und der Wurzelballen sich vollgesogen hat. Aber Vorsicht: keine zu langen Tauchgänge, sonst „ertrinkt" möglicherweise der Wurzelballen und beginnt später zu faulen.

Des Weiteren stellte sich bald heraus, dass sich nährstoffliebende Testpflanzen (zum Beispiel Chinakohl *Brassica rapa)* in den unterschiedlichen Blumenerden in ihrem Wachstum gewaltig unterschieden. Das Spektrum des Pflanzenwachstums reichte von „verkümmerten Keimlingen" bis hin zu „prächtig sprießenden Pflanzenreihen". Die chemische Analyse der Blumenerden wies auf **zu geringe Nährstoffgehalte** der Erden hin. Sie verfügten teilweise nicht über den für ein gesundes Pflanzenwachstum notwendigen Anteil an Stickstoff. Ein Phosphor- und Kaliummangel trat, genau wie ein zu niedriger pH-Wert des Bodens, nur in Einzelfällen auf.
Einige Blumenerden, besonders wenn sie für die Aussaat verwendet wurden, erwiesen sich als „Wunder-Samentüten", da etliche **Wildwuchspflanzen** in ihnen keimten. Falls Sie auf eine dieser „interessanten Mischungen" stoßen sollten, bitte sofort beim Händler reklamieren!
Beim Punkt **Wiederbenetzbarkeit** der Blumenerde, für den Fall einer Austrocknung, gab es interessante Unterschiede. Das Ausmaß von Rissen und Spalten wurde mit einem Schrumpfungstest überprüft. Die Erden, die hauptsächlich aus schwarzbraunem (stark zersetztem) Torf bestanden, schnitten schlecht ab. Die schrumpfenden Erdballen lösten sich deutlich vom Rand der Pflanzgefäße. Beim Gießen kann es dann vorkommen, dass das Gießwasser an der Pflanze vorbei bis möglicherweise auf den Fußboden fließt.
Ein besseres Ergebnis zeigten die Produkte, die mehrere Komponenten enthielten – wie Holzfasern, Kompost und Ton. Auch Perlite, ein leichtes, „aufgebackenes" Material vulkanischen Ursprungs, soll die Wiederbenetzbarkeit einer trockenen Erde deutlich verbessern.
Die **Deklaration** der Nährstoffe war nicht immer zufriedenstellend. Bei einigen Produkten waren mehr Nährstoffe aufgeführt als nachweisbar, bei anderen wiederum fehlte ein Hinweis auf wesentliche Bestandteile.
Wenn Sie all diesen Schwierigkeiten entgehen wollen, können Sie Ihre Blumenerde mit Hilfe von Kompost aus Ihrem Garten entweder selbst herstellen oder „aufmischen". Hierzu können Sie den ausgereiften Kompost (→ Seiten 230 ff.) zum Beispiel mit ungedüngtem Kokosmaterial, Holzfasern oder gut aufbereiteter Baumrinde und anstehender Gartenerde mischen. Komposterde ist reich an strukturverbessernden Humusanteilen und vor allem an den Nährstoffen Phosphor und Kalium.
Bei den untersuchten Blumenerden wuchsen die Testpflanzen besonders in den komposthaltigen Erden sehr gut. In diesen Produkten waren auch Wildwuchssamen selten enthalten, da in den professionellen Kompostmieten die Samen dank der Heißrotte nicht überleben können.
Für weniger nährstoffbedürftige oder auch kalkunverträgliche Pflanzen empfehlen wir ein Verhältnis von 1:4 (1 Teil Kompost : 4 Teile Blumenerde). Bei nährstoffbedürftigen Pflanzen hingegen können Sie im Verhältnis

1:1 (maximal) mischen und zusätzlich 1–3 Gramm Horndünger pro Liter Erde beifügen.

Da es den Blumenerden zumeist an Stickstoff mangelt, sollten Sie stickstoffbetonten Dünger zuführen, oder auch Hornmehl, Kalksalpeter oder Kalkammonsalpeter. Aber Achtung: Ein zu hoher Stickstoffanteil im Boden kann Blattverbrennungen und -verfärbungen hervorrufen.

Hornspäne und -mehl gelten als ausgezeichnete organische Stickstoffquellen; 100 Gramm Hornspäne/-mehl enthalten ungefähr 10–14 Gramm Stickstoff, der je nach Größe der Späne und Witterungsverhältnissen innerhalb einiger Wochen freigesetzt wird.

Bei **Langzeitdüngern** (zum Beispiel „umhüllter Depotdünger") werden die Wirkstoffe nach und nach den Pflanzen zur Verfügung gestellt. Die Gefahr der dringend zu vermeidenden **Überdüngung** ist bei Verwendung von Langzeitdüngern eher gering.

Nachdüngung der Blumenerde

Gekaufte Blumenerde ist häufig nur wenig gedüngt. Als Faustregel für viele Zimmer- und Balkonpflanzen gilt: Nachgedüngt werden sollte nach etwa vier bis sechs Wochen. Erde, die bereits mit Langzeitdünger versetzt ist, benötigt erst nach drei Monaten eine Nachdüngung.

Vorzeitig düngen sollten Sie unbedingt, wenn die Pflanzen nur sehr kümmerlich wachsen oder untypische Blattaufhellungen zeigen, ohne dass Sie eine spezifische Erkrankung feststellen können.

Gute Blumenerde erkennen

Gute Blumenerde riecht wie frischer Waldboden. Lassen Sie sich beim Kauf der Blumenerde von Ihrem Fachhändler beraten. Informieren Sie sich darüber, ob die Erde über ausreichend Nährstoffe (Stickstoff, Phosphor und Kalium) verfügt. Sie sollten besser zu hochwertigen Erden greifen und keine Billigprodukte erwerben, da diese häufig schlecht aufbereitete Rinde enthalten. Da **Torf** eine wertvolle und begrenzte Ressource darstellt (→ Kasten, Seite 23), sollten Sie auf Torfprodukte besser verzichten oder sie zumindest sehr sparsam verwenden. Bei der Herstellung von Blumenerde gelten als sinnvolle Alternativen zum Torfanteil Beimischungen von Holzfasern, Baumrinden, Komposten oder Kokosnussfasern.

Terrassen und Wege bauen und gestalten

Trockenen Fußes gehen und sitzen

Rasengittersteine und Kunststoffrasengitter

Weitere Materialvarianten

Treppen und Stufen anlegen

Terrassen und Wege bauen und gestalten

Trockenen Fußes gehen und sitzen

Terrassen und Wege gehören zu den wesentlichen Bestandteilen unserer Gärten. Wohl niemand wird darauf verzichten mögen, sich das ganze Jahr über trockenen Fußes im Garten bewegen zu können.

Terrassen sind Oasen der Entspannung, und nicht nur im Sommer vergrößert und öffnet sich der Wohnbereich über sie in den Garten hinein.

Wege schaffen nicht nur Verbindungen zu Sitzgruppen, Beeten, Kompostmieten oder Gewächshäusern, sondern können dem Garten auch seine ganz eigene Struktur geben: Schnurgerade befestigte Wege grenzen häufig unterschiedliche Gartenbereiche klar voneinander ab und können deshalb als formal strenge Stilelemente eingesetzt werden. Geschwungene Wege hingegen haben oft eine natürlichere Wirkung als die gerade durchgezogenen, da sie sich harmonischer in die Gärten einfügen.

Zur Gestaltung von Terrassen und Wegen hält der Fachhandel eine riesengroße Palette unterschiedlicher Materialien bereit. Bei Neubauten gehört das Anlegen von Terrassen und Wegen häufig mit zu den vereinbarten Bauleistungen. Mit den entsprechenden Baumaschinen geht diese Arbeit auch am leichtesten von der Hand.

Üblicherweise wird von den meisten Baufirmen ein **Steinbelag** erstellt, je nach Geldbeutel aus Betonsteinen und -platten, aus Klinker- oder Natursteinen in den unterschiedlichsten Farben, Formen, Größen und Preisen. Aber natürlich können Sie Ihre Terrasse oder Ihren separaten Sitzplatz im Garten auch selbst anlegen und ganz andere Materialien in Betracht ziehen, um Ihrem Garten eine individuelle Note zu geben.

Ein **Kiesbelag** bietet eine ziemlich preiswerte, aber ansprechende und pflegeleichte Möglichkeit, zum Beispiel einen separaten Sitzplatz auf der Wiese oder in einem geschützten Garteneck anzulegen. Kies ist leicht und in allen erdenklichen Formen zu verlegen, natürlich auch als Weg. Ein weiterer Vorteil ist seine Wasserdurchlässigkeit (→ „Wasserdurchlässige Bodenbeläge“, Seite 38).

Für einen Weg mit Kiesbelag wird zunächst die Fläche für den Weg mit dem Spaten ausgehoben und anschließend nur mit einer 10 bis 15 Zentimeter dicken wasserdurchlässigen Schotterschicht versehen. Diese wird festgestampft, wobei sie zur besseren Wasserableitung von der Mitte zu den Seiten hin leicht abfallen soll.

Wenn Sie durchgehende **feste Ränder** aus Steinen erstellen wollen, werden diese auf der Schotterschicht in Beton gesetzt. Sie können zum Beispiel auch Beeteinfassungen aus Stein oder Beton (Kantensteine oder Betonpalisaden) als Randeinfassung auf oder direkt neben der Schotterschicht fixieren. Baumärkte vertreiben zum Beispiel kleine Holzpalisaden, bestehend aus halbierten, angespitzten und mit Draht verbundenen kurzen Holzpfosten, die dann einfach neben der Schotter- oder Tragschicht in den Boden eingeschlagen werden. Mit den etwas höheren Beton- oder Holzpalisaden können Sie auch bei einer Hanglage Ihres Grundstücks das Gefälle abfangen.

Früher benutzte man häufig alte Glasflaschen, die leer mit dem Flaschenhals nach unten als „Flaschenreihe“ in den Boden eingelassen wurden. Eine praktische Altglasverwertung, die aber angesichts von Glascontainern oder Mehrwegflaschensystem und einer geänderten ästhetischen Wahrnehmung heutzutage nur noch selten angewandt wird.

Bei einer Kiesdecke von Wegen oder Plätzen sollte die Randeinfassung immer einige Zentimeter über dem Bodenniveau liegen, damit es zu keiner Vermischung des Kieses mit dem angrenzenden Gartenboden kommt.

Jetzt brauchen Sie nur noch den Kies einfüllen und gleichmäßig über die Fläche verteilen – fertig!

Wasserdurchlässige Bodenbeläge

Wasserdurchlässige Bodenbeläge für Wege und Terrassen bieten einige Vorteile gegenüber versiegelten Flächen. Regenwasser kann zügig versickern und wird wieder dem natürlichen Wasserkreislauf zugeführt. Als Verlegematerial können Sie neben speziellen durchlässigen Steinen, Kies oder Rasengittersteinen auch Kunststoffrasengitter oder Holz verwenden.

Zur Steigerung der Wasserdurchlässigkeit der Fugen zwischen verlegten Steinen bietet sich auch feines Mulchmaterial an, oder zum Beispiel für begrünbare Fugen etwas ausgehobener Boden gemischt mit Füllsand.

Sie benötigen hierzu nicht unbedingt den teuren, in kleinen Säcken verpackten weißen Kies mit genormtem Durchmesser. Viel preiswerteren und bunteren Kies können Sie bei einem Baustoffhändler in Ihrer Nähe selbst holen oder sich damit beliefern lassen. Der **Durchmesser der Kiessteine** beeinflusst übrigens die Standfestigkeit von Liegen, Tischen, Stühlen und Co.

Offene Bodenbeläge wie Holzplanken und Steinbeläge mit durchlässigen Fugen versiegeln den Boden nicht vollständig. Eine bewusst angelegte geringe Neigung sorgt für den guten Wasserabfluss.

Wir raten deshalb zur Verwendung von Kies mit einem relativ kleinen Durchmesser bis etwa 1,6 Zentimeter, der für gute Standfestigkeit sorgt. Weiterer Vorteil: Der kleine Kies lässt sich gut abharken, um zum Beispiel im Herbst das abgefallenen Laub zusammenzukehren.
Holz ist neben Naturstein und Kies wohl das natürlichste Material zur Gestaltung von Terrassen und Wegen. Angeboten wird Holz für den Außenbereich als Meterware oder als vorgefertigte Holzfliese. In jedem Fall sollte das Holz auf einer Unterkonstruktion aus Kies, Sand oder Steinen verlegt werden. Auch preiswerte, kesseldruckimprägnierte Konstruktionslatten – auf Teerpappestreifen gesetzt–, verhindern den direkten Kontakt des Holzes zum Erdboden, der die Verrottung sonst stark beschleunigen würde.
Holzterrassen sollen über ein Gefälle verfügen (zirka 2 Prozent – also 2 Zentimeter auf 1 Meter Länge), damit das Regenwasser nicht auf dem Holz stehen bleibt, sondern abläuft.
Neben den kesseldruckimprägnierten Weichhölzern (zumeist Fichtenholz) wird für den Außenbereich auch anderes Holz aus heimischen Wäldern häufig verwendet: Douglasien-, Robinien- und Lärchenholz eignen sich ganz hervorragend für die Verlegung im Außenbereich, haben allerdings auch ihren Preis.
Wenn es unbedingt ein Tropenholz sein soll, achten Sie bitte unbedingt auf die „FSC-Zertifizierung" für umweltbewusste Waldwirtschaft.
Wenn Sie eine Gartenfläche mit **Steinen** selbst befestigen wollen, sei es, um eine Terrasse, einen Weg oder eine Garagenzufahrt anzulegen, können Sie sich an der Schritt-für-Schritt-Anleitung auf den folgenden Seiten gut orientieren, wo der Aufbau eines Sitzplatzes im Garten mit Klinkersteinen und einer Umrandung aus Altstadt-Pflastersteinen beschrieben wird.

Rüttelplatten

Damit der Wegbelag wirklich eben und haltbar wird, sollten Sie auf die Rüttelplatte nicht verzichten. Durch manuelles „Stampfen" mit meistens selbstgefertigten Metallgeräten erzielen Sie bei weitem nicht die Verdichtungsqualität einer (auch nur kleinen) Rüttelplatte.

Die Größe der Platte richtet sich nach der zu bearbeitenden Terrassen- oder Wegfläche. Sie können bei Bau- und Heimwerkermärkten in unterschiedlichen Größen ausgeliehen werden; die kleinen Geräte lassen sich wesentlich leichter transportieren. Bei den Verleihern bekommen Sie auch eine Einweisung in die Arbeitsweise des Geräts. Lassen Sie sich das Starten des Benzinmotors demonstrieren. Informieren Sie sich genau über Funktion des Geräts und die entsprechenden Sicherheitsbestimmungen.

Tipp

Steine schneiden

Mit einem Winkelschleifer mit möglichst großem Scheibendurchmesser können Steine bei Bedarf geschnitten werden. Diese Arbeit sollte allerdings entweder von Profis oder nur von wirklich mit dem Gebrauch von Winkelschleifern vertrauten Menschen selbst durchgeführt werden. Tragen Sie hierbei immer Sicherheits- und Schutzkleidung, und halten Sie sich streng an die Hinweise und Vorschriften der Hersteller. Bei ausgeliehenen Geräten sollten Sie sich genau einweisen lassen und sich besonders nach den Sicherheitsvorschriften erkundigen!

1

2

3

Schritt für Schritt: Einen Sitzplatz mit Steinboden anlegen

Den Platz für einen gemütlichen Sitzplatz haben Sie vermutlich schon bei der Gartenplanung ausgesucht.
Für **die Materialauswahl** schauen Sie sich beim Fachhändler oder Baumarkt in Ruhe verschiedene Bodenbeläge an. Kleinere Einzelsteine haben den Vorteil, dass man sie recht flexibel einsetzen kann, ohne viele davon auf Maß zuschneiden zu müssen. Wenn Sie größere Belagsteine oder -platten verwenden, sollten Sie sich einen **groben Verlegeplan** anlegen, auf dem die Ausrichtung und Platzierung der Belagsteine vorgezeichnet sind.
Bei kleineren Steinen wie den hier gewählten Klinkersteinen entscheiden Sie zunächst über **das Verlegemuster:** Sie können diese zum Beispiel gerade oder auch im Fischgrätmuster verlegen. Die unterschiedlichen Verlegearten verändern die optische Wirkung der Bodenfläche von sehr streng geometrisch bis eher locker, naturnah. Das Muster sollte zu Ihrem restlichen Garten passen.

Markieren Sie die Umrisse des künftigen Sitzplatzes grob vor. Bei runden Rändern verwenden Sie am besten eine Schnur, die Sie entlang der geplanten Rundung spannen.

Heben Sie den Boden mit Spaten und Schaufel zirka 35 Zentimeter tief **aus.** Die nötige Tiefe addiert sich aus der Dicke der Schotter-, Sand- und Steinschicht bei ebener Verlegung des gewählten Bodenbelags, hier Klinker- und Granit-Pflastersteine für den Randabschluss. Den Aushub können Sie ja vielleicht zur Modellierung des Gartens an einer anderen Stelle gut gebrauchen!

Diese schweißtreibende Arbeit können Sie auch von Profis durchführen lassen. Bei einem Neubau, bei dem die entsprechenden Baumaschinen ohnehin vor Ort sind, lohnt sich die Handarbeit eher nicht.

Eine wasserdurchlässige **Schotter- oder Tragschicht** sorgt für die nötige Stabilität des Untergrunds. Die Dicke der Schicht hängt vor allem von der künftigen Belastung der Fläche ab. Für einen Sitzplatz (auch für einen einfachen Gehweg) reicht eine 10 bis höchstens 20 Zentimeter dicke Schotterschicht völlig aus.
Für Fahrwege, also zum Beispiel Wege vor einer Garage oder dem Carport, sollten Sie für eine lange Lebensdauer eine Schotterschicht von 30 bis 35 Zentimeter einplanen und den Boden entsprechend tiefer ausschachten.

Der Schotter wird gleichmäßig auf der ausgehobenen Fläche verteilt und **mit einer Rüttelplatte verdichtet.** Diese Geräte können Sie in Bau- und Heimwerkermärkten oder bei Ihrem Steinlieferanten ausleihen. Verdichten Sie mit der Rüttelplatte die Tragschicht immer vom Rand ausgehend zur Mitte hin.

Anschließend tragen Sie eine etwa 5 Zentimeter dicke **Sand- oder Kiesschicht** auf **(1).**

Mischen Sie nach Vorschrift **Beton an**, um das Bett für die Pflastersteine anzulegen **(2).**

Zur stabilen Einfassung der Terrassenränder werden nun die Pflastersteine auf der Schotterschicht **in Beton gesetzt (3).** Damit das Oberflächenwasser später gut abfließen und im Garten versickern kann, sollte bei dieser Arbeit bereits das Längs- und/oder Quergefälle von zirka 1–3 Prozent (also

4

5

6

1 bis 3 Zentimeter auf ein Meter Länge) berücksichtigt werden. Mit der Wasserwaage prüfen.

Beachten Sie, dass die fixierten Randsteine die endgültige Bodenhöhe der Terrasse markieren. Unebenheiten der Randsteine deshalb **mit dem Gummihammer sofort ausgleichen** (4).

Vor dem Setzen der Bodenflächensteine wird die **Sandschicht nach Bedarf aufgefüllt** (5), **verdichtet** (6) und zum Beispiel mit einer geraden **Holzleiste so eingeebnet** (7), dass der Höhenunterschied zur Kante der Randsteine knapp der Höhe der Klinkersteine entspricht. Ideal ist, wenn die Höhe der Holzleiste genau der gewünschten Höhendifferenz entspricht: Man kann sich dann gut an den Randsteinen orientieren.

Auf die zur Verlegung vorbereitete geglättete Sandschicht können jetzt **die Steine verlegt werden.** Sehr kleine Belagsteine können Sie recht frei platzieren, bei größeren beachten Sie das vorher überlegte Verlegemuster.

Die Steine werden einzeln in das Sandbett gelegt und mit einem Gummihammer verfestigt. Kleine Unebenheiten im Sandbett vorher noch **mit einem Brett oder einer Kelle ausgleichen** (8). Die Oberfläche der Steine sollte jetzt gut 1 Zentimeter über den fixierten Randsteinen und der geplanten Höhe des Bodenbelags liegen. Kontrollieren Sie bei den Verlegearbeiten mit der Wasserwaage das erwünschte Gefälle der Fläche.

Für den Anschluss des Bodenbelags an die Randsteine können die Klinkersteine gut mit einem Trennschleifer **in Form geschnitten** werden (9).

Durch das anschließende **Verdichten mit der Rüttelplatte** gewinnt Ihr künftiger Sitzplatz jetzt die für eine lange Lebensdauer notwendige Stabilität und kommt in seine endgültige Höhenlage. Achten Sie also beim Abrütteln wieder auf das Gefälle und die Orientierungshöhe der Randsteine.

Schließlich werden noch die **Fugen zwischen den Steinen aufgefüllt** (10). Dies geschieht meistens mit Sand oder feinem Splitt, der auf die Fläche geworfen und mit einem Besen in die Fugen gefegt wird. Falls Sie Wert auf grüne, bemooste Fugen legen, können Sie auch eine Mischung aus Sand und Boden einfegen.

Heben Sie einen **kleinen Vorrat des Fugen-Füllmaterials** auf. Da es sich im Laufe der nächsten Wochen noch setzen wird, können Sie dann immer wieder mit dem Besen nachfüllen.

7

8

9

10

Rasengittersteine und Kunststoffrasengitter

Wasserdurchlässige Rasengittersteine oder Kunststoffgitter werden nach dem Verlegen einfach mit Erde aufgefüllt und anschließend mit Rasensamen besät. Sie sind also sehr leicht verlegbar, preiswert, sehen bewachsen sehr natürlich aus beziehungsweise fallen nicht auf, und haben noch den zusätzlichen Vorteil, dass sie auch mit Kraftfahrzeugen befahrbar sind.
Neben Wasser lassen diese Flächen allerdings auch Chemikalien ungehindert in das Grundwasser durch. Sie sollten deshalb unbedingt darauf achten, dass keine öltriefenden Fahrzeuge auf diesen Flächen abgestellt werden!

Weitere Materialvarianten

Ihrer Phantasie sind bei der Gestaltung von Wegen und Terrassen keine Grenzen gesetzt, wie die folgenden Beispiele zeigen. Die Vorbereitungsarbeiten sind eigentlich immer sehr ähnlich: Der Untergrund der Flächen muss ausgehoben und stabilisiert werden, anschließend kann der Belag in ein Füllmaterial (Sand, Splitt, Kies) gesetzt und verfestigt werden.
Materialkombinationen erzeugen einen individuellen Charakter Ihres Gartens und sind nicht wirklich schwerer zu erstellen als ein Belag, der nur aus einem Material besteht. Das Verlegen dauert einfach nur ein wenig länger, dafür können Sie hinterher aber stolz auf ein Unikat blicken.

Wegbreiten

Die Wegbreiten im Vorderbereich des Hauses werden durch die Maße des Eingangsbereichs und der Garagen oder Carportbreiten in den meisten Fällen vorgegeben.
Im Gartenbereich haben sich Wegbreiten von 100 bis 120 Zentimeter für die **Hauptwege** als sehr praktisch herausgestellt. Hier können Sie sich mit Schubkarren und Gartengeräten ungehindert bewegen und auch Begegnungen bei einer Gartenparty erfordern keine „artistischen Verrenkungen".
Für **Arbeits-** oder **Nebenwege** reicht auch eine Breite von 50 bis 60 Zentimeter sicherlich aus.

Trittsteine

Die einfachste und preiswerteste Form, einen Gartenweg anzulegen, besteht darin, in Schrittweite einzelne Natursteine oder Steinplatten oder zum Beispiel auch Baumscheiben in den Boden einzulassen. Eine ebenerdige Verlegung empfiehlt sich besonders auf Rasenflächen, damit Sie später mit Ihrem Mäher einfach über die Platten hinweg fahren können, ohne die Klingen zu beschädigen.
Zur Verlegung reicht es aus, die Umrisse der Steine oder Platten zu markieren und dann den Boden mit dem Spaten entlang der Markierungen auszustechen. Die Tiefe des Aushubs addiert sich aus der Dicke des Belags zuzüglich 3 bis 5 Zentimeter für den Sandunterbau. Sehr gerade Betonplatten benötigen weniger Sandunterbau (zirka 3 Zentimeter) als etwa einzeln verlegte, unebene Natursteine (5 bis 6 Zentimeter).
Die Platten oder Steine werden einfach in das Sandbett gesetzt und mit dem Gummihammer fixiert. Wichtig ist darauf zu achten, dass die Steine und Platten „satt", also ganzflächig auf der Unterlage aufliegen, damit sie später nicht durch Belastungen brechen können.

Treppen und Stufen anlegen

Je nach Grundstückssituation müssen Sie möglicherweise zwischen einer Terrasse und dem tiefer liegenden Garten eine Treppe anlegen.
Über den Bauhändler können Sie einzelne **Fertigstufen** in unterschiedlichen Breiten und Höhen und natürlich auch Materialien kaufen. Wenn Sie nur einen geringen Höhenunterschied mit einer Stufe ausgleichen müssen, können Sie diese Fertigteile in Sand oder Kies legen. Andernfalls benötigen sie ein stabiles Betonfundament, in das die Trittstufen hineingelegt werden. In Baumärkten können Sie für den kleinen Bedarf Fertigbeton-Mischungen kaufen, die vor Ort nur noch mit Wasser angerührt werden müssen. Bei größerem Bedarf können Sie recht preiswert vier Teile Sand, einen Teil Zement und entsprechend Wasser anrühren.
Beim Verlegen der Stufen überprüfen Sie mit der Wasserwaage den ebenen Sitz und eine **leichte Abschrägung** nach vorne, damit das Regenwasser nicht auf den Stufen stehen bleiben und im Winter für ungewollte Rutschpartien sorgen kann. Vor allem die erste Stufe sollten Sie mit besonderer Sorgfalt ausrichten.
Eine weitere sehr einfache Möglichkeit, im Garten – besonders auf Nebenstrecken – kleinere Treppen anzulegen, sind **Erdstufen.** Hierzu müssen Sie lediglich am Ende jeder Stufe zwei imprägnierte Rund- oder Kanthölzer in den Boden treiben, die dann mit einem senkrecht aufgestellten Brett verbunden werden. Der zunächst schräge Stufenzwischenraum wird anschließend mit Erde aufgefüllt und möglichst waagerecht festgestampft.

Tipp

Treppenformel
An die Treppenformel brauchen Sie sich in Ihrem Garten natürlich nicht exakt halten. Aber sie ermöglicht es, leicht ein bequemes Verhältnis zwischen Höhe und Tiefe der Stufen und auch die Anzahl der benötigten Stufen zu ermitteln.
Als Treppenformel gilt: Die doppelte Steighöhe plus Auftrittsbreite muss eine Schrittlänge ergeben. In Deutschland gelten 63 Zentimeter als durchschnittliche Schrittlänge.
Wenn Sie im Garten eine Treppe mit einer Stufenhöhe von 12 Zentimetern errichten wollen, sollte die Auftrittsbreite beziehungsweise Auftrittstiefe 39 Zentimeter betragen.
Bei einer Steigung von 18 Zentimeter je Stufe ergibt sich eine Auftrittsbreite von 27 Zentimetern.
18 Zentimeter gelten für den „Durchschnittseuropäer" übrigens als ideale Stufenhöhe.

Wasser im Garten

Richtig gießen

Ökonomisch gießen

Regenwasserbehälter

Gartenteiche

Kleinteiche, Wasserspiele und Vogeltränken

Fertigteiche

Folienteiche

Filtersysteme und Pumpen

Die Teichbepflanzung

Wasser im Garten

Richtig gießen

Zu den entspannenden Tätigkeiten im Garten zählt wohl, an den heißen Tagen des Jahres die Pflanzen im Garten mit ausreichend Wasser zu versorgen. Mit dem Wasser nehmen die Pflanzen über ihre Wurzeln Mineralien und Nährstoffe auf, die dann in die Blätter transportiert werden. Mit der Energie des Sonnenlichts werden in den grünen Blättern aus dem Kohlendioxid der Luft und Wasser zunächst Zuckermoleküle gebildet, die später als Energiespeicher innerhalb der Pflanzen in wasserunlösliche Stärke umgewandelt werden. Die in den Stärkedepots gespeicherte Energie kann dann für alle anderen Stoffwechselprozesse genutzt werden.

Die beste Gießzeit ist der frühe Morgen, da die Pflanzen dann noch nicht von der Sonne aufgeheizt sind und sie durch das kalte Wasser nicht „geschockt" werden. Außerdem verdunstet zu dieser Tageszeit nur wenig Wasser, es steht dem Boden fast vollständig zur Verfügung.

Auch am Abend kann man dem Garten das notwendige Wasser spendieren. Vermeiden sollte man auf jeden Fall, in der prallen Sonne den Rasensprenger einzustellen: Die auf den Blättern haftenden Wassertropfen wirken dann wie kleine Brenngläser und verbrennen die darunter liegenden Blattgewebe.

In jedem Garten sollte ein außenliegender Wasserhahn installiert sein, sei es, um die Gießkanne zu füllen, ohne das Wasser durch die Wohnung tragen zu müssen, oder sei es, um einen Wasserschlauch (mit sinnvollen Aufsätzen) anschließen zu können.

Aus wirtschaftlichen und ökologischen Gründen ist es allerdings sinnvoll, zum Gießen der Pflanzen auf gesammeltes **Regenwasser** (→ Seite 53) zurückzugreifen. Dies hilft einerseits, Wasserkosten zu sparen, andererseits wird Regenwasser von vielen Pflanzenarten besser vertragen als das häufig gechlorte und kalkreiche Leitungswasser.

Ökonomisch gießen

Viele Gärtner raten dazu, den Garten besser einmal wöchentlich gründlich zu bewässern, als ihm täglich nur geringe Wassermengen zur Verfügung zu stellen. Auf Blumen- und Gemüsebeeten sollte der Boden dabei etwa 15–20 Zentimeter tief durchfeuchtet werden. Da die benötigte Wassermenge von der Bodendichte und -qualität abhängt, können Sie zur Probe eine Fläche von 10 Quadratmetern (versuchsweise) mit der Kanne kräftig gießen und sich die benötigte Literzahl merken. Nach ein bis zwei Stunden heben Sie dann zur Kontrolle ein kleines Loch aus und sehen nach, wie tief das Wasser tatsächlich in den Boden eingedrungen ist. Nach dieser Probe haben Sie einen ungefähren Anhaltspunkt über den Wasserbedarf Ihres Gartens.

Gießkannen

Bei Balkonbepflanzungen und bei kleinen Gärten reicht zum Begießen meist die alt bewährte Gießkanne aus verzinktem Stahlblech oder preiswertem und leichtem Kunststoff. Gießkannen gehören ohnehin zu den unverzichtbaren Gartengeräten, da mit ihnen auch das gezielte Versprengen von Pflanzenjauchen (→ Seite 28) möglich ist.

Schläuche

Falls Sie sich nicht mit dem Gewicht der gefüllten Kannen abschleppen wollen oder über einen größeren Garten verfügen, kommen Sie um die Anschaffung eines Gartenschlauchs mit passendem Verbindungs- und Aufsatzsystem nicht herum.

Tipp

Gießwasser

Das beste Gießwasser ist lauwarm und abgestanden. Viele Gärtner füllen deshalb ihre Kannen lange bevor sie gießen oder greifen auf „gespeichertes" Regenwasser zurück.

Tipp

Neues System auf altem Schlauch
Wer an seinen Gartenschlauch ein Vorsatzgerät anschließen möchte, das zum vorhandenen Stecksystem nicht passt, kann sich einfach einen Adapter selbst bauen: Ein kurzes Schlauchstück wird an jedem Ende mit einer Anschlussmuffe versehen, die eine passt zum alten System, die andere zum neuen Aufsatz.

Für kleine Gartenflächen können Sie **Flachschläuche** benutzen, die aufgerollt wenig Platz beanspruchen, da sie beim Aufrollen flachgedrückt werden. Belastbarkeit und Haltbarkeit gelten dabei allerdings als „eingeschränkt", für den häufigen Gebrauch sind sie weniger geeignet.

Viele Fachleute empfehlen für den Hobbygärtner die relativ preiswerten **Kunststoffschläuche mit Gewebeeinlage**, die es mit langer Herstellergarantie (bis zu 20 Jahre) gibt. Sehr „billige" Plastikschläuche sind zwar für die normalen Druckverhältnisse im Wasserleitungssystem ausgelegt, aber es besteht dennoch die Gefahr, dass sie unter Wärmeeinfluss oder Druckschwankungen (zum Beispiel beim Knicken) aufplatzen können.

Neben den Kunststoffschläuchen werden wegen der besseren Haltbarkeit, besonders in Hinblick auf UV- und Temperaturbeständigkeit, auch **Gummischläuche** eingesetzt. Diese sind allerdings deutlich teurer, weshalb sie eher von Profis benutzt werden.

Als Durchmesser haben sich im Gartenbereich die ½-Zoll-Schläuche durchgesetzt (12,7 Millimeter Durchmesser). Bei besonders umfangreichen Bewässerungssystemen und/oder sehr langen Schläuchen können Sie zu ¾-Zoll-Schläuchen greifen (19 Millimeter Durchmesser).

Zur **Lagerung und Aufbewahrung** des Gartenschlauchs können Sie sehr preisgünstig einen starren Wandhalter fest neben dem Wasserhahn montieren. Praktischer, besonders bei größeren Gärten, sind drehbare Schlauchtrommeln, die zumeist aus Kunststoff bestehen und entweder an der Wand befestigt werden oder als Schlauchbox herumgetragen werden können. Wandschlauchboxen gibt es auch mit einer Selbsteinzugvorrichtung für den Schlauch.

Bei den sehr bequemen und empfehlenswerten Schlauchwagen sind die Schlauchtrommeln auf einer mit Rädern versehenen Rahmenkonstruktion befestigt.

Für die richtige Verbindung von Schlauchteilen, Wasseranschlüssen und Aufsätzen werden heute nur noch die sehr einfach zu handhabenden **Steckverbindungen** oder Schnellkupplungen aus Messing oder Kunststoff benutzt. Die meisten Profis verwenden Messing-Schnellkupplungen ab ½ Zoll aufwärts. Besonders praktisch sind **Wasserstopp-Ventile**: Nach dem Entfernen des Schlauchaufsatzes wird augenblicklich der Wasserstrahl unterbrochen. Sie ersparen sich also das Zurücklaufen zum Wasserhahn beim Wechseln des Aufsatzes.

Tipp

Gartenschlauch sicher überwintern
Vor Einsetzen der kalten Jahreszeit sollten Sie Ihren Gartenschlauch entleeren und ihm eine Ruhepause in einem frostsicheren Raum gönnen.

Gartenpipeline und Bewässerungssysteme

Bei der Neuanlage eines Gartens ist die Verlegung eines unterirdischen Wassersystems eine Überlegung wert. So eine Pipeline lässt sich sowohl an die Wasserleitung als auch an eine ausreichend dimensionierte Gartenpumpe anschließen. Diese Bewässerungssysteme für den Garten bestehen hauptsächlich aus Kunststoffschläuchen oder -rohren und Wassersteckdosen, deren Standorte Sie im Garten beliebig festlegen können. So können Sie beispielsweise einen Wasseranschluss in die Nähe Ihrer Kompostmiete installieren, um den Kompost bei Bedarf ohne Aufwand bewässern zu können. Die Steckdosen stören das Gartenbild nur wenig, da sie bei Nichtgebrauch mit einem Deckel verschlossen sind.
Vor Frost werden die Rohre, falls sie nicht frosttief verlegt worden sind, durch ein automatisches Entwässerungsventil geschützt. Die Frosttiefe liegt in Mitteleuropa je nach Lage zwischen 60 und 100 Zentimeter unter der Bodenfläche.
Vergessen Sie nicht, für spätere Reparaturen oder Veränderungen einen genauen **Lageplan des Pipeline-Systems** zu erstellen. Sie können sich damit möglicherweise eine Menge Arbeit sparen.

Schlauchaufsätze

Neben dem Standard-**Spritzdüsenaufsatz** hält der Fachhandel eine Vielzahl von Brausenaufsätzen und Hilfsmitteln für Sie und Ihren Garten bereit.
Bei dem langen **Gießstab** können Sie zwischen Brausestrahl und sanftem Perlatorstrahl wählen. Er bietet sich für den Einsatz auf mittelgroßen Flächen an.
Die **Multifunktionsbrause** hält mehrere Verstellmöglichkeiten bereit. Sie können je nach Einsatzzweck feinen Sprühnebel, einen sanften Strahl oder auch einen kräftigen, punktgenauen Strahl einstellen. Gießstäbe und Multifunktionsbrausen verfügen über praktische Drucktasten.
Für die Berieselung ganzer Gartenteile und besonders größerer Rasenflächen bieten sich **Flächenberegner oder -sprenger** an, die Sie mittlerweile auch als computergesteuerte Modelle erwerben können. Diese Geräte versorgen Ihren Garten – entsprechend eingestellt – zum Beispiel während des Urlaubs völlig selbstständig mit Wasser (→ „Abschaltuhr für Beregner" Seite 52).

Tipp

Planungshilfe bei der Gartenbewässerung
Einzelne Anbieter von Bewässerungssystemen bieten – gratis oder gegen einen geringen Kostenersatz – Planungshilfen auf Papier und auf Video an. In einigen Gartenfachmärkten können Sie sich auf Anfrage auch die Bewässerungsanlage auf dem Computer planen und berechnen lassen.

Regulierbare Schlauchregner verteilen das Wasser gezielt an die Pflanzen.

Regner

Im Hobbygartenbereich werden Regner hauptsächlich für die Bewässerung der Rasenflächen eingesetzt. Sie können allerdings auch zur schonenden Bewässerung von Zier- und Nutzgärten benutzt werden.

Zur Bewässerung von schmalen Rasen- oder auch Nutz- und Zierflächen können Sie preiswerte **Schlauchregner** verwenden (Preise je nach Länge: Gardena zirka 20 Euro, Discounter zirka 6 Euro). Hierbei handelt es sich um einseitig gelochte Schläuche unterschiedlicher Längen, aus denen – je nach Wasserdruck – feine Fontänen heraussprühen. Schlauchregner eignen sich auch für den Einsatz in Gewächshäusern.

Wenn Sie Ihren Schlauchregner mit den Öffnungen nach unten auf den Boden legen und nur für geringen Wasserzulauf sorgen, können Sie kleine Wassermengen effizient dem Boden und den Pflanzen zuführen. Diese preiswerte Methode der **Tröpfchenbewässerung** bietet sich natürlich besonders für Nutz- und Zierflächen an. Sie ermöglicht einen sehr sparsamen Umgang mit dem wertvollen Wasser, da nur wenig davon verdunsten kann.

Falls Sie Wasser direkt an den Wurzeln zur Verfügung stellen wollen, können Sie frostsichere **Perlschläuche** in den Boden einlassen, die ebenfalls kontinuierlich Wassertropfen abgeben.

Klassischer Viereckregner für größere Flächen

Um unterschiedlichen Ansprüchen an den Wasserbedarf gerecht zu werden, können Sie auch auf relativ teure **Stecksysteme** zurückgreifen. Dank eines regulierbaren Endtropfers besteht die Möglichkeit, für jede Pflanze die optimale Wassermenge bereitzustellen.

Am häufigsten findet man im Hobbygarten die klassischen **Viereckregner,** die über eine Steckverbindung an den Gartenschlauch angeschlossen werden. Mit diesem Gerät können Sie viereckige Flächen sehr bequem und sanft bewässern. Durch den Wasserdruck wird der mit kleinen Düsen ausgestattete Geräteteil hin und her bewegt. Da Viereckregner auch noch relativ preiswert sind (ab zirka 10 Euro), können wir sie für den Einsatz auf den meisten Rasenflächen sehr empfehlen (maximale Flächenleistung: 150–250 Quadratmeter).

Kreisregner verteilen das Wasser kreisförmig.

Bei **Kreisregnern** werden zwei bis vier Arme durch den Wasserdruck im Kreis bewegt, die einen – leider recht windempfindlichen – runden Wasserschleier verteilen. Mit diesen Geräten können Sie Flächen bis zu 120 Quadratmeter bewässern.

Impuls- oder **Schwinghebelregner** sind weniger windempfindlich und deshalb für windreiche Gegenden eher zu empfehlen. Die Düse dieser Geräte wird durch einen pendelnden Hebel im Kreis herum bewegt. Ein zumeist eingebauter, verstellbarer Strahlstörer verteilt das Wasser gleichmäßig in alle Bereiche der zu beregnenden Gartenfläche. Für die Versorgung des Nahbereichs verfügen aufwendigere und größere Impulsregner über eine separate Düse. Erhältlich sind sie für den Hobbybereich ab zirka 40 Euro. Schwinghebelregner können runde Flächen bis zu 500 Quadratmeter mit Wasser versorgen.

Versenkregner können Sie verwenden, wenn Sie über eine unterirdische Gartenpipeline verfügen. Sie haben dann die Möglichkeit, per Wasserdruck die Kolben der Regner auszufahren. Sehr wichtig bei der Installation von Versenkregnern ist die Auswahl der richtigen Standorte, um die gesamte Rasenfläche bewässern zu können. Hierbei sollten Sie auch die übrige Bepflanzung beachten, da sonst die Gefahr besteht, dass höherwachsende Pflanzen einen „**Beregnungsschatten**" erzeugen. Änderungen an der einmal verlegten Bewässerungsanlage sind nur mit größerem Aufwand möglich!

Alle Bewässerungssysteme müssen allerdings „gesteuert" werden, also zumindest an- und abgeschaltet werden. Aber was machen Sie im Urlaub? Falls Sie nicht über zuverlässige Familienmitglieder oder Nachbarn verfügen, sollten Sie über selbstständig arbeitende Steuerungen nachdenken.

Bewässerungscomputer

Alle vorgestellten Regner und Bewässerungssysteme können grundsätzlich über Bewässerungscomputer gesteuert werden, die zum Schutz gegen Stromausfall meist batteriebetrieben sind. Gute Geräte verfügen über große Variationsmöglichkeiten und sind in der Lage, gleichzeitig unterschiedlichen Ansprüchen zu genügen. Einmal programmiert werden Rasen, Zier- und Nutzflächen optimal für einen längeren Zeitraum versorgt. Der Preis von Bewässerungscomputern reicht von 30 bis weit über 1 000 Euro.

Wenn Sie eine vollautomatische Bewässerungsanlage einrichten wollen, sollten Sie unbedingt einen **Feuchtesensor** an den Computer anschließen, der neben den Pflanzen in den Boden gesteckt wird, zuverlässig den Wasserbedarf meldet und die notwendige Beregnung veranlasst.

Bei **Zeitschaltuhren,** die entweder vom Stromnetz abhängig sind oder mit Batterien betrieben werden, können Sie auch mehrere Zeitintervalle täglich für die Beregnung einstellen. Die Zeitschaltuhren gelten als preiswerte, zuverlässige Gießwächter zum Beispiel während des Urlaubs. Sie sollten während einer längeren Abwesenheit nur gelegentlich die korrekte Einstellung der Uhr überprüfen und gegebenenfalls korrigieren lassen. Der gravierende Nachteil von einfachen Zeitschaltuhren ist: Sie lassen das kostbare Nass auch dann nach Zeitplan strömen, wenn es gar nicht nötig ist, zum Beispiel selbst bei Dauerregen.

Abschaltuhr für Beregner

Abschaltuhren ermöglichen eine preiswerte und einfache Steuerung Ihres Regners. Sie können sie einfach auf den Wasserhahn montieren und eine Bewässerungsdauer einstellen. Die Uhr schließt nach Ablauf der Zeit automatisch ein Durchlaufventil.

Zur Steuerung einer Anlage zur Tröpfchenbewässerung können Sie preisgünstige **Keramiksensoren** einsetzen, die keinen Computer benötigen. Der Tröpfchenfluss wird über die natürliche Wassersaugspannung, eine eingebaute Membrane und Unterdruck im Keramikzylinder gesteuert.

Regenwasserbehälter

Machen Sie sich in Ihrem Garten vom teuren Leitungswasser unabhängiger und „verwöhnen" Sie Ihre Pflanzen mit weichem Regenwasser aus eigenen Wasserspeichern.

Die Behältergröße fürs Regenwasser

Allgemeingültige Angaben zur Dimensionierung von Regenwasser-Sammelbehältern sind schwierig: Zum einen bestimmen die regionale Niederschlagsmenge und die vorhandene Dachfläche, wie viel Wasser zur Verfügung steht, zum anderen beeinflussen Klimazone, Bodenbeschaffenheit, topographische Gegebenheiten und Pflanzenbestand den Wasserbedarf. So ist etwa in Hanglagen oder auf sandigem Boden der Wasserverlust größer als in der Ebene oder auf schwerem Lehmboden. Schließlich hängt die Tonnengröße auch davon ab, ob Sie mit dem Regenwasser den Rasen beregnen oder nur die Beete gießen möchten. Der Wasserbedarf von Rasenflächen ist groß, wobei man wieder zwischen reinem Zierrasen und weniger anspruchsvollem Nutzrasen unterscheiden muss.

Der für Deutschland gültige Durchschnittswert für den jährlichen Wasserbedarf im Garten liegt bei 60 Liter (0,06 Kubikmeter) pro Quadratmeter. Diesen Wert müssen Sie mit Ihrer Gartenfläche und mit der Speicherkonstante multiplizieren, die den notwendigen Wasservorrat für eine vierwöchige Trockenperiode berücksichtigt:

0,06 Kubikmeter/Quadratmeter × Gartenfläche in Quadratmeter × Speicherkonstante 0,08 = Tankvolumen in Kubikmeter.

Rechenbeispiel für eine Gartenfläche von 450 Quadratmetern:
$0{,}06\ m^3/m^2 \times 450\ m^2 \times 0{,}08 = 2{,}16\ m^3$.

Möchten Sie mit dem Wasser regelmäßig eine **Rasenfläche** von mehr als 50 Quadratmetern beregnen, sollten Sie das Ergebnis Ihrer Berechnung verdoppeln, das heißt, Sammelbehälter für insgesamt mindestens vier Kubikmeter (4 000 Liter) Wasser kaufen.

Voraussetzungen dafür, dass ein mehr als 2 000 Liter fassender Behälter ab und zu vollgefüllt wird, ist allerdings eine Dachfläche (= Regenwassersammelfläche) von mehr als 50 Quadratmeter, wenn man von einer Jahresniederschlagsmenge von mindestens 500 mm ausgeht, die in Deutschland wohl überall gegeben ist.

Gartenteiche

Wasserspiele, Bachläufe und Teiche sind bei vielen Menschen zu einem wichtigen Bestandteil ihrer Gartenanlagen geworden. Den Gestaltungsmöglichkeiten sind dank der robusten, langlebigen Materialien heute kaum noch Grenzen gesetzt. Allerdings sorgen Grundstücksgröße und -lage für „Planungsbeschränkungen".

Teiche benötigen viel Sonnenlicht. Allerdings fühlen sich in der Sonne nicht nur Ihre liebevoll eingesetzten Wasserpflanzen wohl und gedeihen prächtig, sondern leider auch die verschiedensten Algen. In nährstoffreichem Wasser und in sonniger Lage haben sie schon so manchen Teich zum biologischen „Umkippen" gebracht. Zuviel Sonneneinstrahlung erwärmt zudem das Teichwasser schnell, was den darin gelösten Sauerstoff ausgasen und somit für Tiere und Pflanzen (nachts) knapp werden lässt.

Eine ausgewogene Mischung aus Sonne und Schatten gilt für hiesige Teichanlagen als optimal. Für die Beschattung sind dicht am Ufer stehende Bäume und Sträucher allerdings nicht sehr geeignet – es sei denn, Sie wollen in jedem Herbst mit Ihrer Familie Netze über den Teich spannen, um das Wasser vor dem herabfallenden Laub zu schützen. Die Wurzeln größerer Bäume können auf Dauer auch der Teichfolie durchaus Schaden zuführen. Versuchen Sie doch, bei der Standortplanung für Ihren Teich auch schattenspendende Gebäudeteile zu berücksichtigen, zum Beispiel Garagenwände, Mauern oder Sichtschutzzäune.

Um einen besonders guten Blick auf Ihre Teichanlagen zu haben, können Sie sie natürlich auch direkt in Terrassennähe anlegen. Bedenken Sie dabei aber die mögliche Mückenplage an heißen Sommertagen. Auch Frösche und Molche werden sich dem Menschen so nahe wahrscheinlich nicht sehr wohl fühlen und eher fortbleiben. Als ökologisch sinnvoller gelten „ruhig gelegene" Teiche im hinteren Teil des Gartens.

Eine gründliche Planung kann Ihnen wirklich später viel Arbeit und Aufwand ersparen.

Für welchen Teich Sie sich dann entscheiden, bleibt nach Festlegung des Standorts dann nur noch Ihrem Geschmack und persönlichem Geldbeutel überlassen.

Bei **naturnahen Teichen** steht, wie der Name schon sagt, als Gestaltungsprinzip die Nähe zur umgebenden Natur im Vordergrund. Verwirklichen lässt sich dieses Konzept vornehmlich durch die Verwendung einheimischer Pflanzen und Fische. Zu den Merkmalen von naturnahen Teichen gehört auch ein sehr flach auslaufendes Ufer, das sich durch entsprechende Anpflanzungen leicht zu einem Sumpfbeet gestalten lässt, in dem wiederum Frösche, Kröten, Molche und andere Teichbewohner einen Lebensraum finden. Frösche, Kröten und Molche stellen sich von ganz alleine ein, wenn das Ökosystem Teich intakt ist und wenn ein anderes Laichgewässer nicht weiter als ein bis höchstens zwei Kilometer entfernt existiert. Andernfalls müssen Sie im Frühjahr mit Einmachgläsern auf Kaulquappenjagd gehen und diese im eigenen Gartenteich ansiedeln.

Bei reinen **Zierteichen** hingegen stehen einige, vielleicht exotische Pflanzen und/oder der Fischbestand (Kois, Goldfische) im Vordergrund. Zierteiche gelten als arbeitsintensiver als naturnahe Teiche. Falls die Anlagen nicht über eine entsprechende Größe und Tiefe verfügen, sollten Sie den Fischbesatz im Winter besser in wärmere, häusliche Gefilde verlegen.

Wenn Sie in Ihrem Teich Goldfischen und Stichlingen eine Heimat geben wollen, sollten Sie sich vorher darüber im Klaren sein, dass der Teich dann nicht mehr für Amphibien geeignet ist, da die Fische deren Eier fressen.

Materialien

Zur Erstellung von Teichanlagen werden heute meistens Fertigteiche eingesetzt oder die Abdichtung erfolgt mit Kunststofffolien. Da andere mögliche Baumaterialien wie Lehm, Ton oder auch Beton heute eher eine untergeordnete Rolle spielen, werden wir uns auf die Beschreibung und die Schritt-für-Schritt-Bauanleitungen von leicht zu erstellenden Fertig- und Folienteichen konzentrieren.

Tipp

Natürliche Mückenbekämpfung im Gartenteich

Neben einem Bestand an Fischen im Gartenteich, für die Mückenlarven eine gern gesehene Mahlzeit sind, sorgen auch Wasserläufer für die Dezimierung der Larven. Diese kleinen Tiere siedeln sich in fast jedem Teich nach einiger Zeit von ganz alleine an. Besonders in flachen Teichen, die keine Fischhaltung erlauben, sind sie gern gesehene Mitbewohner. Da Mücken zur Eiablage warme und unbewegte Gewässer bevorzugen, können Sie auch durch die Bewegung des Wassers – zum Beispiel durch kleine Fontänen – dem Mückenbefall etwas vorbeugen.

Kleinteiche, Wasserspiele und Vogeltränken

Für ganz kleine „Teiche" genügt es eigentlich schon, Tröge aus Stein, Holz oder Kunststoff aufzustellen. Natürlich können Sie auch kleine gekaufte Fertigteiche oder kleine Folienteiche sehr dekorativ in die Gartenanlage integrieren. Diese lassen sich auch gut als Abschluss bei Kräuterspiralen verwenden (→ „Aus dem Garten in die Küche", Seite 168).
Für einen Folienteich benötigen Sie nur eine Folie von 0,8–1,5 mm Dicke, mit der die zuvor ausgehobene und mit feinem Sand ausgekleidete Grube ausgelegt wird. Dünnere Folien (0,5–0,6 Millimeter) sollten Sie nur für kleine (etwa ein Quadratmeter) flache Teiche auf nicht steinigem Boden verwenden. Bei kleinen Teichanlagen können Sie die überlappenden Folienteichränder einfach mit Kies oder Steinen kaschieren. Beachten Sie dabei aber: Wenn Sie die Folienränder mit Erde oder Sand bedecken, wird das Teichwasser durch Kapillareffekte aus dem Teich gesaugt!
Obwohl der ökologische Nutzen solch kleiner Wasseranlagen von vielen Naturschützern als eher gering eingestuft wird, bilden sie doch, wenn sie mit dekorativen Wasser- und/oder Sumpfpflanzen angelegt werden, einen ganz besonderen Blickfang.
Auch auf Balkonen und Terrassen brauchen Sie auf Ihre Wasserwelten nicht zu verzichten. Gefäße aus Holz oder auch Naturstein reichen für einen schönen Wassergarten im Kleinformat durchaus. Sie sollten nur für ausreichend Sonne für die Pflanzen sorgen.

Fertigteiche

Fertigteiche sind ziemlich leicht aufzustellen, robust, können nicht von Wurzeln beschädigt werden und sind witterungs- sowie formbeständig. Sie bestehen meistens aus Polyester (PE), in manchen Fällen auch aus dem stabileren, aber auch teureren glasfaserverstärkten Kunststoff (GFK). Angeboten werden Fertigteiche in diversen Größen und Formen. Manche Einzelformen können als Teile eines ganzen Bausatzsystems sogar zu einer großen zusammenhängenden Teichlandschaft erweitert werden. Kleine Teiche bis zirka ein Quadratmeter Wasseroberfläche sollten Sie wegen der Gefahr der zu starken Wasseraufheizung eher in halbschattiger Lage aufbauen und sie mit Pflanzen besetzen, die nicht unbedingt den prallen Sonnenschein brauchen.
Alle Fertigteiche sind normalerweise mit abgestuften Pflanzbereichen ausgeformt, die die Anpflanzung von Wasserpflanzen mit unterschiedlichen Standortansprüchen ermöglichen. Auf den Bodengrund des Teiches können Sie ein Substrat geben, in dem sich Kleinstlebewesen gerne ansiedeln. Empfohlen wird dafür sogenannter Verlegesand, den es beim Baustoffhändler zu kaufen gibt. Er ist gewaschen und enthält auch Lehmanteile.

Schritt für Schritt: So entsteht ein Fertigteich

Nachdem Sie den passenden Standort für Ihre Fertigteichanlage festgelegt haben, sollten Sie zunächst den **Teichumriss auf dem Boden markieren** (1). Dies gelingt besonders einfach, wenn Sie die bei manchen kleineren Teichen mitgelieferte Schablone verwenden können.
Aber auch durch das einfache Aufsetzen des Fertigteichs sollte es Ihnen leicht fallen, zunächst den Umriss auf den Boden zu übertragen, ihn mit Schnur, Pflöcken, Sand oder feinem Kies zu markieren und danach ebenso die Tiefenzonen zu kennzeichnen.

Beim **Ausheben der Grube** (2) beginnen Sie zunächst an der tiefsten geplanten Stelle und arbeiten sich dann langsam Schritt für Schritt vor. Die Grube sollte in allen Richtungen zirka 10 Zentimeter weiter ausgegraben werden als die Fertigteichabmessungen. Alle Steine und Wurzeln, auf die Sie beim Graben stoßen, entfernen Sie sorgfältig und ebnen den Untergrund ein. Zur groben Anpassung des Teiches können Sie ihn **leicht in die Grube setzen** (3).

In die glatt gearbeitete Grube wird dann eine **10 Zentimeter dicke Sandschicht** verteilt, in die später das Fertigbecken gesetzt wird. Die sorgfältige **waagerechte Ausrichtung** können Sie mit einer geraden Latte und einer aufgelegten Wasserwaage vornehmen.

Nun können Sie mit dem **Einschlämmen der Teichränder** (4) beginnen. Die Ränder werden rundherum nach und nach mit Sand aufgefüllt, der mit Hilfe eines Wasserschlauchs so lange eingespült wird, bis der Fertigteich fest „sitzt". Füllen Sie den **Tiefwasserbereich bei Bedarf mit Wasser,** wenn die Wanne beim Einschlämmen „aufschwimmt", oder reduzieren Sie den Wasserdruck.

Dann lassen Sie den Fertigteich ganz mit Wasser vollaufen, um zu prüfen, ob er **stabil und waagerecht im Erdreich** sitzt (5). Die Randbereiche können Sie schon glätten. Wenn alles in Ordnung ist, lassen Sie das Wasser nach Bedarf etwas ab und füllen den Boden der Wanne mit Sand oder Kies.

Jetzt können Sie die **Pflanzen und Dekorationsmaterial** in die Terrassierungen einlassen und anschließend den Teich mit Wasser auffüllen. **Den Rand decken** Sie dann mit Steinen, grobem Kies, einer Steinfolie oder auch mit Rasensoden ab (6).

Folienteiche

Der große Vorteil von Folienteichen liegt in den sehr variablen Gestaltungsmöglichkeiten. Sie können sanft abfallende Uferzonen anlegen, die einigen Pflanzen und Tieren optimalen Lebensraum bieten. Flache breite Uferzonen reduzieren auch die Gefahr für spielende Kinder.
Außerdem sind Folienteiche mit vergleichsweise geringen Materialkosten zu realisieren.

PVC-Folien gelten als sehr widerstandfähig und robust. Vor UV-Strahlen allerdings sollten sie geschützt werden. Sie sind dann hoch reißfest, dabei noch dehnbar und verrotten erst nach Jahrzehnten. Dennoch sind sie sowohl

Wie viel Folie einkaufen?

Wie viel Folie Sie für Ihren Teich einkaufen müssen, können Sie grob mit Hilfe einer Faustformel bestimmen.

Längenbedarf:
Teichlänge + (2 × Teichtiefe) + (2 × Randzugabe).
Als Randzugabe kann man mit 0,5 Metern rechnen.
Breitenbedarf:
Teichbreite + (2 × Teichtiefe) + (2 × Randzugabe).
Als Randzugabe kann man mit 0,5 Metern rechnen.

Flächenbedarf:
Bei einem geplanten Teich von 5 Metern Länge und drei Metern Breite sowie einer „winterfesten" Tiefe von 1,2 Metern benötigen Sie also
eine Folienlänge von 8,40 Metern: 5 m + (2 × 1,20 m) + (2 × 0,5 m) und
eine Folienbreite von 6,40 Metern: 3 m + (2 × 1,20 m) + (2 × 0,5 m).

Sie sehen, dass Sie bei der Anlage eines Teiches mit 15 Quadratmetern Wasseroberfläche mit einem Folienbedarf von mindestens 54 Quadratmetern rechnen müssen. Kommen noch ein paar Überlappungen für die Verbindung einzelner Folienbahnen hinzu, rechnen Sie besser mit rund 60 Quadratmetern.

im Boden als auch bei der Entsorgung ökologisch bedenklich. Teichfolien aus PVC in unterschiedlichen Stärken können Sie in fast jedem Garten- oder Heimwerkermarkt kaufen. Für sehr dünne Folien von 0,5 bis 0,8 Millimeter Stärke sollten Sie sich nur bei kleinen Teichanlagen entscheiden. Sie sind zwar einfach zu verlegen, dafür besteht aber ein hohes Risiko, dass sie beschädigt werden. Je stärker die Folien gewählt werden, desto geringer ist die Gefahr von Beschädigungen durch Wurzeln, Steine oder auch Nagetiere. Für größere Teiche empfehlen wir eine Folienstärke ab einem Millimeter.
Mit Heißluft oder speziellen Quellschweißmitteln können einzelne Bahnen miteinander verklebt werden. Für eine gute und dauerhafte Verbindung sollten Sie dabei sehr sorgfältig arbeiten und die einzelnen Folien mindestens fünf Zentimeter breit überlappen lassen. Achten Sie bei dieser Arbeit darauf, dass Sie die Dämpfe von Schweißmittel und Folie nicht einatmen.
Alternativ werden für den Teichbau auch **Polyethylen-(PE-), Ethylencopolymerisat-Bitumen-(ECB-)** und **Kautschuk-(EPDM-)**Folien angeboten. Die preiswerten PE-Folien eignen sich nicht gut für Gartenteiche, da sie spröde und rissig werden, je länger sie Licht, Luft und Wärme ausgesetzt sind. Die guten EPDM-Folien sind nur etwa 20 Prozent teurer als PVC und PE. Bei den ECB-Folien handelt es sich um die „Oberklasse" der Teichfolien. Sie gelten als sehr alterungs- und witterungsbeständig, sind aber wesentlich teurer und sollten von Fachleuten verlegt werden. Bei einer Stärke von einem Millimeter und mehr gelten sie als nagetier- und wurzelfest.

Filtersysteme und Pumpen

Ein gesunder Gartenteich hat glasklares Wasser. Wenn Bodenschlamm aufgewirbelt wird, muss das Wasser nach einer Stunde wieder klar sein. Teiche mit ständig trübem Wasser sind „krank".
Um die Wasserqualität des Teiches im Gleichgewicht zu halten, werden Sie wahrscheinlich auf eine Filteranlage zurückgreifen müssen. Unumgänglich ist die Filterung des Wassers, wenn Sie viele Fische eingesetzt haben. Für kleinere Teiche reichen in der Regel **Druckfiltersysteme** aus, die sich auch unterirdisch verbergen lassen.
Bei **Mehrkammer-Filtersystemen,** die besonders für größere Teiche zu empfehlen sind, wird das Wasser drucklos durch Filterkammern geleitet und dabei aufbereitet.
Zur Anlage von Wasserspielen und Bachläufen benötigen Sie **Pumpen,** um das Wasser in Bewegung zu setzen. Neben den im Fachhandel angebotenen Elektropumpen in unterschiedlichen Stärken und Ausführungen, gibt es heute schon solarbetriebene Wasserpumpen, die über ausreichend Leistung (bis zu 500 Liter je Stunde) verfügen, robust und natürlich unabhängig vom Stromnetz sind.

Tipp

Teichfolie aus Kautschuk

Das Material der Kautschuk-Teichfolien (EPDM-Teichfolien) ist umweltneutral. Pflanzen, Fische und andere Lebewesen werden durch diese Folien nicht beeinträchtigt. Kautschuk-Teichfolien können zu jeder Jahreszeit verarbeitet werden, sie bleiben bis –45 °C elastisch. Und das Material ist sehr dehnfähig, so lässt es sich problemlos an besonders unebene Bodenverhältnisse anpassen, andererseits kann es noch nachgeben ohne einzureißen, wenn es später einmal im Untergrund „arbeitet".

Schritt für Schritt: So entsteht ein Folienteich

Nachdem Sie die **Teichumrisse auf dem Boden** mit Schnur, Pflöcken, Kies oder Sand **markiert** (1) und auch bereits festgelegt haben, wo und in welcher Tiefe die „Teichboden-Terrassen" angelegt werden sollen, können Sie mit der anstrengenden **Ausschachtung beginnen** (2). Bei Teichoberflächen ab 5 Quadratmetern sollten Sie für diese Arbeit möglichst Freunde und Bekannte um ihre Mitarbeit bitten.

Stechen Sie zunächst **die Grasnarbe** mit dem Spaten aus und lagern sie diese separat, da sie später möglicherweise für die Randbepflanzung verwendet werden kann.

Die **Kontur des Teiches** können Sie dann nach Plan Schritt für Schritt weiter ausgraben. Am besten arbeiten Sie von innen (tiefster Teil) nach außen (immer flachere Terrassen).

Zur Unterfütterung der Teichfolie kann die Grube bis zu 10 Zentimeter tiefer ausgehoben werden, als der Teich hinterher sein soll.

Alle Teichufer müssen **auf einer Höhe** sein, damit später nicht ungewollt an einer Stelle ein Überlauf entsteht.

Bei kleinen Teichen können Sie mit einem geraden Brett und aufgelegter Wasserwaage arbeiten (3).

Bei großen Anlagen leistet für diese Aufgabe eine **Schlauchwaage** gute Dienste, die Sie sich leicht selbst herstellen können:
Ein langes Stück Gartenschlauch wird an beiden Enden mit einem passenden, durchsichtigen Kunststoffrohr versehen. Das eine Ende wird an einem Pfahl in der Nähe eines Ufers so befestigt, dass die Oberkante des Schlauchs etwa mit der gewünschten Uferhöhe abschließt. Wenn nun der Schlauch mit Wasser gefüllt wird, lässt sich am anderen Schlauchende ablesen, ob sich die Uferhöhe dort in der Höhe des Wasserspiegels befindet. (Funktionsweise: www.derselber macher.de/werkzeug/messen/schlauchwaage.php3).

Nachdem Sie den Untergrund sorgfältig eingeebnet sowie von Wurzeln und Steinen befreit haben, können Sie zum Schutz der Plane gegen den Wasserdruck zunächst eine bis zu 10 Zentimeter dicke Sandschicht aufbringen (3). Den gleichen Zweck erfüllen Teichvliese, die Sie in Garten- und Baumärkten bekommen (4). Vor allem an schwierigen Bereichen wie Terrassenkanten und Steilhängen ist Vlies deutlich besser.

Vor dem endgültigen Materialkauf sollten Sie erneut den **Folienbedarf ausmessen, berechnen** und/oder überprüfen (→ „Wie viel Folie einkaufen?", Seite 60). Wenn es nötig ist, verkleben oder verschweißen Sie die einzelnen Bahnen oder Teilstücke.

Die Teichfolie kann besonders gut an warmen Tagen verlegt werden, da das Material dann flexibler und leichter zu verlegen ist. Die Folie muss vorsichtig auf dem vorbereiteten, sauberen Teichgrund ausgelegt werden und soll den Teichrand an allen Seiten um 30 bis 50 Zentimeter überlappen (5 und 6). Einige Falten werden bleiben, sie stören später aber auch nicht.

Jetzt können Sie im Teich die Kies- und Sandbänke aufschütten oder zur Dekoration Natursteine einsetzen. In den Tiefwasserbereichen sollten Sie jetzt schon das **Teichsubstrat für die Bepflanzung** einbringen.

4

5

6

Anschließend wird vorsichtig das **erste Wasser in den Teich** eingelassen (7). Vermeiden Sie einen scharfen Wasserstrahl, und befüllen Sie zunächst nur die tiefste Teichstelle, in die Sie dann Seerosen und andere Unterwasserpflanzen einsetzen können (→ „Pflanzen für den Gartenteich – eine Auswahl“, Seiten 64 ff.).
Arbeiten Sie nach diesem Muster weiter, und befüllen Sie immer nur die jeweils nächste „Pflanzzone“.

Um zu verhindern, dass das Teichwasser später durch das trockene Erdreich angesaugt wird und seitlich „ausläuft“, erstellen Sie eine einfache **Kapillarsperre.** Hierzu graben Sie zum Beispiel hinter dem Teichrand eine Vertiefung aus (8), in die dann der überschüssige Folienrand eingelassen wird. Sehr wirksam ist auch eine Kapillarsperre aus einer Falte der Folie nach oben, die zwischen zwei Steinreihen stabilisiert wird. Nicht überall wird man aber einen Ringwall aus Steinen als Ufer haben wollen.

Vor dem Auffüllen bis auf den endgültigen Wasserstand verlegen Sie die **überlappende Folie in die Randvertiefung**, entfernen überstehende Folie mit einem Cutter und bedecken sie mit grobem Kies oder größeren dekorativen Steinen (9).

Zur Randgestaltung können Sie auch „Steinfolie“ erwerben, eine UV-beständige Kunststofffolie, die mit feinem Kies beschichtet ist. Sie eignet sich auch für die Auskleidung oder Gestaltung von Bachläufen.

Der neu angelegte Folienteich sollte zu einem **Drittel bis zur Hälfte der Fläche bepflanzt** werden und sieht zunächst noch etwas „nackt“ aus. Nach der ersten Vegetationsperiode wird sich dies aber bereits geändert haben. Der Teich braucht jetzt Zeit, damit sich ein biologisches Gleichgewicht einpendeln kann. Durch wiederholte Störungen von außen kann der Teich aus dem Gleichgewicht gebracht werden.

Die häufigsten Ursachen für grüne und trübe Gartenteiche sind zu viele **Fische** und deren übermäßige Fütterung. Die Ausscheidungen der Fische und das überschüssige Futter bilden ein Überangebot von Nährstoffen für die Pflanzen im Gewässer. Die Folgen sind Algenblüten und grünlich trübes Wasser (Eutrophierung). Wenn dann der Sauerstoffgehalt im Wasser durch Gär- und Faulprozesse aufgezehrt wird, kippt das biologische Gleichgewicht. Das kann dann fast nur noch durch den Einsatz von Technik (Filteranlage, eventuell Teichbelüfter) korrigiert werden.

7

8

9

10

Die Teichbepflanzung

Die Bepflanzung der unterschiedlichen Wasserzonen erfolgt heute zumeist in Kunststoffkörben, die mit einem Vlies ausgelegt werden, damit die Erde nicht fortgespült wird. Natürlicher wirken Behälter aus Kokosfasern. Diese Art der Bepflanzung erleichtert das Herausnehmen – eventuell für den Winter –, aber auch das Positionieren der Pflanzen im bereits bestehenden Teich.

Zur unproblematischen Bepflanzung können Sie beim Fachhändler spezielle Teichsubstrate erwerben. Als preiswerte Lösung bietet sich „gereinigter" Sand an und/oder eine Mischung aus Lehm und ungedüngtem Torf. Setzen Sie die gut gewässerten Pflanzen in die Korbmitte, füllen Sie den Korb mit nährstoffarmer Teicherde auf und drücken sie mit den Pflanzenwurzeln an.

Um das Wegschwemmen der Erde zu verhindern, sollten Sie vor dem Einsetzen ins Wasser auf der Korböffnung eine Schicht Kies verteilen.

Das Ufer (1) ist der trockene Bodensaum um den Teich. Die Feucht- oder Sumpfzone (2) liegt direkt am Uferbereich in einer Tiefe von 0–15 cm. Die Flachwasserzone (3) ist 15–30 cm tief angelegt. Eine Tiefwasserzone (4) von mindestens 70 cm gewährleistet, dass Fische im Teich überwintern können.

Pflanzen für den Gartenteich – eine Auswahl

Gartenmärkte halten häufig eine große Anzahl unterschiedlicher Pflanzen für die Gestaltung Ihres Teiches bereit. Wir haben hier eine Auswahl zusammengestellt, die Ihnen die Planung für Ihren Teich erleichtern soll. Bei der immensen Artenvielfalt haben wir uns auf die kurze Darstellung robuster und zumeist heimischer Pflanzen beschränkt.

Winterfeste Schwimmpflanzen

Art	Blütenfarbe	Blütezeit	Höhe über Wasser	Standortansprüche	Besonderheiten
Großer Algenfarn *(Azolla filiculoides)*			0,5–15 cm	Sonne–Halbschatten	Stark wachsend, algenhemmend
Froschbiss *(Hydrocharis morsus-ranae)*	Weiß	Juli–August	5 cm	Sonne–Schatten	Algenhemmend
Kleine Wasserlinse *(Lemna minor)*			Wenige Millimeter	Sonne–Schatten	Stark wachsend, algenhemmend
Dreifurchige Wasserlinse *(Lemna trisulca)*			Wenige Millimeter	Sonne–Schatten	Stark wachsend, algenhemmend
Wassernuss *(Trapa natans* – geschützt*)*	Weiß, im Herbst auch rot	Juni–August	Wenige Millimeter	Sonne–Halbschatten	Algenhemmend, vermehrt sich durch Selbstaussaat

Froschbiss
(Hydrocharis morsus-ranae)

Winterfeste bodenwurzelnde Schwimmblattpflanzen

Art	Blütenfarbe	Blütezeit	Höhe über Wasser	Wassertiefe	Standortansprüche	Besonderheiten
Europ. Seekanne *(Nymphoides peltata)*	Gelb	Juli–August	5 cm	10–100 cm	Sonne–Halbschatten	Eignet sich sehr für die Pflanzung in Gefäßen; breitet sich sehr aus
Wasserknöterich *(Persicaria amphibia)*	Rosarot	Juni–September	20 cm	0–30 cm	Sonne–Halbschatten	Verbreitet sich sehr über Ausläufer
Wasserhahnenfuß *(Ranunculus fluitans)*	Weiß	Juni–August	20 cm	10–100 cm	Sonne–Schatten	Wuchert sehr im lehmigen Untergrund

Wasserknöterich
(Persicaria amphibia)

Unterwasserpflanzen*

Art	Blütenfarbe	Blütezeit	Pflanzenhöhe	Wassertiefe	Standort	Besonderheiten
Wasserstern *(Callitriche)*	Grün	Juni–September	50 cm	10–50 cm	Sonne–Schatten	Wintergrün
Hornblatt *(Ceratophyllum)*	Braun		Kriechend	Schwimmpflanze	Sonne–Halbschatten	Sollte ausgelichtet werden
Wasserfeder *(Hottonia palustris)*	Rosa	Mai–Juni	20 cm	10–40 cm	Sonne–Halbschatten	
Tausendblatt *(Myriophyllum)*	Rosa, grünlich	Juni–August	10–20 cm	10–150 cm	Sonne–Halbschatten	Gute Reinigungswirkung
Laichkraut *(Potamogeton)*	Grünlich	Juni–September		10–200 cm	Sonne–Schatten	
Flutender Hahnenfuß *(Ranunculus fluitans)*	Weiß	Juni–September		Schwimmpflanze	Sonne–Schatten	Nur im fließenden Wasser

* Auf Unterwasserpflanzen sollten Sie in Ihrem Teich nicht verzichten. Sie produzieren Sauerstoff und reinigen das Wasser.

Wasserfeder
(Hottonia palustris)

Die folgende Liste von Sumpfpflanzen berücksichtigt ausschließlich winterfeste, robuste und deshalb empfehlenswerte Sorten.

Sumpfdotterblume
(Caltha palustris)

Sumpfpflanzen

Art	Blütenfarbe	Blütezeit	Pflanzenhöhe	Wassertiefe	Standort
Ästiger Igelkolben *(Sparganium erectum)*	Grün	Juli–August	60–100 cm	0–40 cm	Sonne–Halbschatten
Blumenbinse *(Scheuchzeria palustris)*	Rosa	Juli–August	60–150 cm	0–30 cm	Sonne–Halbschatten
Echte Brunnenkresse *(Nasturtium officinale)*	Weiß	Mai–August	20–40 cm	0–30 cm	Halschatten–Schatten (Bevorzugt fließendes, nährstoffreiches Wasser)
Froschlöffel *(Alisma plantago-aquatica)*	Weiß	Juni–September	30–100 cm	0–30 cm	Sonne–Halbschatten
Goldkeule *(Orontium aquaticum)*	Goldgelb	Mai–Juni	20–40 cm	10–30 cm	Sonne
Kalmus *(Acorus)*	Gelb	Juni–Juli	50–100 cm	10–30 cm	Sonne–Schatten
Kleiner Rohrkolben *(Typha minima)*	braune Kolben	Juli–September	30–80 cm	0–30 cm	Sonne–Halbschatten
Gewöhnliches Pfeilkraut *(Sagittaria sagittifolia)*	Weiß	Juni–Juli	50–70 cm	10–50 cm	Sonne–Halbschatten
Sumpfcalla *(Calla palustris)*	Weiß	Juni–September	20–30 cm	0–20 cm	Halschatten–Schatten
Sumpfdotterblume *(Caltha palustris)*	Gelb	April–Juni	30 cm	0–10 cm	Sonne–Halbschatten
Sumpfvergissmeinnicht *(Myosotis scorpioides)*	Blau	Mai–September	20–40 cm	0–15 cm	Sonne–Halbschatten
Tannenwedel *(Hippuris vulgaris)*			10–40 cm	10–50 cm	Sonne–Halbschatten
Teichsimse *(Schoenoplectus)*	Hellbraun	Juni–August	120 cm	10–30 cm	Sonne–Halbschatten
Wasserschwertlilie *(Iris pseudacorus)*	Gelb	Mai–Juli	60–100 cm	0–30 cm	Sonne–Halbschatten
Zyperngrassegge *(Carex bohemica)*	Grün	Juni–Juli	40–80 cm	0–10 cm	Sonne–Halbschatten

Kriechender Günsel
(Ajuga reptans)

Bodendecker für die Teichumgebung

Art	Blütenfarbe	Blütezeit	Pflanzenhöhe	Standort
Kriechender Günsel *(Ajuga reptans)*	Blau	Mai–Juni	10 cm	Sonne–Halbschatten
Pfennigkraut *(Lysimachia nummularia)*	Gelb	Mai–Juli	5 cm	Sonne–Halbschatten
Schneckenknöterich *(Bistorta affinis)*	Weißrosa, rot	Juni–September	25 cm	Sonne–Halbschatten
Waldmeister *(Galium odoratum)*	Weiß	Mai–Juni	20 cm	Halbschatten–Schatten

Pflanzen für den Feuchtbereich

Art	Blütenfarbe	Blütezeit	Pflanzenhöhe	Standort
Bachbunge *(Veronica beccabunga)*	Blau	Mai–September	20–50 cm	Sonne–Halbschatten
Blutweiderich *(Lythrum salicaria)*	Rosarot	Juli–September	bis 200 cm	Sonne–Schatten
Felberich *(Lysimachia)*	Gelb	Juni–August	60–120 cm	Sonne–Halbschatten
Gauklerblume *(Mimulus)*	Gelb, rot, orange, violett	Juni–August	20–60 cm	Sonne–Halbschatten
Sumpfschafgarbe *(Achillea ptarmica)*	Weiß	Juli–September	30–90 cm	Sonne–Halbschatten
Sumpfweidenröschen *(Epilobium palustre)*	Rosa	Juli–August	15–50 cm	Sonne–Halbschatten
Trollblume *(Trollius europaeus)*	Gelb, orange	Mai–Juni	30–50 cm	Sonne–Halbschatten
Wasserminze *(Mentha aquatica)*	Bläulich	Juli–August	30–100 cm	Sonne–Schatten
Sumpf-Wolfsmilch *(Euphorbia palustris)*	Gelb	Mai–Juni	50–150 cm	Sonne–Halbschatten
Wollgras *(Eriophorum)*	Weiß	April–Mai	30 cm	Sonne

Blutweiderich
(Lythrum salicaria)

Stauden zur Randbepflanzung

Art	Blütenfarbe	Blütezeit	Pflanzenhöhe	Standort
Astilbe *(Astilbe)*	Rosa, rot, weiß, lila	Juni–September	40–120 cm	Halbschatten–Schatten
Bergenie *(Bergenia)*	Rosa, rot, weiß	April–Mai	20–60 cm	Sonne–Schatten
Dreimasterblume *(Tradescantia)*	Weiß, blau, rosa	Mai–September	30–40 cm	Sonne–Halbschatten
Frauenmantel *(Alchemilla)*	Grüngelb	Juni–Juli	20–50 cm	Halbschatten
Goldkolben *(Ligularia dentata)*	Gelb	Juli–August	120–150 cm	Sonne–Halbschatten
Japanische Krötenlilie *(Tricyrtis hirta)*	Weißrosa	August–Oktober	50–80 cm	Halbschatten–Schatten
Mammutblatt *(Gunnera manicata)*	Rötlich	Juli–August	200–400 cm	Sonne–Halbschatten
Schaublatt *(Rodgersia pinnata)*	Weiß	Juni–Juli	150 cm	Sonne–Halbschatten
Sonnenhut *(Echinacea)*	Orangegelb	Juli–September	50–60 cm	Sonne–Halbschatten
Storchenschnabel *(Geranium)*	Karminrot	Juni–August	25 cm	Sonne–Halbschatten
Taglilie *(Hemerocallis)*	Gelb, rosa, rot, orange	Mai–September	40–120 cm	Sonne–Halbschatten
Waldgeißbart *(Aruncus dioicus)*	Weiß	Juni–Juli	bis 200 cm	Halbschatten–Schatten

Bergenie
(Bergenia)

Pampasgras
(Cortaderia selloana)

Gräser für den Randbereich

Art	Pflanzenhöhe	Standort
Bärenfellschwingel *(Festuca gautieri)*	10 cm	Halbschatten
(Garten-)Bambus *(Fargesia-Arten)*	50–200 cm	Sonne–Halbschatten
Blauschwingel *(Festuca cinera)*	20 cm	Sonne
Blaustrahlhafer *(Helictotrichon sempervirens)*	50–60 cm	Sonne
Pampasgras *(Cortaderia selloana)*	200–300 cm	Sonne
Regenbogenschwingel *(Festuca amethystina)*	50 cm	Sonne
Zwergblauschwingel *(Festuca valesiaca)*	15–20 cm	Sonne

Straußfarn
(Matteuccia struthiopteris)

Farne

Art	Pflanzenhöhe	Standort
Königsfarn *(Osmunda regalis)*	Bis 200 cm	Halbschatten–Schatten
Perlfarn *(Onoclea sensibilis)*	40–50 cm	Halbschatten–Schatten
Rippenfarn *(Blechnum spicant)*	20 cm	Halbschatten–Schatten
Straußfarn *(Matteuccia struthiopteris)*	80 cm	Halbschatten–Schatten

Roter Fächerahorn
(Acer palmatum)

Gehölze für den Randbereich

Art	Pflanzenhöhe	Standort
Berglorbeer *(Kalmia latifolia)*	150–200 cm	Sonne–Halbschatten
Fächerahorn *(Acer palmatum)*	Bis 800 cm	Sonne–Halbschatten
Hortensien *(Hydrangea-Arten)*	Bis 150 cm	Halbschatten
Rhododendron *(Rhododendron)*	150–200 cm	Halbschatten–Schatten
Schattenglöckchen, auch Lavendelheide *(Pieris japonica)*	100–200 cm	Halbschatten

1

2

3

Schritt für Schritt: Den Teich winterfest machen

Robuste Wasserpflanzen wie Wasserpest, Unterwasser-Hahnenfuß und Laichkräuter bleiben im Teich, auch die Seerosen. Sie bilden an den Wurzeln kurze Unterwasserblätter und überstehen den Winter problemlos, solange die Wurzeln nicht einfrieren.

Frostgefährdete Pflanzen wie Wasserhyazinthen aus dem Wasser holen (1) und in einem Eimer mit Wasser an einem hellen, frostfreien Platz überwintern. Sie tun sich damit leichter, wenn Sie vorher den Wasserstand senken.

Wenn sich Pflanzenteile im Teich zersetzen, verbrauchen sie viel Sauerstoff. Die dadurch entstehenden Faulgase und die Sauerstoffknappheit können zur Gefahr für Fische und Frösche werden. Entfernen Sie deshalb alle **absterbenden Pflanzenteile,** zum Beispiel Seerosenblätter, aus dem Wasser (2). Fischen Sie mit Kescher oder Harke sorgfältig das herabgefallene Laub ab, bevor es auf den Teichboden sinkt.

Ziehen Sie mit einer Harke regelmäßig die **Fadenalgen heraus** (3).

4

Entleeren Sie die Wasserleitungen zum Teich. Ist das Wasser flacher als 70 Zentimeter, heben Sie **Pumpen und Filter vor dem ersten Frost heraus** (4). Pumpen nie trocken lagern, sondern **im Eimer mit Wasser.**

Wenn Sie auch spät im Herbst noch starken Laubfall haben, decken Sie den Teich mit einem **Laubnetz** ab, eine Maschenweite von 20 Millimetern ist optimal. Befestigen Sie das Netz am Ufer mit Kunststoffnägeln, oder beschweren Sie den Rand mit Steinen.

Fische können im Teich bleiben, wenn der mindestens 80 Zentimeter tief ist. Halten Sie dann eine kleine Fläche eisfrei. Nicht mit Axt oder Hammer ein Loch ins Eis hacken, das scheucht die Fische aus ihrer Winterruhe auf. Notfalls ein Loch sägen.

Tipp

Einen Seerosenkorb im Teich platzieren
Um den Pflanzkorb genau an der vorgesehenen Stelle versenken zu können, fädeln Sie eine Schnur durch zwei gegenüberliegende Seiten des Korbes. Zwei Personen, von denen jede ein Ende der Schnur hält, stellen sich auf gegenüberliegende Ufer des Teiches und können von da den Korb versenken, wo er hin soll. Dann wird die Schnur einfach herausgezogen.

Seerosen

Seerosen gehören zu den **Schwimmblattpflanzen.** Hierzu zählen alle Pflanzenarten, die entweder auf der Wasseroberfläche schwimmen und die Nährstoffe direkt dem Wasser entnehmen, oder die im Teichgrund wurzeln und ihre Blätter auf der Wasseroberfläche treiben lassen.
Wenn sich Ihr Teich im Sommer stark aufheizt und Sie Fische im Wasser haben, die dann unter Sauerstoffknappheit leiden, können Seerosen mit ihren breiten Schwimmblättern wie ein kühlender Sonnenschirm wirken!
Seerosen gibt es in sehr vielen Sorten von weiß- bis weinrotblühend in fast jeder Farbe oder Farbkombination. Es gibt sie in verschiedenen Größen, mit gefüllten oder einfachen Blüten, und die verschiedenen Arten blühen zu unterschiedlichen Zeiten von Juli bis September.
Beachten Sie bei der Auswahl und beim Kauf, dass die Seerosen zum Teil stark wuchernde Pflanzen sind, und nicht jede Sorte für jede Teichgröße beziehungsweise -tiefe geeignet ist. Seerosen benötigen Wassertiefen von 20 cm bis 200 cm und eine Wasseroberfläche von ein bis zwei Quadratmeter für jede große Pflanze. **Zwergzüchtungen** kommen mit weniger Platz und

geringerer Teichtiefe zurecht und eignen sich auch für Wasserkübel auf dem Balkon oder der Terrasse.
Um zur Blüte zu gelangen, benötigen sie mindestens fünf bis sechs Stunden Sonnenlicht am Tag. Die einzelnen Blüten öffnen sich nur wenige Tage und versinken anschließend wieder im Teich.
Gepflanzt werden Seerosen, zumindest für größere Teiche, in Körben. Vor dem Einpflanzen entfernen Sie sorgfältig beschädigte oder faule Wurzelstellen. Anschließend wird der Wurzelstock schräg in die zuvor eingefüllte Erde eingesetzt. Danach wird mit Erde aufgefüllt, leicht angedrückt und der Pflanzkorb mit Kies oder Steinen beschwert.

Seerose Pöstlingberg
(Nymphaea Pöstlingberg)

Seerosen für den Gartenteich

Art	Blüten	Standort
Seerose Pöstlingberg *(Nymphaea Pöstlingberg)*	Weiß blühend	Stark wachsende Seerose für große Teiche. Sie benötigt Wassertiefen von 80 bis 150 cm.
Wohlriechende Seerose = Rosennymphe *(Nymphaea odorata)*	Reichblühende Pflanze mit rosa Blüten	Für Wassertiefen von 30 bis 70 cm.
Zwergseerose Froebeli *(Nymphaea Froebeli)*	Rotblühende dankbare Sorte, die auch bei kühlerer Witterung blüht.	Sie benötigt eine Wassertiefe von 25 bis 50 cm und ist auch für kleine Teiche geeignet.
Zwergseerose Helvola *(Nymphaea pygmaea Helvola)*	Gelbblühende Zwergseerose,	Kommt mit geringen Wassertiefen aus (25 bis 40 cm). Sie eignet sich auch für Kübel und Miniteiche. Wegen ihrer Frostempfindlichkeit sollte sie im Haus überwintern.

Zwergseerose Froebeli
(Nymphaea Froebeli)

Technik im Garten: Energie, Geräte und Co.

Energie im Garten

Netzstrom

Einzelne Solarstromgeräte

Die Kraft der Sonne tanken

Elektrischer Strom aus Luft

Grillen ist Gartenkultur

Anleitungen für Grillmeister

Geräte für die allgemeine Gartenarbeit

Leitern

Mit Hochdruck reinigen

Thermische Pflanzenvernichter

Laubsauger

Kettensägen

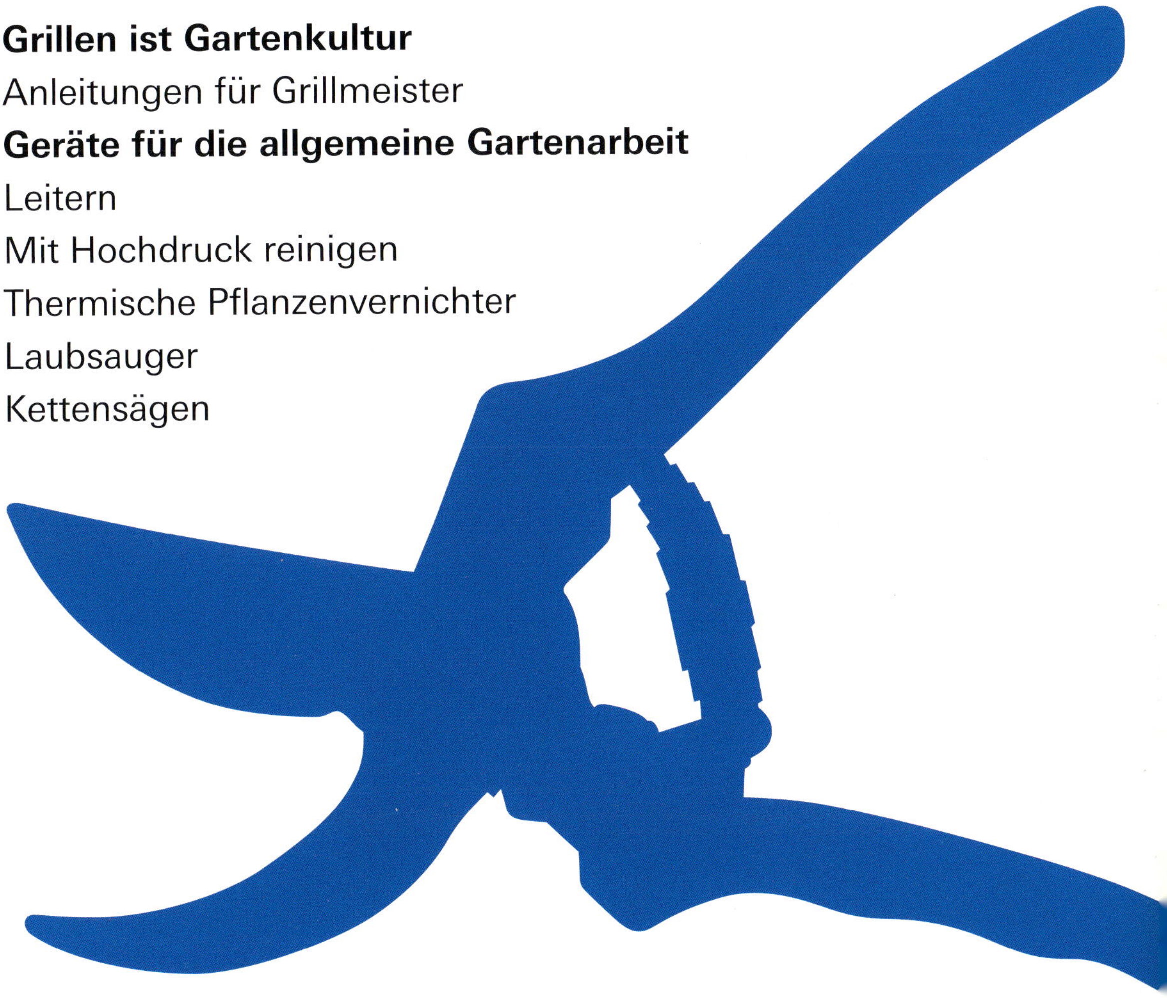

Technik im Garten: Energie, Geräte und Co.

Energie im Garten

Wenn Sie den Sommer im Garten auch nach Sonnenuntergang noch so richtig genießen wollen, können Sie natürlich auf romantisches Kerzen- und Fackellicht zurückgreifen. Einfacher und wesentlich bequemer allerdings sind elektrische Leuchten, die entweder über ein Leitungsnetz gespeist werden oder ihre Energie von der Sonne beziehen.

Netzstrom

Falls Sie in Ihrem Garten mit Elektrogeräten wie Rasenmäher, Häcksler und Heckenschere arbeiten wollen und/oder eine fest installierte Beleuchtung (210–230 Volt) wünschen, müssen Sie besondere Sicherheitsvorkehrungen treffen. Damit weder der Regen, noch der morgendliche Tau für Kurzschlüsse sorgen kann, müssen alle elektrischen Leitungen, Lampen und Steckdosen **wassergeschützt** sein.

Die Installation der elektrischen Einrichtungen sollte aus Sicherheitsgründen immer von einem Fachmann ausgeführt werden, der die entsprechenden Sicherheitsvorschriften berücksichtigt.
Bei der Verwendung von mit **210–230 Volt** betriebenen Gartengeräten oder Beleuchtungseinrichtungen können defekte Kabel für die Nutzer Lebensgefahr bedeuten, gegen die Sie sich dringend absichern sollten.
Nach den geltenden Vorschriften müssen alle Stromkreise innerhalb eines Haushalts mit Schmelzsicherungen oder Leitungsschutzschaltern gegen Überlastung und bei Kurzschluss ausgestattet sein. Da diese „Sicherungen" nur bei verhältnismäßig starkem Strom auslösen, sollten Sie den Gartenstromkreis mit **FI-Schaltern** (Fehlerstromschutzschaltungen) absichern lassen. FI-Schalter reagieren bereits auf geringe Fehlerströme.
Falls der Fehlerstromschalter nicht bereits in den Stromkreislauf des Hauses integriert ist, können Sie mit mobilen FI-Schutzschaltern, zumeist integriert in Steckdosen, Steckdosenleisten oder Stromverteilern, Ihre Gartengeräte „nachrüsten". Achten Sie aber unbedingt auf die Eignung der FI-Schalter für den Gartenbereich; sie müssen wasserdicht und robust sein!
Aber auch durch den Einbau von Fehlerstromschutzschaltern können Sie die Sicherheit nur deutlich erhöhen – eine Lebensversicherung sind sie nicht, da es einen hundertprozentigen Schutz gegen Stromschläge nicht gibt.
Um Gefahren auszuschließen, werden im Gartenbereich auch **12-Volt-Niederspannungsanlagen** verwendet, beispielsweise bei Springbrunnen oder Beleuchtungseinheiten.
Strom kommt aber nicht mehr nur aus der Steckdose. Mittlerweile sind alternative praxisgerechte Stromerzeugungsmethoden wie Solarstrom und Windenergie gerade für Gärten und Gartenanlagen durchaus interessant.

Tipp

Aufgepasst!
Auch durch den Fachmann installierte oder zusätzlich erworbene mobile Fehlerstromschutzschalter (FI-Schaltern) machen den besonnenen und vorsichtigen Umgang mit Elektrizität im Garten nicht überflüssig!

Einzelne Solarstromgeräte

Mittlerweile sehr preiswert können Sie einzelne, mit einem Solarmodul versehene Geräte in die Sonne stellen, die dann ihren Dienst ohne Murren versehen. Sie benötigen keine Kabel, und einmal angeschafft kosten sie kein Geld mehr. Zu diesen nützlichen Helfern gehören einzelne oder in Reihe geschaltete Beleuchtungseinheiten, beleuchtete Hausnummern und Namenschilder, Teichpumpen und – in ihrem Nutzen sehr umstrittene – Wühlmausvertreiber.
Beleuchtungseinheiten mit Dämmerungsschaltern beginnen erst bei Einbruch der Dunkelheit zu leuchten. Sie schalten sich bei Sonnenaufgang automatisch wieder ab.
Die Kapazität der vollständig geladenen Akkus soll für eine Brenndauer der Lampen von 8 bis 12 Stunden reichen, wenn sie mit sparsamen Leuchtdioden ausgestattet sind. Einige Modelle sind zusätzlich mit Bewegungs-

Solarbetriebene, schwimmende Teichleuchte

meldern ausgestattet, die dafür sorgen, dass die Lampen nur im Bedarfsfall eingeschaltet werden. Die Akkuladung hält bei diesen Modellen dann einen deutlich längeren Zeitraum durch.
Auch solarbetriebene schwimmende Leuchten für den Gartenteich oder kabellose Wegmarkierungen lassen sich jederzeit ohne Aufwand einfügen. Teichpumpen, Springbrunnenanlagen wie auch Wühlmausvertreiber werden häufig durch Solarmodule gespeist und versehen dann ihren Dienst.
All diese Geräte sind mittlerweile preiswert in Garten- und Heimwerkermärkten erhältlich. Sie werden zu Hause dann einfach nur montiert beziehungsweise aufgestellt und beginnen selbstständig mit ihrer Arbeit, sobald sie eingeschaltet sind und über genügend Batterieladung verfügen.

Die Kraft der Sonne tanken

Photovoltaikmodule wandeln das Sonnenlicht in elektrische Energie um. Eine Photovoltaikanlage zur autarken Stromversorgung besteht im Wesentlichen aus dem oder den **Solarmodul(en),** einem **Laderegler** und der **Batterie.**
Sie können so die Gartenbeleuchtung, einen 12-Volt-Kühlschrank oder -Fernseher über Ihre kleine „Inselanlage" betreiben. In Verbindung mit einem Laderegler und einer speziellen Solarbatterie liefert eine kleine Anlage den Strom auch dann, wenn die Sonne nicht scheint.
Wollen Sie aber Fernseher oder ein Radio mit Netzstecker anschließen, müssen Sie den Gleichstrom aus der Batterie in Wechselspannung umwandeln. Der **Wechselrichter** arbeitet mit geringen Verlusten, so dass die Anlage ein wenig größer ausgelegt werden muss, um die gleiche Nutzleistung zu erzielen. Da Geräte, die mit 12 Volt betrieben werden, in der Regel teurer sind als 230-Volt-Geräte, ist der Einsatz des Wechselrichters häufig dennoch sinnvoll.

Photovoltaik-Module liefern Gleichstrom.

Photovoltaik in Kleingartenanlagen

Vor der Montage einer Photovoltaikanlage auf Ihrer Laube in einer Kleingartenanlage sollten Sie sich beim Eigentümer der Anlage informieren. Obwohl schon 2001 nach Vorstellungen der damaligen Bundesregierung das bundesweite Kleingartengesetz, das den Anschluss an ein Stromnetz verbietet, in Hinblick auf eine isolierte Photovoltaikanlage tolerant ausgelegt werden sollte, werden diese umweltfreundlichen leisen Anlagen in vielen Kleingartenanlagen immer noch nicht akzeptiert.
Begründet wird das Verbot der Nutzung von Sonnenenergie häufig durch den Verweis auf § 3 des Bundeskleingartengesetzes, nach dem Lauben nur in einfacher Ausfertigung erstellt werden dürfen.
Literaturempfehlungen zu rechtlichen Entscheidungen aus dem Umfeld „Garten" finden Sie im Serviceteil → Seite 287.

Elektrischer Strom aus Luft

Als weitere Möglichkeit der Energiegewinnung für den Garten und das Gartenhaus möchten wir auf die Windenergienutzung hinweisen. Über Fachhändler können Sie fertige Windräder, komplette Fertigbausätze oder – für technisch versierte Menschen – auch nur Bauanleitungen für kleine Windräder kaufen.
Mithilfe von **Kleinwindrädern** können Sie eine Autobatterie oder auch spezielle Solar- oder Gel-Batterien aufladen und 12-/24-Volt-Verbraucher direkt daran anschließen (Lampen, Radio, Pumpen, Ventilatoren).
Durch den Einsatz eines **Sinus-Wechselrichters** besteht auch hier die Möglichkeit, den 12-/24-Volt-Gleichstrom in 230 Volt Wechselstrom umzuwandeln, mit dem Sie schwache 230-Volt-Geräte betreiben können.
Um die Batterie vor Überladung zu schützen, sollten Sie den Ladezustand der Batterie im Auge behalten und gegebenenfalls das Windrad „aus dem Wind nehmen". Diese Funktion kann natürlich auch ein speziell für Windräder geeigneter **Laderegler** übernehmen, der besonders bei Wochenendhäusern oder Gartenhäusern viel Sinn macht, die nicht der ständigen Kontrolle unterliegen. Ist der Akku voll geladen, wird er dann durch den Laderegler selbstständig abgebremst/gestoppt. Die Aufladung wird erst wieder freigegeben, wenn der Akku aufnahmefähig ist. Einen Regler gegen Tiefentladung der Batterie können Sie im Camping- oder Kfz-Zubehörhandel kaufen.
Mittlerweile besteht allerdings auch die Möglichkeit, die mit einem Kleinwindrad gewonnene Energie – ähnlich wie bei Solarstromanlagen durchaus üblich – über einen kleinen **Netzeinspeiser** direkt in das normale elektrische Hausnetz einzuleiten (→ Literatur, „Wind bewegt", G. Hacker/G. Jerke, Seite 289).
Zur effektiveren Ausnutzung der Windenergie sollen die Windräder in einigen Metern Höhe auf einen Mast montiert werden. Bei Sturmböen werden sie dann in aller Regel automatisch abgebremst. Dies kann durch Kippvorrichtungen, Flügelverstellungen oder Generator-Kurzschlüsse geschehen.
Um auch bei Windstille seine Stromverbraucher versorgen zu können, kann man eine Windkraftanlage mit einer zusätzlichen Solaranlage koppeln.
Vor der Anschaffung eines Windrads empfiehlt es sich, Referenzanlagen anzuschauen und sich gründlich über Leistung, Zuverlässigkeit und auch über die Laufgeräusche der Anlage zu informieren. Liegen die Laufgeräusche nämlich unter 40 Dezibel (dB), wird der Grenzwert für Wohngebiete eingehalten, und die Anlage kann grundsätzlich in Ihrem Garten aufgestellt werden. Natürlich sollten Sie vorher Ihre Nachbarn über das Vorhaben informieren, die örtliche Baubehörde anfragen und die vor Ort gültigen Vorschriften (zum Beispiel Grundstücksabstände, erlaubte Höhe der Anlage für den privaten Gebrauch) einhalten.

Kleinwindrad für den Gartenbetrieb

Gesund grillen ohne zu tropfen: Verbrennen Fett, Marinade und Fleischsaft auf Kohlenglut oder Gasgrill, entstehen krebserregende Stoffe. Diese Benzpyrene steigen mit dem Rauch auf und lagern sich dann auf dem Grillgut ab. Extra Auffangschalen aus Aluminium, auf die das Grillgut gelegt wird, können das verhindern, genauso wie indirektes Grillen und vertikale Holzkohlegrills. Bei den meisten Gas- und Elektrogrills verhindert die Konstruktion, dass Fett und Brenner in direkten Kontakt miteinander kommen. Moderne Elektrogrills verfügen über Fettauffangschalen oder Fettrinnen. Nur bei offen liegenden Heizschlangen kann Fett noch verbrennen.

Zwei Elektrogrillgeräte qualmten im Test beim Grillen übrigens erstaunlich heftig. Trotz Bedienung genau nach Vorschrift wurden die Glaskeramikplatten so heiß, dass Steaks und Würstchen schnell verbrennen konnten. Verbrannte Reste blieben auf der Platte zurück und ließen sich nur mühsam und unzureichend abschaben. Verkohlte Rückstände landeten so auf dem nächsten Würstchen. Erst wenn die Glaskeramikplatten nach dem Grillen wieder abgekühlt waren, ließen sie sich problemlos säubern.

Viele schädliche Benzpyrene stecken auch in appetitlich gebräunten Fettkrusten. Der Grillmeister sollte deshalb die Marinade vor dem Grillen abtupfen und nichts mit Bier ablöschen, denn das fördert die Krustenbildung. Schwarz Verkohltes gehört immer in den Müll, nicht in den Magen.

Vorsorgen: Halten Sie beim Grillen stets Löschmittel parat. Lassen Sie den Grill nicht unbeaufsichtigt ausglühen. Restglut und heiße Asche sollten mit Sand abgelöscht werden. Heiße Reste gehören nicht in einen Kunststoffeimer oder die Kunststoff-Mülltonne.

Geräte für die allgemeine Gartenarbeit

Das Angebot an allerlei „nützlichen“ oder gar „unentbehrlichen“ Helfern für die Gartenarbeit ist riesig und wird in farbenfrohen Prospekten und Werbeanzeigen kräftig angepriesen.

Eine gewöhnliche **Schubkarre** mit stabiler Wanne und einem großen luftgefüllten Rad gehört zur Grundausstattung und ist wenig aufregend.

Vor allem Männer erliegen aber manchmal dem Charme oder der Kraftentfaltung von motorbetriebenem Garten„spielzeug“, für dessen Anschaffung es natürlich immer wohldurchdachte Begründungen gibt. Wir wollen uns deshalb hier kurz einigen prominenten Geräten und Werkzeugen zuwenden, denen man als Gartenbesitzer seine begehrliche Aufmerksamkeit schenkt.

Ein Hinweis noch: Alles, was mit der **Rasenpflege** zu tun hat, finden Sie im Kapitel „Rasenpflege leicht gemacht“ → Seiten 123 ff.

Und die elektrischen **Heckenscheren** finden Sie im Kapitel „Oasen schaffen“ bei „Der Heckenschnitt“ → Seite 105.

Leitern

Leichte, robuste und langlebige Leitern aus Aluminium haben die „gute, alte“ Holzleiter fast völlig verdrängt. Sie sind preiswert und meistens durch Ausziehen verlängerbar. Aluminiumleitern sollten stets über ein GS-Prüfzeichen verfügen.
Auch die reine **Anlegeleiter** ist passé, sie wird von den vielseitigeren Steh- und Mehrzweckleitern verdrängt.
Die aufgestellte und gespreizte **Stehleiter** sollte durch Spannkette oder -gurt in der Leitermitte gesichert sein. Den gleichen Zweck erfüllt auch eine Sicherheitsbrücke als oberste, meist große Standfläche. Sie soll stabil, witterungsbeständig und nicht aus Kunststoff sein. Zusammen mit dem Sicherheitsbügel ermöglicht sie ein bequemes Arbeiten auch noch auf höchster Ebene. Dicke Gummi- oder Kunststofffüße verhindern, dass die Leiter im Gebrauch verrutscht.
Bei den **Mehrzweckleitern** handelt es sich meist um dreiteilige, vielseitige Sprossenleitern, die als Anlege-, Steh- und Schiebleiter eingesetzt werden können. Wenn das Anlegen der Leiter nicht möglich oder nicht sicher genug ist, übernimmt eines der drei Teile Stützfunktion. Sie dürfen allerdings

niemals den dritten Teil zusätzlich ausfahren und die Leiter dann als Anlegeleiter verwenden!
Welche Leiter Sie auch benutzen, in jedem Fall sollten Sie immer darauf achten, dass sie stabil auf festem Untergrund steht.

Mit Hochdruck reinigen

Mit sehr hohem Druck, aber trotzdem geringen Wassermengen können Sie mit Hochdruckreinigern die unterschiedlichsten Reinigungsarbeiten durchführen. Der Wasserstrahl kann bei der **Standard-Sprühlanze** in der Breite und so auch in der Druckstärke variiert werden. Neben der Sprühlanze gehört die **„Dreckfräse“** heute meistens zur Standardausrüstung der Geräte. Mit ihr wird ein rotierender Wasserstrahl erzeugt, der auch den hartnäckigsten Schmutz entfernt.
Beim Kauf so eines Geräts achten Sie darauf, dass es TÜV-geprüft ist, das GS-Zeichen soll auch vorhanden sein. Das CE-Label sagt über die Sicherheit so gut wie nichts aus. Gerade bei der gleichzeitigen Verwendung von Wasser und Strom sollten Sie aber besonders auf Qualität achten.
Moderne Hochdruckreiniger können mit **Zusatzausstattungen** vielfältig eingesetzt werden. Für Terrassenböden können Sie zum Beispiel einen speziellen Terrassenreiniger einsetzen, der den Hochdruckstrahl auf einen kleinen, runden Bereich beschränkt. Dies hilft sehr, den unerwünschten Effekt „saubere Bodenplatte, aber dafür schmutzige Seitenwände“ zu verhindern.

Tipp

Kein Hochdruck bei empfindlichen Oberflächen!
Vorsicht ist bei der Reinigung gestrichener oder empfindlicher Flächen geboten. Was nützt die saubere Hauswand, wenn Sie mit dem Gerät auch gleichzeitig die Farbe entfernt haben?

Thermische Pflanzenvernichter

Die Triebe von Wildwuchs werden mit Gasbrennern oder auch elektrischen Heizplatten erhitzt, wodurch das Gewebe der Pflanzen zerstört wird. Wirksam ist diese Form der Wildwuchsbekämpfung noch am ehesten bei jungen Pflanzen; die älteren wachsen schnell wieder nach und müssen erneut behandelt werden. Die Arbeit mit thermischen Unkrautvernichtern ist relativ mühevoll, da jede einzelne Pflanze gezielt zerstört werden muss.
Auf Beeten sind diese Geräte nur selten sinnvoll einsetzbar, da zuviel Hitze seitlich entweicht, wodurch die Nutzpflanzen gleich mit verbrannt werden. Tiefer wurzelnden Kräutern ist mit dieser Methode kaum beizukommen, da ja nur die oberirdischen Pflanzenteile erhitzt werden können.
Fazit: Thermische Pflanzenvernichter eignen sich eigentlich nur für kleine Flächen, zum Beispiel, um Terrassen oder Wege von jungem Wildwuchs freizuhalten. Der Einsatz auf größeren Flächen ist ausgesprochen unwirtschaftlich, da die Geräte Abstrahltemperaturen von 800 bis 1 000 Grad Celsius benötigen, der durch hohen Gas- oder Stromverbrauch „erkauft" werden muss. Wir empfehlen deshalb die rein mechanischen Bekämpfungsmethoden wie Hacken und Jäten sowie Krallen, Kratzer und Stahlbürsten zum Auskratzen von Fugen.

Laubsauger

Häufig wird mittlerweile versucht, altbewährte Gartengeräte wie Rechen und Laubbesen durch motorbetriebene Laubsauger zu ersetzen. Die Geräte werden mit einem Gurt über der Schulter getragen; Laufrollen an der Ansaugöffnung erleichtern die Arbeit mit dem Gerät sehr.
Im Hobbybereich kommen eigentlich nur elektrisch betriebene Laubsauger zum Einsatz. Die teureren benzinbetriebenen und häufig sehr lauten Geräte lohnen sich nur für den professionellen Einsatz. Die Geräte verfügen über mindestens zwei Funktionen: Saugen und Blasen.

Chemische Unkrautvernichtungsmittel sind auf befestigten Flächen verboten

Für Hausgartenbesitzer gelten dieselben gesetzlichen Grundlagen zur Pflege ihrer Grundstücke wie für Kommunen und Gewerbetreibende. Die Anwendung von Unkrautvernichtungsmitteln (Herbiziden) auf Gehwegen, Einfahrten und sonstigen befestigten Flächen ist auch im Privatbereich sowie auf Hof- und Betriebsflächen aufgrund der Abschwemmungsgefahr in Gullys oder Vorfluter und der damit verbundenen Gewässerbelastung verboten. Verstöße können mit Bußgeldern geahndet werden.

Einige Modelle sind zusätzlich mit einem Häckselwerk ausgestattet. Den Fangsack mit dem zerkleinerten Laub können Sie dann direkt in den Komposter entleeren.
Am besten saugen Laubsauger trockenes Laub auf glattem Untergrund. Nasses Laub sollten Sie nur mit Geräten saugen, die über die zusätzliche Betriebsart „Saugen mit Anblasen" verfügen.
Noch am ehesten zu rechtfertigen ist der Laubsauger dort, wo Rechen oder Laubbesen weniger gut eingesetzt werden können, etwa hinter Sträuchern, auf Beeten, in Mauer- oder Zaunnischen, in Kellerabgängen oder auch auf Kieswegen. Grundsätzlich besteht aber die Gefahr, dass man im Saugbetrieb Kleintiere ansaugt und verletzt... mit unschönen Ergebnissen.
Auf größeren Flächen ist es besser, das Laub zuerst mit der Blasvorrichtung zusammenzutreiben und es erst dann aufzusaugen. Besonders, wenn das Laub nicht gehäckselt werden soll, geht die Entsorgung mit Laubbesen und Schubkarre meistens schneller.

Kettensägen

Das Heizen mit Holz im gemütlichen Kaminofen ist angesichts steigender Gas- und Heizölpreise immer beliebter geworden. Da kommt der Gedanke an eine motorisierte Kettensäge auf, wenn man das Brennholz im Garten oder – mit Genehmigung – auch im Wald zerkleinern muss. Aber auch zum Kürzen von Balken und Brettern schaffen sich viele Menschen heute eine Kettensäge an. Diese sehr gefährlichen Werkzeuge werden mit Elektro- oder Benzinmotoren angeboten. In einem großen Vergleichstest im August 2008 hat sich aber gezeigt, dass gute Qualität erst ab 200 Euro aufwärts beginnt.

Motorkettensägen braucht man im Hausgarten nur selten.

Gut gesägt!

Besuchen Sie einen Motorsägenkurs – zumindest, bevor Sie sich an schwierige Schnitte (zum Beispiel Baumfällungen) wagen. Anbieter sind Fachhändler und Garten-/Heimwerkermärkte, manchmal auch Forstämter.

Nehmen Sie die Sicherheitshinweise sehr ernst (Informationen: www.bgbau-medienkatalog.de; Suche: „Handkettensägen").

Schützen Sie sich durch Arbeitsschutzkleidung mit Schnittschutz, einen speziellen Helm mit Visier und Ohrenschützern.

Seien Sie sich stets der Gefahren bewusst, die von den rasend schnell rotierenden, messerscharfen Ketten ausgehen. Es drohen schwerste Verletzungen!

Arbeiten Sie nie alleine mit einer Kettensäge! Es sollte immer noch mindestens eine Person da sein, die Ihnen bei einem Unfall helfen kann!

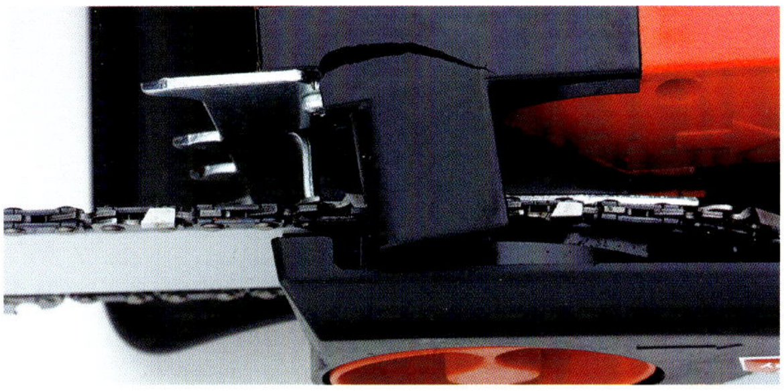

Schwachstelle: Der „Kettenfangbolzen“ soll im Notfall eine reißende oder abspringende Kette abfangen. Im einem Test (2005) brachen zwei der Sicherungen, weil sie aus Kunststoff bestanden, statt aus Metall.

Die **Elektrokettensägen** werden häufig schon ziemlich preiswert angeboten. Billige „Schnäppchen“ können sich bei so einem gefährlichen Werkzeug aber schnell rächen.
Für den Hobbygärtner, der immer in Reichweite einer Steckdose arbeitet, reichen die Elektrokettensägen völlig aus. Sie arbeiten in aller Regel leiser als die benzinbetriebenen Geräte, sind auch für ungeübte Benutzer leicht „zu starten“ – Sie brauchen nur auf den Knopf drücken –, und Sie verpesten nicht mit den Abgasen Ihrer Säge die Luft zum Atmen.
Der große Vorteil der **Benzinkettensäge ist** die Unabhängigkeit vom Stromnetz – also für Arbeiten im Wald unersetzlich! Und mit ein wenig Übung gelingt es Ihnen sicher, die Säge mit Benzin9motor auf Anhieb zu starten. Kaufen sollten Sie sie nur im Fachgeschäft. Sie sollten sie dort auch ausprobieren und sich professionell beraten und einweisen lassen.

Oasen schaffen

Orte der Ruhe im Garten

Mauern
Gabionen
Zäune
Pergola
Hecken
Begrünte Wände
Bäume
Sträucher

Oasen schaffen

Orte der Ruhe im Garten

Schutz vor den Blicken der Nachbarn, vor Lärm, Wind und Wetter, hässliche Ausblicke verdecken, die ersten wärmenden Strahlen der Frühlingssonne im Windschutz genießen. Auch in kleinen Gärten können Sie diese Wünsche verwirklichen und häufig mit wenig Aufwand Oasen der Entspannung und Erholung errichten. Wie das geht und was Sie dazu brauchen, wird in diesem Kapitel behandelt. Die Schritt-für-Schritt-Anleitungen helfen Ihnen bei der erfolgreichen Umsetzung Ihrer Ideen.

Mauern

Mauern im Garten und auf der Grundstücksgrenze erfüllen viele Funktionen. Sie stützen Gefälle im Gelände zuverlässig und langfristig ab, geben als Gestaltungselemente dem Garten eine Struktur oder dienen als robuster

Wind-, Lärm- und Sichtschutz. Quasi nebenbei speichern Mauern auch Wärme, die sie dann abends an ihre direkte Umgebung abgeben.
Nur die Windverwirbelungen, die bei stürmischem Wetter hinter Mauern entstehen können, gelten als kleiner Nachteil, zum Beispiel im Vergleich mit Hecken und winddurchlässigen Zäunen.

Stützmauern im Garten

Wenn es in erster Linie darum geht, mit einer Mauer ein größeres Gefälle im Garten abzustützen, werden Sie auf **Stahlbetonmauern** oder Abstützmauern aus L-förmigen **Betonfertigteilen** zurückgreifen müssen. Diese großen Mauern werden in der Regel von Fachleuten errichtet, da das die Fähigkeiten und Möglichkeiten normaler Hobbyhandwerker übersteigt. Kleinere Gefälle lassen sich allerdings auch mit **Trockenmauern** abstützen, die Sie mit ein wenig handwerklichem Geschick und Interesse durchaus selbst errichten können. Dafür werden Natursteine, die in Farbe und Struktur zu den anderen Steinelementen in Ihrem Garten passen sollten, ohne weitere Bindemittel bis zu 120 Zentimeter hoch stabil übereinander geschichtet. Wenn Sie weichere Steinarten wie Kalk- oder Sandstein verwenden, können Sie die Steine später beim Verlegen mit einem Hammer oder Meißel leichter in Form bringen, als wenn Sie sich für Granit entscheiden. Natürlich gibt es auch deutliche Preisunterschiede für die unterschiedlichen Steinarten. Generell sollte **die Stärke der Mauer etwa ein Drittel ihrer späteren Höhe** betragen. Das ergibt bei einer maximalen Höhe von 120 Zentimetern eine Dicke am Fuß der Mauer von etwa 40 Zentimetern.
Damit eine Trockenmauer später in sich stabil bleibt, wird sie in der Regel mit einer leichten Neigung der Seiten von etwa 10 bis 15 Prozent zur Senkrechten hin aufgebaut, verjüngt sich also zur Mauerkrone hin etwas.

Schritt für Schritt: Trockenmauer bauen

Eine Trockenmauer sieht harmonisch aus, wenn Sie in den unteren Reihen stärkere (höhere) Steine verwenden und zum Mauerkopf hin schmalere Reihen aufbauen.

Wenn Sie die Natursteine bereits haben, suchen Sie sich die größten Steine aus und legen den **geplanten Mauerverlauf** am Boden aus **(1)**.

Bei weichem Untergrund können Sie **als Fundament** innen einen Graben ausheben, der um so tiefer sein sollte, je höher die Mauer werden soll. Realistisch sind 25–40 Zentimeter.

Den Graben füllen Sie mit Schotter und/oder Kies auf und verdichten ihn anschließend mit einem Rüttelstampfer.

Wenn der Untergrund fest ist, verlegen Sie direkt auf der Bodenebene **eine oder zwei Lagen mit großen Steinen.**

Grundsätzlich gilt:
Die größte ebene Fläche jedes Steines sollte immer als Auflagefläche dienen.
Achten Sie darauf, die Natursteine jeweils mit möglichst kleinen Fugen aufzuschichten.
Aus Stabilitätsgründen sollten Sie Kreuzfugen vermeiden.
Die Steine sollen also immer versetzt zueinander aufgeschichtet werden.
Wenn etwa jeder dritte Stein in einer Reihe ein „Binder-Stein" ist, der weiter als die anderen in die Mauer hineinragt, erhöht das die Stabilität.

Da unsere Trockenmauer später schön bunt bewachsen sein soll, wird der Innenraum **Lage für Lage mit Erdreich aufgefüllt (2** und **3)**.

Die **Erde wird verdichtet und schließlich eingeschlämmt (4)**, damit sie die Ritzen optimal ausfüllt und sich später nicht weiter setzt.

Einen stabilen Abschluss kann man mit einer zentralen Lage Mauersteine erreichen, oder man deckt die Mauerkrone mit ausgesucht großen, flachen Steinen ab.

Pflanzen **stabilisieren mit ihren Wurzeln (5)** die Trockenmauer im Lauf der Zeit weiter.

1

2

3

Schritt für Schritt: Steineverwertung in einer Schutzmauer

Hier entsteht eine raffinierte doppelte Schutzmauer aus Kalksandstein, (Ziegel-)Klinkersteinen und weiteren Steinresten.

Klinkermauern brauchen ein **frostfrei gegründetes Betonfundament** in der gewünschten Mauerbreite mit einer Tiefe von 60 bis 100 Zentimeter, das Sie zunächst ausschachten müssen. Bei einem Neubau lassen Sie diese Arbeit gleich von der Baufirma mit einem kleinen Bagger ausführen. Auf eine Verschalung der Grube können Sie bei festem Boden und geraden Seitenwänden verzichten.

In den Graben wird dann der Beton gegossen und an der Oberfläche grob geglättet. Lassen Sie den Beton in Ruhe gemäß den Herstellerangaben aushärten.

Hier wird zunächst die gerundete Rückwand mit den Kalksandsteinen **Stück für Stück im Betonbett hochgemauert (1)**. Sie stützt später die Zierwand aus Klinkersteinen und anderen „Steinresten", die Sie noch übrig haben. Überprüfen Sie mit der Wasserwaage hin und wieder die waagerechte Lage der Mauersteine.

Eine vorgezeichnete Schablone hilft, den geplanten **Verlauf der Mauerkrone einzuhalten (2)**. Für die obere Mauerkontur sägen Sie die Kalksandsteine später mit einem Trennschleifer mit großer Diamantscheibe „in Form".

Die Klinker- und anderen Ziersteine werden dann im frischen Mörtel **bis zur gewünschten Höhe hochgemauert (2)**.

Verwenden Sie für die Mauerkrone immer wasserundurchlässige Materialien wie Steine, Betonplatten, Schiefer, Dachziegel etc.

Die Mauerabdeckung erfolgt hier mit den Ziersteinen. Das Abdeckmaterial wird in ein Mörtelbett auf der obersten Steinreihe gelegt. Damit Regenwasser später gut abläuft, soll die Mauerkrone übrigens immer leicht schräg abfallend sein. Hier ist das ja kein Thema.

Als letzter Schritt werden noch die **Fugen zwischen den Klinker- und Ziersteinen ausgefüllt**. Die Fugenmasse können Sie in unterschiedlichen Farben bei Baustoffhändlern und Baumärkten kaufen. Sie wird angerührt, mit einem dünnen Fugenspachtel in die Mauerfugen gedrückt und geglättet **(3)**.

Gabionen

Gabionen sind im Grunde Drahtkörbe aus verzinktem Stahl- oder Drahtgittergewebe, die für den privaten Gebrauch in Größen zwischen 50 × 50 × 50 bis zu 300 × 100 × 100 (Breite × Höhe × Tiefe) Zentimeter angeboten werden. Die Stahl- oder Drahtkörbe können beliebig miteinander verbunden oder auch aufeinander geschichtet werden. Gabionen eignen sich zum Abfangen von leichten Gefällen, aber auch als frei stehende moderne und attraktive Mauer- oder Zaunalternative.

Nach dem Arrangieren am gewünschten Platz werden sie auf dem Grundstück befüllt. Als Füllmaterial können Sie benutzen, was immer die Gittergröße „festhält". Üblicherweise werden größere Steine und/oder grober Schotter verwendet. Es besteht auch die Möglichkeit, Gabionen zu begrünen, indem Sie außen zum Beispiel Stein- und Schottermaterial aufschichten, innen aber einen Kern mit Erde auffüllen.

Zäune

Private Grundstücke werden heute hauptsächlich durch Zäune gegen den öffentlichen Raum abgegrenzt. Der Fachhandel hält eine Vielzahl von Zaunvarianten bereit, die sich in Material, Höhe, Funktion und natürlich auch im Preis sehr unterscheiden.

Als **Zaunmaterial** können Sie hauptsächlich zwischen Kunststoff, Draht, Metall und Holz wählen. Für das jeweilige Material werden häufig auch passende Gartenzauntore angeboten.

Kunststoffzäune sind relativ schnell und einfach aufzustellen. Sie eignen sich eher als niedrige Vorgartenzäune, die wenig belastet werden und nur eine optische Abgrenzung darstellen sollen. Sie sind sehr preiswert, haben aber den Nachteil, dass das Material im Laufe der Zeit brüchig und unansehnlich werden kann.

Maschendrahtzäune sind recht stabil und bieten eine zuverlässige, sichere Abgrenzung Ihres Grundstücks gegen Mensch und Tier. Sie sind verhältnismäßig preiswert und dank des Kunststoffmantels haltbar und pflegeleicht, aber in der Regel nicht gerade dekorativ.

Das Drahtgeflecht ist in Höhen von 50 Zentimeter bis 1,80 Meter leicht erhältlich. Die nicht sehr ansehnlichen Zäune können entweder mit Kletterpflanzen berankt oder hinter einer Heckenanpflanzung versteckt werden.

Die senkrechten Zaunpfosten sollten immer in einem Betonfundament verankert werden. Wegen der hohen Kräfte, die besonders auf die Ecken des Zaunes einwirken, empfehlen wir, die Eckpunkte zusätzlich durch Diagonalstreben abzustützen, die ebenfalls in ein Betonfundament gesetzt werden. Anschließend muss nur noch das Drahtgeflecht mit Führungsdrähten und Spannern auf die angeschweißten Ösen der Metallpfosten gespannt werden.

Metallzäune gelten allgemein als sehr haltbar und sicher, zumindest, wenn sie aus Edelstahl bestehen oder wenn sie kunststoffummantelt oder verzinkt sind. Sie bedürfen dann keiner weiteren Pflege. Aus diesem Grunde sind auch nur diese Metallvarianten für den Hobbygarten zu empfehlen, die meistens allerdings teurer sind als die Kunststoff-, Maschendraht- oder Holzvarianten. Metallzaunsysteme werden für den privaten Gebrauch in diversen Höhen ab 50 Zentimeter bis zu 1,80 Meter angeboten. Die Zaun-Metallpfosten werden wieder in einzelne Betonfundamente gesetzt.

Genau wie die Maschendrahtzäune bilden sie – allein stehend – häufig nicht unbedingt ein optisches Highlight des Gartens oder der Anlage. Sie können Metallzäune natürlich ebenfalls bewachsen lassen oder hinter Sträuchern und Büschen verstecken. Durch entsprechende Farbauswahl passen Metallzaunsysteme aber durchaus in streng geometrisch angelegte Gartenanlagen. Individuelle Sonder- und Maßanfertigungen können Sie in Schlossereien herstellen lassen. Hier sind Ihren Gestaltungs- und Materialwünschen kaum Grenzen gesetzt. Diese Zäune sind dann aber erheblich teurer als die „Konfektionsware".

Holzzäune sind in aller Regel preiswerter als Metallzäune. Sie müssen allerdings regelmäßig einen Schutzanstrich erhalten, wenn sie lange halten sollen. Holzzäune gibt es in ungezählten Varianten vom alt bekannten Lattenzaun (auch Staketenzaun) über Jäger- (auch Diagonal- oder Polygonzaun genannt), Flecht-, Bogen-, Palisaden- bis hin zum Rancherzaun aus unregelmäßigen und natürlich wirkenden Schalbrettern.

Zaunhöhe

Vor dem Setzen eines Zaunes auf Ihrer Grundstücksgrenze sollten Sie sich über die nachbarschaftsrechtlichen Bestimmungen Ihres Bundeslands informieren. Ihre Gemeinde wird Ihnen sicherlich die regional gültigen Bestimmungen mitteilen. Weitere Informationen finden Sie im Serviceteil → Seite 280.

Schritt für Schritt: Einen einfachen Holzlattenzaun bauen

Für einen einfachen Holzlattenzaun benötigen Sie Querstreben („Riegel" genannt), Metallwinkel und oben abgerundete Latten, die Sie fertig kaufen oder in einer Schreinerei in den von Ihnen gewünschten Maßen zuschneiden lassen können. Zum Befestigen dienen rostfreie (!) Schrauben oder Nägel.
Für die **senkrechten Pfosten** kommen zwei Varianten in Frage:
Variante A: verzinkte Einschlaghülsen, Vorschlaghammer **(1)**.
Variante B: verzinkte Pfostenschuhe, Kies, Fertigbeton, Spaten, Schaufel, Maurerkelle, Behältnis zum Anmischen des Fertigbetons und Wasser. Diese Variante empfiehlt sich besonders für die Zaunpfosten, an denen später ein Tor befestigt werden soll. Diese sind immer größeren mechanischen Belastungen ausgesetzt als der Rest und müssen trotzdem stabil stehen, damit das Tor dauerhaft sauber schließt.

Entlang einer gespannten Schnur legen Sie zunächst einmal die **Pfostenstandpunkte fest (2)**. Für einen einfachen Lattenzaun reichen zirka zwei Meter von Pfosten zu Pfosten völlig aus. Falls Sie fertige Zaunelemente verwenden wollen, müssen Sie die Abstände exakt ausmessen und die Länge der Einzelelemente berücksichtigen.

Setzen der Pfosten nach **Variante A:** In die Einschlaghülsen setzen Sie ein Stück Holzbalken mit passendem Querschnitt, das um einige Zentimeter über den Metallrand hinwegragt **(3)**. Sie gewährleisten hierdurch, dass die Hülsen beim Einschlagen nicht direkt mit dem schweren Hammer in Kontakt kommen und am Hülsenrand deformiert werden. Die erste Hülse wird auf dem Setzpunkt justiert und – vorsichtig und gerade – **in den Boden eingeschlagen (4)**.

An der Höhe der ersten Einschlaghülse können Sie sich anschließend mit der Wasserwaage orientieren, wenn Sie einen geraden Zaun setzen wollen. Kontrollieren Sie dann mit einem geraden Brett oder Balken die Einschlagtiefe der nächsten Hülse mit Ihrer Wasserwaage.

Variante B: Setzen der Pfosten in einem Betonfundament **(10)**: Die ausgemessenen Pfostenstandpunkte werden mit dem Spaten ausgehoben. Für die Betonfundamente benötigen Sie zirka 60 Zentimeter tiefe und 30 Zentimeter breite Löcher, die dann mit Fertigbeton aufgefüllt werden.

Die metallenen Pfostenschuhe werden in den noch nassen Beton eingesetzt und auf Seiten- und Tiefenmaß justiert. Vor dem Einsetzen der Pfosten und der Zaunmontage sollten Sie den Fertigbeton gemäß Gebrauchsanleitung des Herstellers gründlich aushärten lassen.

Die Zaunpfosten werden dann mit der Wasserwaage ausgerichtet und mit rostfreien Schrauben in den Pfostenschuhen so befestigt, dass sie etwas **Abstand zum Boden haben** (Schutz vor Dauernässe!) **(10)**.

Zeichnen Sie die **Befestigungspunkte der Querstreben** an den Zaunpfosten an, wenn diese wie gewünscht genau waagerecht liegen **(6)**.

Messen Sie **gleichmäßige Abstände** für die geplante Anzahl von Zaunlatten an den Riegeln aus und zeichnen Sie diese an **(7)**. Die Abstände zwischen den

Zaunlatten sollten so gering sein, dass später nicht Haustiere oder Kleinkinder ihren Kopf dazwischen stecken können!

An den Zaunpfosten können Sie jetzt **die Querstreben befestigen**. Sie werden mit verzinkten Winkeln aus dem Baumarkt zwischen den Pfosten festgeschraubt oder einfach vor die Pfosten geschraubt oder genagelt. Achten Sie aber darauf, dass in diesem Fall die „Vorzeigeseite" des Zaunes nach außen gerichtet sein muss.

Die abgerundeten **Zaunlatten** werden dann **senkrecht auf den Riegeln befestigt** (geschraubt oder genagelt). Sie sollten möglichst keinen Bodenkontakt haben.
Zur gleichmäßigen **Ausrichtung in der Höhe** können Sie die Latten beim Anlegen auf eine ebene Unterlage, zum Beispiel einen kleinen Balken stellen oder einen waagerechten Draht von Pfosten zu Pfosten straff spannen **(8)**.
Zur Einhaltung des berechneten **konstanten Abstands** von Zaunlatte zu Zaunlatte können Sie eine passend breite Holzlatte an die bereits befestigte Zaunlatte anlegen, die nächste Zaunlatte gegen den Abstandhalter drücken und diese mit Akkuschrauber oder Hammer und Nagel befestigen. Dann nehmen Sie den Abstandhalter dazwischen weg und verfahren mit der nächsten Zaunlatte genauso.

Zum Schutz des Holzes vor Wind und Wetter und für eine lange Lebensdauer schließen Sie die Arbeiten am Zaun mit **einem Lackanstrich oder einer Lasur (9)** ab.
Lasuren lassen die Holzstruktur des Zaunes durchscheinen, farbig lackierte Zäune sind häufig echte Hingucker, die dem Garten und dem Haus eine ganz persönliche Note geben können. Hier ist Ihr Geschmack gefragt.

Lassen Sie sich bei Ihrem Fachhändler bei der Farbauswahl beraten und achten Sie auf Umweltverträglichkeit und Haltbarkeit des Lackes oder der Lasur.

Einfache Zäune können Sie ohne großen Aufwand selbst bauen, wie am Beispiel eines einfachen, standfesten und dekorativen Holzlattenzauns auf den → Seiten 94/95 gezeigt wird. Lattenzäune können Sie ihrem Geschmack entsprechend entweder als gerade oder als Bogenzäune (nach oben oder unten gewölbt) anlegen.

Hauptsächlich die Zaunpfosten sorgen für die Standfestigkeit Ihrer Grundstückseinfassung. Für einfache Lattenzäune reicht es häufig aus, angespitzte Zaunpfosten, die Sie in Garten- und Baumärkten kaufen können, in die Erde zu schlagen. Bei Zäunen, die einer stärkeren Belastung ausgesetzt sind oder in sehr weichem, sandigem Boden stehen müssen, empfehlen wir die Verankerung der Pfosten mit Einschlaghülsen (Variante A → Seite 94) oder eingelassenen Fertigbeton-Fundamenten (Variante B → Seite 94).

Jägerzäune (auch Diagonal- oder Polygonzäune) werden als komplette Fertigzaunelemente verkauft. Sie können ähnlich wie der oben beschriebene Lattenzaun aufgebaut werden. Die Zaunelemente werden an den zuvor gesetzten Zaunpfosten befestigt. Jägerzäune wirken, gerade zur Einfassung ländlicher Gärten sehr natürlich.

Bei **Flechtzäunen** handelt es sich entweder um Fertigprodukte oder um eine sehr alte Zaunform, die nur noch selten zu finden ist und hauptsächlich von Liebhabern natürlicher Grundstückseinfassungen angelegt wird. Hierbei wer-

den auf der Grundstücksgrenze einfach in geringem Abstand (50 bis 80 Zentimeter) Holzpflöcke in den Boden geschlagen. Danach werden im Herbst geschnittene, recht gerade Äste um die Pflöcke herum geflochten und zu Boden gedrückt. Je mehr Astmaterial Sie zur Verfügung haben, desto höher können Sie Ihren „antiken" Flechtzaun aufschichten. Die Äste in Bodennähe verfaulen im Laufe des Jahres natürlich als erste und machen Platz für den Astschnitt des folgenden Jahres, der dann wieder oben eingeflochten und nach unten gedrückt wird. Diese sehr preiswerte und mitunter höchst dekorative Zaunform passt allerdings nur zu ländlichen Zier- und Nutzgärten.
Die industriell gefertigten Flechtzäune **(Sichtschutzwände)** bestehen aus einem Rahmen, auf den meist dünne „Holzbänder" geflochten sind. Diese Fertigelemente werden mit speziellen Winkelschrauben zwischen den meistens quadratischen Holzpfosten fixiert. Sie bieten guten Sichtschutz, sollten aber wegen der großen Angriffsfläche für Wind und Sturm mit langen Einschlaghülsen oder Betonfundamenten stabil im Boden verankert werden!
Flechtzäune werden in unterschiedlichen Größen, Formen und Materialien angeboten; mitunter auch sehr preiswert. Wir empfehlen, beim Kauf dieser Elemente gut auf die Verarbeitung, das Material, die Materialdicke des Geflechts und vor allem auch des Rahmens zu achten.
Ein besonders preiswerter und rustikaler Zaun, zum Beispiel zur Einfriedung eines großen Gartengrundstücks, kann aus angespitzten Zaunpfosten und Schalbrettern gebaut werden, die Sie vielleicht direkt bei einem Sägewerk in Ihrer Nähe kaufen können. Zur Errichtung eines solchen **„Rancherzauns"** müssen Sie die Pfosten gleichmäßig in einem Abstand von 2 bis 2,5 Metern in den Boden einschlagen und anschließend die Schalbretter einfach waagerecht – halbwegs parallel – daran verschrauben oder annageln. Vorsicht: Dieser Zaun wird in modernen Neubaugebieten nicht immer gern gesehen!
Wer einen besonders stabilen Zaun errichten möchte, wird vielleicht einen **Palisadenzaun** errichten wollen. Hergestellt wird der aus imprägnierten Rund- oder Kanthölzern, die ohne Zwischenraum senkrecht in den Boden oder ein Betonfundament eingelassen werden. Früher wurden hierfür häufig ausgediente Bahnschwellen benutzt, die wir wegen ihrer enormen Giftbehandlung gegen Verrottung allerdings nicht empfehlen können.

Pergola

Die **Pergola** war ursprünglich ein Säulen- oder Pfeilergang, der im Übergangsbereich zwischen Haus und Terrasse mehr als Schmuckelement, denn als Sicht- oder Windschutz diente. Heutzutage wird oft auch eine Überdachung zwischen Haus und Garage als Pergola bezeichnet. Im Gegensatz zu einer Laube steht die Pergola niemals frei und lehnt sich, wie der lateinische Ursprung schon besagt, stets an ein Gebäude an. Häufig wird sie über einer Sitzgelegenheit errichtet. Sie ist gewöhnlich zu den Seiten hin offen, aber mit einem Schatten spendenden Dach aus Kletterpflanzen ausgestattet. Als zusätzliche Schattenspender oder auch Sichtschutz können Sie noch Stoffbahnen zwischen die seitlichen Stützbalken spannen. Manche wasserunempfindlichen Stoffe (Markisen- oder Zeltstoffe) können Sie ruhig über einen längeren Zeitraum hängen lassen. Nur bei Wind sollten sie vorsichtshalber eingeholt werden.

In Bau- und Gartenmärkten können Sie mitunter sehr preiswert die vorgefertigten Bauelemente für eine Pergola kaufen. Der komplette Eigenbau lohnt deshalb eigentlich nur für leidenschaftliche Heimwerker oder für Anfertigungen mit Sondermaßen. Den Bausätzen liegt meistens eine Bauanleitung bei, die von handwerklich interessierten Hobbygärtnern und einer zusätzlichen helfenden Hand recht einfach ausgeführt werden kann.

Die Stützbalken nehmen das Gewicht der Pergola auf. Sie sollten deshalb sicherheitshalber über ein solides Betonfundament verfügen, in dem Sie

feuerverzinkte Pfostenschuhe mit Hilfe von Wasserwaage und Zollstock passgenau verankern können.
Die unterschiedlichen Preise der Pergolen erklären sich unter anderem durch die verwendeten Holzarten. Sehr preiswerte Modelle bestehen meist aus kesseldruckimprägniertem Weichholz (Fichte, Tanne, Kiefer). Wenn es teurer sein darf, können Sie auch robuste und hochwertige Bausätze aus Hartholz wie zum Beispiel Eiche kaufen.

Hecken

Mit Hecken können Sie vor allem natürliche Barrieren zwischen verschiedenen Bereichen im Garten schaffen und Ihre Privatsphäre gegen die Öffentlichkeit abgrenzen. Außerdem holen Sie sich mit einer Hecke die Natur direkt in den Garten. In ihrem Schutz leben oft Vögel, Insekten und andere Kleintiere. Heckenpflanzen aus heimischen Wildgehölzen bieten Insekten und Vögeln ein reichhaltiges Nahrungsangebot.

Heckenkirsche
(Lonicera pileata)

Berberitze
(Berberis vulgaris)

Besonders schön und pflegeleicht sind **frei wachsende Hecken,** die allerdings einen großen Raumbedarf haben. Rechnen Sie damit, dass eine frei wachsende Hecke etwa soviel Platz in der Breite benötigt wie für die Wuchshöhe; das können durchaus 3 bis 5 Meter sein.

Als **Pflanzen für eine Hecke** kommen alle heimischen Büsche und Kleinbäume in Betracht, die Ihren Garten ökologisch aufwerten und meist unempfindlicher sind als standortfremde Gehölze.

Einige heimische Pflanzen für frei wachsende Hecken sind: Heckenkirsche (Vorsicht: Die roten oder schwarzen Beeren sind giftig), Berberitze (teilweise immergrün), Heckenrose, Schneeball (Vorsicht giftig), Spiersträucher, Kornelkirsche, Hainbuche, Hartriegel, Eberesche und Haselnuss.

Bei den oft kleineren Grundstücken heutiger Neubauten kommen eher **geschnittene Hecken** in Frage, für die es nicht so viele geeignete Pflanzen gibt, da sie den häufigen Schnitt vertragen müssen und nicht zu schnell oder zu langsam wachsen dürfen. Schließlich werden Sie nicht wöchentlich oder erst nach fünf Jahren zur Heckenschere greifen wollen/müssen. Einige robuste und problemlose Nadel- und Laubgehölze, die den Schnitt vertragen, stellen wir ab → Seite 102 vor. Diese Pflanzen stellen keine besonderen Bodenansprüche und gedeihen in aller Regel in der Sonne wie auch im Schatten.

Heckenrose
(Rosa corymbifea)

Schneeball
(Viburnum)

Spierstrauch
(Spiraea)

Kornelkirsche
(Cornus mas)

Hainbuche
(Carpinus betulus)

Hartriegel
(Cornus spec.)

Eberesche
(Sorbus)

Haselnuss
(Corylus avellana)

Als Farbtupfer können Sie auch Heckenpflanzen fremder Herkunft in frei wachsende Hecken integrieren, zum Beispiel:

Forsythie
(Forsythia)

Flieder
(Syringa)

Goldregen
(Laburnum)

Weigelie
(Weigelia)

Naturfreundliche Hecken

Vogelfreunde. Fragen Sie in Baumschulen, Gärtnereien oder Gartencentern nach heimischen Wildgehölzen oder – für die Schnitthecke – nach heimischen Laubhecken. Eine Liste vogelfreundlicher Arten gibt es unter: www.wildvogelhilfe.de. Auch beim Naturschutzbund (www.nabu.de) gibt es dazu gute Informationen.

Beratung. Die Gartenakademien (www.gartenakademien.de) haben viele Infos und beraten telefonisch. Eine Liste mit Heckenarten, Wuchshöhen und Standortansprüchen hat die bayerische Gartenakademie: www.lwg.bayern.de.

Versand. Im Internet finden Sie Versender von Heckenpflanzen. Manche bieten Pakete an wie Vogelschutz- oder Schmetterlingshecken.

Nadelgehölze

Die genannten immergrünen Nadelgehölze haben den Vorteil, dass sie auch im Winter noch einen guten Sichtschutz bieten. Als Nachteil wird von vielen Gärtnern die recht langweilige Wirkung der immer gleich aussehenden Hecken betrachtet.

Lebensbaum
(Thuja occidentalis)
Lebensbaumhecken vertragen den Schnitt gut und sind immergrün. Die sich manchmal ziemlich ausbreitenden Pflanzen müssen als Hecke in der Regel zugeschnitten werden. Vorsicht: die Zweigspitzen und Zapfen sind giftig!

Eibe
(Taxus baccata)
Eiben vertragen den Formschnitt sehr gut. Die immergrünen Eibenhecken gedeihen auch im Schatten ausgezeichnet. Nachteil: Die Kerne in den Beeren sind giftig!

Scheinzypresse
(Chamaecyparis)
Die immergrünen und sehr schlank wachsenden Scheinzypressen müssen nicht geschnitten werden. Sie sind robust, wuchsfreudig und können bis zu vier Meter hoch werden.

Waldfichte
(Picea abies)
Die heimische Waldfichte kann als immergrüne Hecke bis zu 4 Meter hoch geschnitten werden. Wegen ihres Breitenwachstums benötigt sie allerdings enorm viel Platz.

Laubgehölze

Die meisten Laubgehölze verändern sich über das Jahr, die Blätter bekommen ihre Herbstfarben und fallen schließlich ab. Manche Laubgehölze verlieren die welken Blätter allerdings erst im nächsten Frühling. Dieser – von vielen Menschen durchaus erwünschte – Veränderungseffekt über die Jahreszeiten entfällt bei den immergrünen **Lorbeerkirschen** und **Buchsbaumpflanzen,** die dafür aber eben auch einen permanenten Sichtschutz bieten.

Kirschlorbeer
(Prunus lauracerasus)

Buchsbaum
(Buxus sempervirens)

Für Hecken geeignete Laubgehölze

Pflanze	Schnitthöhe	Besonderheiten
Feldahorn *(Acer campestre)*	Bis zu 400 cm	Nur etwas für große Gärten
Berberitze *(Berberis-Arten)*	Je nach Art <50–300 cm	Verschiedene Arten; auch rotlaubig und immergrün (sticht sehr!)
Buchsbaum *(Buxus sempervirens)*	50–100 cm	Immergrün; für Weg- und Beeteinfassungen gut geeignet. Vorsicht: giftige Blätter!
Rotbuche *(Fagus sylvatica)*	Bis zu 400 cm	Eher für große Gärten
Hainbuche *(Carpinus betulus)*	Bis zu 400 cm	Blätter haften oft bis zum Frühjahr.
Kornelkirsche *(Cornus mas)*	Bis zu 400 cm	Frühe Blüte (gelb) im März, essbare Früchte; eher für große Gärten
Liguster *(Ligustrum ovalifolium)*	100–200 cm	Giftig, wintergrün
Weißdorn *(Crataegus monogyna)*	Bis zu 400 cm	Roter Fruchtschmuck; eher für große Gärten
Feuerdorn *(Pyracantha Arten)*	100–200 cm	Schöner roter Fruchtschmuck, immergrün
Spierstrauch *(Spiraea Arten)*	50–200 cm	Weiß, rosa oder rot blühend
Felsenbirne *(Amelanchier laevis)*	Bis 400 cm	Blüht weiß von April bis Mai. Die Bäume können bis zu 10 Meter hoch werden; eher für große Gärten.
Lorbeerkirsche oder Kirschlorbeer *(Prunus lauracerasus)*	Bis 200 cm	Immergrün; alle Pflanzenteile sind giftig.
Forsythie *(Forsythia-Arten)*	Bis 200 cm	Blüht üppig gelb von April bis Mai.

Für die Anlage von Hecken sind folgende Laubgehölze zu empfehlen, die auch Vögeln und Insekten Schutz und Lebensraum bieten:

Berberitze
(Berberis vulgaris)

Feldahorn
(Acer campestre)

Feuerdorn
(Pyracantha coccinea)

Hainbuche
(Carpinus betulus)

Liguster
(Ligustrum vulgare)

Rotbuche
(Fagus sylvatica)

Weißdorn
(Crataegus monogyna)

Hund, Hecke und Zaun
Viele Hundebesitzer legen großen Wert darauf, dass ihre vierbeinigen Lieblinge sicher im Garten „verwahrt" werden können und dass gleichzeitig keine fremden Hunde in den Garten eindringen können. Hierzu bieten sich relativ „hundesichere" Dornenhecken an, zum Beispiel aus Weißdorn und Berberitze.
Wer ganz sicher gehen möchte, kann zunächst einen preiswerten Zaun (zum Beispiel aus Maschendraht oder Holz) setzen und diesen dann hinter einer dekorativen Hecke „verstecken".

Der Heckenschnitt

Einige Nadelgehölze und die meisten Laubgehölze werden durch regelmäßigen Schnitt zu stärkerer Verzweigung angeregt. Die Hecke wird durch das Schneiden also wesentlich dichter und ansehnlicher.
Da die **Zeiten für das Heckenschneiden** meist gesetzlich geregelt werden, sollten Sie besser im Winter bis Ende Februar oder dann erst wieder ab dem 1. Oktober Ihrer Hecke auf den Leib rücken.
Beachten Sie beim Heckenschnitt, dass Hecken von ihrem **Querschnitt** her eine Trapezform haben sollten, also unten breiter und zur Krone hin schmaler geschnitten werden. Die Hecke dankt es Ihnen mit geringerer Verkahlung im unteren Bereich.
Sehr leicht und einheitlich gelingt der Schnitt, wenn Sie vorher gerade Schnüre an der Hecke entlang spannen oder sogar ein selbst gebautes Lattengerüst aufstellen.

1

2

3

4

Schritt für Schritt: Eine Hecke anpflanzen

Nur bei frei wachsenden Hecken und wirklich viel Platz können Sie doppel- oder auch mehrreihig anpflanzen. Bei einer normalen Gartenhecke erleichtern Sie sich nicht zuletzt die Pflege (Schnitt) durch die **Anpflanzung in einer Reihe.**

Im frühen Herbst ist der Boden noch warm, dann bilden Laubhecken rasch neue Wurzeln und kommen ohne Schäden über den Winter. Im nächsten Jahr ist die Hecke dann schon gewachsen. Immergrüne Laubhecken und Nadelhölzer sollten schon im August gepflanzt werden, weil sie vor dem Winter gut einwurzeln müssen. Sie sollten bei Trockenheit allerdings auch im Winter gegossen werden.

Natürlich müssen Sie zunächst einmal festlegen, wo die Hecke stehen soll. Bei einreihiger Pflanzung an der Grundstücksgrenze können Sie dann unter Berücksichtigung der Pflanzenart den gewünschten **Abstand zur Grenze** ermitteln und zum Beispiel **mit einer Spannschnur markieren (1)**. Bereits jetzt sollten Sie allerdings berücksichtigen, dass Sie später Platz für die Schneidearbeiten benötigen.

Bestimmen Sie zunächst die notwendige **Anzahl von Pflanzen.** Informieren Sie sich bei Ihrem Gartenfachhändler, wie viele Heckenpflanzen auf einen Meter gepflanzt werden sollten.
Bei niedrigen Hecken wie zum Beispiel Buchsbaumhecken mit einer Schnitthöhe von maximal 100 Zentimeter, können für einen dichten Wuchs schon 10 bis 12 Pflanzen pro Meter nötig sein. Bei sehr hohen Hecken über zwei Meter Schnitthöhe reichen häufig bereits ein bis zwei Pflanzen pro Meter aus.
Die meisten Hecken allerdings sind zwischen ein und zwei Meter hoch. Je nach Art der Heckenpflanze kommen Sie mit drei bis vier Pflanzen pro laufendem Meter aus.

Zum Anpflanzen können Sie **einen Pflanzgraben** ausheben. Diese Methode bietet sich besonders dann an, wenn Sie lange Hecken pflanzen wollen und sich bei der Arbeit von einem „Mini-Bagger" helfen lassen können und wollen. Etwas mühsamer ist die Methode, die einzelnen **Pflanzlöcher mit dem Spaten auszuheben (2)**.

Entlang der Markierung können dann die **Heckenpflanzen** in die Pflanzlöcher **(3)** oder den Pflanzgraben eingesetzt werden. Ballentücher aus Naturmaterialien werden nur oben gelöst und können dann im Boden bleiben und verrotten.

Anschließend werden die Wurzelballen mit Erde angehäufelt und festgedrückt, wobei die Pflanzen möglichst **senkrecht ausgerichtet** werden. Jetzt brauchen die Pflanzen nur noch **ausreichend Wasser** an die Wurzeln **(4)**.

Bei Bedarf sorgt noch **eine Mulchdecke** aus Rinde oder Holzhäckseln dafür, dass der Boden nicht so schnell austrocknet.

Begrünte Wände

Mit Kletterpflanzen können Sie Wände, Mauern und Zäune begrünen und gleichzeitig einen ausgezeichneten Lebensraum für viele Vogelarten und Insekten schaffen. Wir unterscheiden zwischen selbstkletternden Pflanzen und solchen, die eine Kletterhilfe benötigen.
Zu den **selbstkletternden Pflanzen** zählen Wilder Wein und Efeu, die ohne weitere Hilfe an Mauern und Zäunen „hochklettern". Mauerwerk und Putz sollten allerdings stabil und tragfähig sein.
Der Wilde Wein sorgt besonders im Herbst für Aufsehen durch seine bunten, grün bis dunkelrot leuchtenden Blätter, die er anschließend abwirft.
Efeu gehört zu den immergrünen Kletterpflanzen. Efeuberankte Wände und Mauern bieten Insekten das ganze Jahr über einen geschützten Lebensraum.
Bei der Anpflanzung der selbstkletternden Pflanzen können Sie den ersten Trieben mit Klebestreifen das Anwachsen an der gewünschten Mauerstelle erleichtern. In Zäune werden die jungen Triebe vorsichtig „eingewoben". Anschließend erledigen die Pflanzen die Begrünung völlig selbstständig.
Eine **Kletterhilfe** benötigen zum Beispiel alle Clematisarten, (Immergrünes) Geißblatt, Knöterich und die einjährigen Kletterpflanzen wie Hopfen, Glockenrebe oder auch die Feuerbohne.

Waldrebe
(Clematis)

Geißblatt
(Lonicera)

Glockenrebe
(Cobaea)

Feuerbohne
(Phaseolus coccinaeus)

Hopfen
(Humulus)

Schling-Knöterich
(Fallopia aubertii)

Als Kletterhilfe können Zäune und Gerüste dienen. Der Fachhandel bietet spezielle Rankgitter aus Holz oder kunststoffummanteltem Stahl an, die mit passenden Abstandhaltern an Wänden befestigt werden können oder in Pflanzkästen gesteckt werden. Einfache Rankgitter aus Holz können Sie allerdings aus dünnen Holzleisten auch leicht selbst herstellen.
Auch Balkone bieten sich zur Begrünung mit Kletterpflanzen sehr an. Manche Clematisarten blühen zum Beispiel während des gesamten Sommers und können unansehnliche Balkongitter in Farbe „tauchen".

Bäume

Auch Bäume und Sträucher eignen sich zur Gestaltung Ihrer persönlichen Gartenoase. Manchmal reichen schon einzelne Gehölze oder kleine gezielte Gruppenpflanzungen aus, um störende Außeneinflüsse fernzuhalten oder zu verdecken, zum Beispiel eine Gartenhausrückwand oder die Sichtschutzwand Ihres Nachbarn.
Welche Bäume in Ihren Garten passen, hängt stark von den gegebenen Platzverhältnissen ab. Bei der Auswahl sollten Sie von der Größe der ausgewachsenen Bäume ausgehen. Großwüchsige Bäume wie Eichen, Kastanien und Walnussbäume müssten Sie in einem kleinen Garten dauernd schneiden und in passender Form halten. Auch bei immergrünen Nadelbäumen sollten Sie von der ausgewachsenen Baumhöhe ausgehen. Tannen, Kiefern und Fichten, die wegen ihres kräftigen Wuchses nach einigen Jahren gekappt werden müssen, sind nun wirklich kein ästhetischer Höhepunkt im Garten und machen viel Arbeit, wenn man sie dann wieder loswerden will.
Sinnvoller für kleine Gärten sind deshalb kleinwüchsigere Bäume, die sich dann bis zur erwachsenen Größe entfalten können. Besonders bieten sich hierfür Obstbäume mit unterschiedlichen Stammhöhen an (→ „Mit oder ohne Leiter ernten", Seite 193). Aber auch kleinwüchsige Ahornarten, Birken, Zieräpfel und Zierkirschen kommen – je nach persönlicher Vorliebe – zur Gestaltung Ihres „privaten Erholungsraums" in Betracht.

Fach- und Rechtsfragen zu Bäumen
Viele praktische Informationen und Hinweise finden Sie bei www.baeumeundrecht.de .

Tipp

Der saubere Baumschnitt
Profigärtner schneiden Gehölze während der gesamten Vegetationsphase; Hobbygärtner erledigen diese Pflegemaßnahme traditionell eher im Herbst und Frühjahr, weil man dann in der Regel das Astwerk besser erkennen kann. Bei Temperaturen unter null Grad Celsius sollten Sie Ihre Bäume aber niemals schneiden. Beim Schneiden der Bäume sollten Sie möglichst kleine und glatte Wunden hinterlassen, um das Eindringen von Pilzen zu verhindern. Nach neueren Erkenntnissen können Sie auf das traditionelle Verschließen der Wunden mit Wundschlussmitteln übrigens verzichten. Äste, die direkt am Astkragen, dem deutlich sichtbaren Wulst an der Astverzweigung, abgetrennt werden, verschließen die Wunden in aller Regel recht schnell von allein.

Pflege für die Bäume

Zur gesunden Entwicklung benötigen die meisten Bäume einige Pflegemaßnahmen.
Mit dem **Pflanzschnitt** legen Sie das Kronengerüst des Baumes fest, das aus der Stammverlängerung und etwa fünf bis sechs Seitenästen bestehen sollte. Dieses Grundgerüst sollte dann später nicht mehr geschnitten werden.
In den ersten fünf Jahren können Sie Ihre Bäume durch **Erziehungsschnitte** in Form bringen. In diesem Zeitraum vertragen die jungen Bäume Rückschnitte leichter, da keine großen Schnittwunden entstehen.
Die erwünschte Baumform kann also jetzt noch relativ leicht den Erfordernissen des Standorts angepasst werden. Sich überkreuzende Äste, mit dem Mitteltrieb konkurrierende sowie zu dicht nebeneinander wachsende Äste und Triebe sollten in diesem Stadium auf jeden Fall entfernt werden.
Achten Sie beim Schneiden aber immer darauf, das erwünschte Grundgerüst nicht zu beschädigen.
Auch ältere Bäume sollten Sie jährlich kontrollieren und ihnen einen **Pflegeschnitt** gönnen. Hierbei werden stark nach oben und auch nach innen wachsende Äste und Triebe abgeschnitten oder abgesägt.

Sträucher

Neben den **Obststräuchern** (→ „Obstarten", Seiten 181 ff.) können Sie besonders mit **Ziersträuchern** wie Flieder, Kornelkirsche, Forsythie, Rhododendren und Co. Ihren Garten dekorativ und individuell gestalten.
Einen besonderen Effekt erzielen Sie mit einigen Sträuchern erzielen, die ihre Blütenpracht im gärtnerisch ansonsten langweiligen Winter zur Schau stellen. Hierfür bieten sich Winterjasmin *(Jasminum nudiflorum)*, Zaubernuss *(Hamamelis*-Arten) und ein winterblühender Schneeball (*Viburnum*-Arten) an.

1

2

3

4

5

6

Schritt für Schritt: Sträucher pflanzen

Nachdem Sie sich für den richtigen Standort entschieden haben, müssen Sie zunächst **das Pflanzloch ausheben (1)**, etwa doppelt so breit und tief wie der Wurzelballen ist **(2)**.

Den Boden der Pflanzgrube können Sie bei sehr festem Untergrund zum leichteren Einwurzeln mit einer Grabegabel auflockern oder bei Bedarf etwas Kompost ins Pflanzloch geben.

Als nächstes füllen Sie so viel **Erde in das Pflanzloch (3)** ein, dass der junge Strauch in der gleichen Tiefe zum Stehen kommt wie vorher in der Gärtnerei oder Baumschule.

Anschließend **füllen Sie das Pflanzloch** wieder mit Erde auf **(4)**. Zwischendurch gießen Sie schon mit etwas Wasser an, damit sich die Erde gut zwischen die kleineren Wurzeln verteilt.

Die lockere Erde etwas **festtreten (5)**, dabei können Sie gleich einen **Gießring** zum Bewässern **formen.**

Abschließend wird mit dem Rest aus der Gießkanne noch einmal **kräftig angegossen** – fertig **(6)**.

Rasen

Der Rasen als Spiel- und Erholungsfläche

Rasenarten

Wie entsteht ein schöner Rasen?

Rasenkanten

Rasenpflege leicht gemacht

Die „Feinde“ des gepflegten Rasens

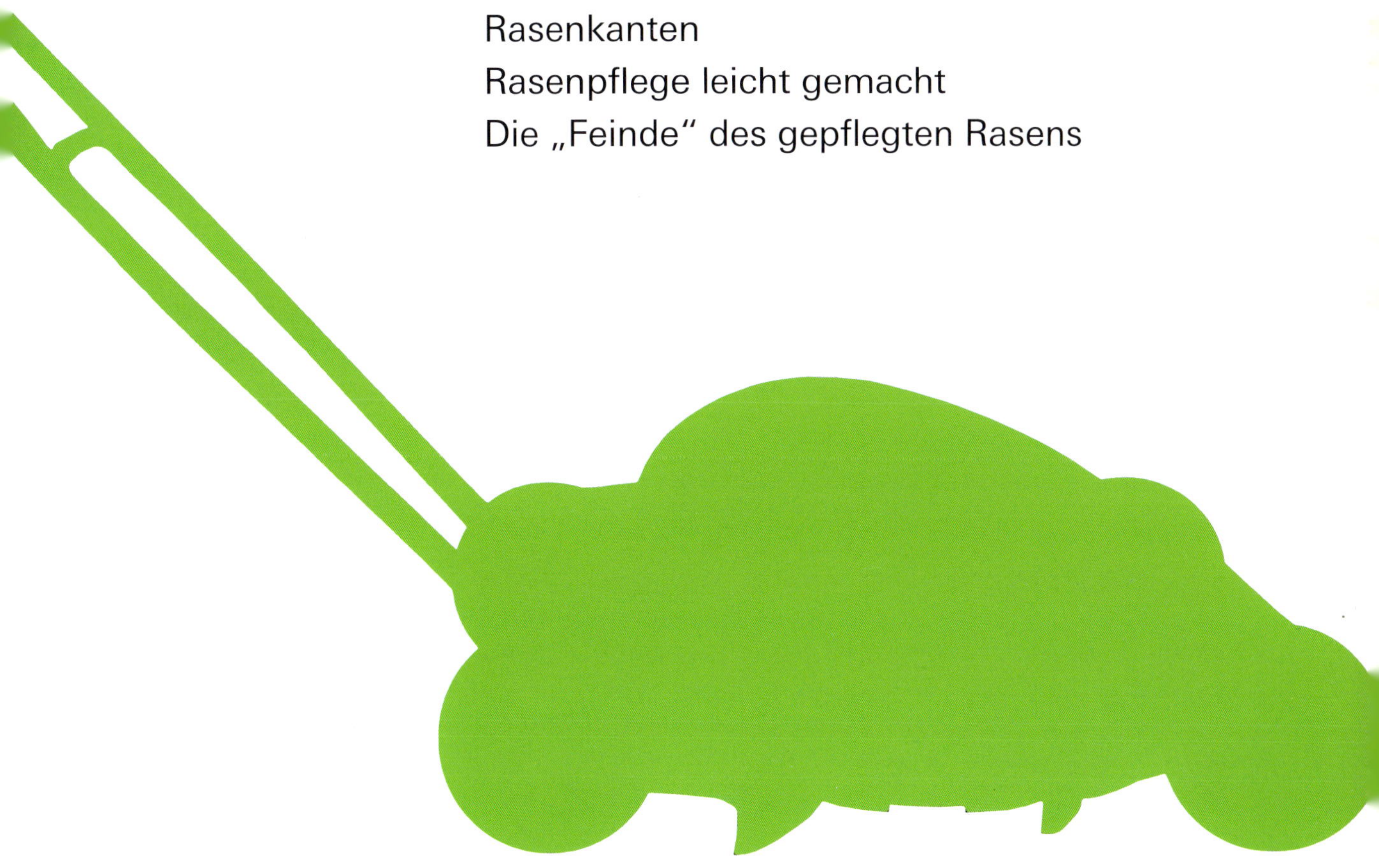

Rasen

Der Rasen als Spiel- und Erholungsfläche

Fast jeder Gartenbesitzer legt großen Wert auf einen schönen Rasen in seinem Garten. Bei der Planung sollte man schon darauf achten, eine möglichst große, zusammenhängende Rasenfläche anzulegen, da es großzügiger aussieht und man die Fläche gut nutzen und pflegen kann. Kleine Rasenstücke zergliedern den Garten, sie lassen sich schwerer mähen und man muss viele Kanten schneiden (es sei denn, sie sind von Platten umgeben).
Je nach Verwendungszweck, den örtlichen Bedingungen – vor allem Bodenqualität und Lichtverhältnisse – und der Bereitschaft zur Rasenpflege kommen unterschiedliche Rasensamenmischungen zur Auswahl. Neben dem sehr pflegeintensiven und wenig belastbaren **Zierrasen** fällt die Wahl meistens auf **Spiel- und Sportrasen,** der ästhetische wie praktische Aspekte vereint. Auf diesen strapazierfähigen Rasenflächen kann gespielt, gefeiert, getanzt, gegrillt und entspannt werden, ohne dass die Rasenpflanzen zu sehr in Mitleidenschaft gezogen werden.
Abgerundet wird das Rasenangebot durch spezielle Samenmischungen für besondere Nutzungen und durch unterschiedliche Möglichkeiten, eine Rasenfläche anzulegen.

Rasen
Der Begriff leitet sich wahrscheinlich aus dem Französischen ab: „raser" = scheren, rasieren. Es handelt sich also um eine mit dem Boden fest verwachsene Vegetationsdecke, die häufig gemäht wird. Im Gegensatz zum Rasen werden **Wiesen** nicht – oder nur sehr selten – gemäht. Wiesen bestechen durch den geringen Pflegeaufwand und ihre besondere ökologische Bedeutung.

Rasenarten

Standardisierte Rasenmischungen können Sie für Ihren Garten im Fachhandel als Regelsaatgutmischungen (RSM, nach DIN 18917 und 18035) erwerben. Qualität und Zusammensetzung dieses Saatguts sind exakt festgelegt. Die Regelsaatgutmischungen versprechen eine ausgezeichnete Keim- und

Für den Fußballfreund

Um 2006 in allen WM-Stadien die gleiche hohe Rasenqualität zu gewährleisten, hatte der Weltfußballverband FIFA bereits 2004 das „Rasenkompetenzteam" ausgewählt. Dieses Team war verantwortlich für die Umsetzung der strengen FIFA-Vorgaben in den beteiligten WM-Stadien. Der Rasen bestand aus einer eindeutig definierten Mischung aus Wiesen-Rispengras *(Poa pratensis)* sowie deutschem Weidelgras *(Lolium perenne).*

Der Fertigrasen wurde in einer Dicke von 35 Millimetern angeliefert und durch Fachbetriebe verlegt. Vor den Spielen wurden die Halme auf exakt 28 Millimeter Höhe geschnitten, um den optimalen Lauf des Balles zu gewährleisten.

Wuchsfähigkeit und machen sich deshalb in aller Regel schnell bezahlt. Im Fachhandel gibt es meist auch sehr hochwertige Rasenmischungen, die keine RSM sind. Hier hilft nur Ausprobieren, wenn man sich von der Qualität überzeugen will.

Saatgutmischungen zur Aussaat

Die Einteilung der Regelsaatgutmischungen erfolgt nach dem Verwendungszweck und der Zusammensetzung aus verschiedenen Pflanzenarten: Rotschwingel, Straußgras, Wiesenrispe und Weidelgras.

Wie entsteht ein schöner Rasen?

Das Aussäen von Saatgut zur Anlage einer neuen Rasenfläche gilt als üblicher und auch preiswerter Standard. Die hierzu nötigen Arbeiten können Sie mit ein wenig Aufwand, vielleicht ein bisschen Hilfe von Freunden und mit eigenem Geschick selbst ausführen.

Tipp

Das Saatgut macht den Rasen

Die Qualität des späteren Rasens wird vor allem durch die Auswahl des richtigen Saatguts bestimmt. Ein Fehlgriff hierbei kann später auch durch eine tolle Bodenqualität und liebevolle Pflege nicht mehr ausgeglichen werden.

Ausgewählte Rasensaatgutmischungen (RSM)

Rasentyp	Belastbarkeit*	Pflegeaufwand**	Besonderheiten
RSM 1 Zierrasen	Gering	Hoch	Keine
RSM 2 Gebrauchs-/Allzweckrasen	Mittel	Mittel–hoch	Widerstandsfähig gegen Trockenheit
RSM 3 Spielrasen	Hoch	Mittel–hoch	Geeignet für die meisten Hausgärten und Parks
RSM 4 Sport- und Strapazierrasen	Sehr hoch	Mittel–hoch	Geeignet für Sportanlagen
RSM 5 Parkplatzrasen	Hoch	Gering	Spezialmischung
RSM 6 Dachbegrünungsrasen	–	Gering, nie gießen und düngen	Spezialmischung
RSM 7 Landschaftsrasen	Gering	Gering–mittel	Keine
RSM 7.1.2 Landschaftsrasen – Standard mit Kräutern	Gering	Gering	Sonderfall des Landschaftsrasens (benötigt keine zusätzliche Bewässerung)
RSM 7.4 Schattenrasen	Mittel	Mittel	Wächst unter Bäumen, hinter Hecken, Wänden und Sträuchern.

*** Belastbarkeit:**
Gering: Möglichst selten betreten, eher reine Zierfläche.
Mittel: Belastbar, aber möglichst keine/wenig Ball- und Bewegungsspiele.
Hoch: Für Ball- und Bewegungsspiele im privaten Rahmen geeignet.
Sehr hoch: Trittfest und robust auch für größere Sportveranstaltungen.

**** Pflegeaufwand:**
Gering: Selten oder nie mähen und düngen; nicht oder selten bewässern.
Mittel: Bewässern nur in Trockenperioden, jährliche Düngung.
Hoch: Häufig düngen, bewässern und schneiden (oft nachbessern).

Quelle: Forschungsgesellschaft Landschaftsentwicklung Landschaftsbau e.V. (FLL), 53115 Bonn

Schritt für Schritt: Die Bodenvorbereitung

Ein paar Wochen, bevor Sie mit der Aussaat beginnen, sollte der Boden des Saatbeets gut vorbereitet, bei Bedarf auch qualitativ verbessert werden.

Ist der Boden zu dicht, beispielsweise, wenn er durch schwere Baumaschinen zusammengedrückt worden ist, sollte er zunächst **aufgelockert oder gleich umgegraben** werden. Diese Arbeiten können Sie von Hand, also mit Spaten und Hacke oder – etwas weniger schweißtreibend – mit einer Motorhacke ausführen **(1)**, die Sie in Bau- und Fachmärkten ausleihen können.

Alte Wurzeln, Wildkräuter und Steine entfernen Sie zunächst mit Spaten, Rechen, Hacke und Schere und ebnen anschließend den **Boden mit der Harke ein (2)**.

Hierbei besteht für Sie gleichzeitig die erste Möglichkeit, je nach Bodenart (→ Seiten 21 ff.) die Bodenfruchtbarkeit zu verbessern. Ist die Erde auf Ihrem Grundstück sehr schwer oder lehmig, können Sie den Boden durch das Einarbeiten von Sand lockerer und durchlässiger machen.
Bei sandigem, magerem Boden kann durch das Einarbeiten von Kompost (→ **„Düngen mit Komposterde“, Seite 244)** das Nährstoffangebot deutlich verbessert werden.

Vor der Ansaat ist es aber generell sinnvoll, dem Boden **Humus vom Komposthaufen** zuzufügen.

Viele Gärtner empfehlen eine **zusätzliche Startdüngung**, um das Keimen und Wachstum der Rasensaat zu unterstützen. Dabei handelt es sich um Kombinationen mit einem hohen Phosphor-, Stickstoff- und Kaliumanteil.

Nach einer tiefen, gründlichen Vorbereitung sollten Sie Ihrem Rasen-Wunschbereich zwei, besser vier Wochen Zeit geben, um sich zu setzen. Beschleunigen können Sie diesen Vorgang der **Rückverdichtung durch Walzen (3)**.

Erst kurz vor der Einsaat wird das eigentliche Saatbeet vorbereitet. Hierbei **harken Sie den Boden sehr feinkrümelig auf,** um das Einwurzeln der feinen Rasensaat zu unterstützen, und entfernen allen Wildwuchs.

Die Aussaat

Die Aussaat von Rasen gelingt am besten im Frühling (ab Ende April bis Mai) sowie im Herbst (September bis Oktober), wenn der Boden durch die Sonnenstrahlen aufgewärmt ist. In diesen – hoffentlich – frostfreien Monaten findet der Samen die Wärme, die er zum Keimen benötigt (das heißt, mehr als 10 Grad Celsius – auch nachts), und wird mit einiger Wahrscheinlichkeit nicht durch heftige Regengüsse weggeschwemmt oder durch längere Trockenperioden ausgedörrt.

Das Saatgut sollten Sie möglichst gleichmäßig auf den trockenen, vorbereiteten Boden aufbringen. Das kann, besonders bei kleinen Flächen, per Hand geschehen. Eine gleichmäßige, mengengerechte Handaussaat setzt allerdings einige Erfahrung voraus.
Einfacher gelingt es mit einem **Streu- oder Säwagen,** dessen Einsatz wir gerade auch bei größeren Flächen sehr empfehlen. Die zu verteilende Saatmenge je Quadratmeter kann am Gerät manuell eingestellt werden. Als Orientierungshilfe dient die Mengenangabe der Hersteller der beschriebenen Rasensaatgutmischungen. Im Allgemeinen reichen 20–25 Gramm Saatgut pro Quadratmeter völlig aus. Beachten Sie beim Preisvergleich und Einkauf: Bei Billigrasenmischungen werden zur Verkaufssteigerung häufig deutlich überhöhte Aussaatmengen empfohlen.

Tipp

Walzen zum Andrücken der Saat
Viele Garten- und Heimwerkermärkte verleihen befüllbare Gartenwalzen. Diese sind leicht zu transportieren, da sie erst vor Ort mit Wasser aufgefüllt werden, und eignen sich auch für größere Bodenflächen. Für kleine Saatflächen lassen sich leicht Trittbretter herstellen, mit denen Sie die Rasensaat andrücken können.

Einsaat: rau oder glatt?

Es gibt zwei unterschiedliche Methoden der Raseneinsaat, die beide ihre Berechtigung haben:
Raue Einsaat: Nach der Aussaat wird die Fläche vorsichtig und oberflächlich geharkt, dabei werden die Samenkörner zirka einen Zentimeter tief in den Boden eingearbeitet. So erhalten sie den besten „Bodenkontakt“. Der Vorteil dieser rauen, tiefen Einsaat besteht darin, dass (Regen-) Wasser gut und schnell versickern kann.
Glatte Einsaat: Auf **sandigen Böden** und dem Wind ausgesetzten Flächen wird die Rasensaat mit einer Walze oder mit Trittbrettern gründlich angedrückt. Auch dies gewährleistet einen guten Bodenkontakt des Saatguts. Da die Samenkörner aber zum größten Teil an der Oberfläche ruhen, werden sie einigen Risiken ausgesetzt:
Sie trocknen in Dürreperioden schnell aus, werden bei Regen oder starker Bewässerung leicht weggeschwemmt und sind ein „gefundenes Fressen“ für die Vögel.

Tipp

Mit wenig Geld dabei
Streu- oder Säwagen können häufig bei Heimwerker- und Gartenfachmärkten gegen geringes Entgelt ausgeliehen werden. Die eigene Anschaffung lohnt sich nur selten.

Bewässerung der Rasensaat

Die Keimlinge dürfen niemals austrocknen. Sorgen Sie deshalb in den ersten drei bis vier Wochen für eine regelmäßige Bewässerung, bis die Wurzeln des Saatguts so kräftig ausgebildet sind, dass sie die Wasserversorgung der Keimlinge allein übernehmen können.
Wird der Boden trocken, sollten Sie ihn mehrmals täglich kurz beregnen – am besten mit Regenwasser aus der Zisterne.
Bei der Aussaat des Rasens im Herbst hat man im Vergleich zum Frühjahr den Vorteil einer höheren „natürlichen“ Bewässerung durch Niederschläge. Nach zirka einer Woche zeigen sich dann die ersten feinen grünen Rasenhälmchen.

Tipp

Der saubere Schnitt
Vergewissern Sie sich besonders beim Mähen von frisch ausgesätem Rasen, dass Ihre Rasenmäherklingen scharf sind. Nur durch einen scharfen, sauberen Schnitt verhindern Sie, dass noch nicht fest verwurzelte Gräser ausgerissen werden. Sauber geschnittene, nicht ausgefranste Halmränder erschweren auch das Eindringen von Krankheitserregern in die Pflanzen. Spätestens vor Beginn der Mähsaison sollten die Klingen also am besten professionell geschärft werden, zum Beispiel in einem Gartencenter oder Fachgeschäft.

Erster und zweiter Schnitt

Zum ersten Mal mähen können Sie, wenn der Rasen etwa acht bis zehn Zentimeter hoch gewachsen ist. Eine Mindesthöhe von fünf Zentimetern sollte nicht unterschritten werden. Das Schnittgut darf nicht liegenbleiben, sondern muss anschließend aufgesammelt werden.
Der **zweite Rasenschnitt** erfolgt dann etwa zwei Wochen später. Jetzt können die Grashalme auf die gewünschte Höhe (3,5 bis 5 Zentimeter) zurechtgestutzt werden.
Der Rasen kann dann in der Regel – je nach Qualität des Saatguts – nach dem ersten oder oder zweiten Schnitt allmählich auch vorsichtig belastet und betreten werden.

Probleme – Ausbessern – Nachsaat

Eine schlechte, ungleichmäßige Keimung wird häufig durch ein – manchmal nur örtliches – Austrocknen der Rasensaat verursacht.
Für die Nachsaat beziehungsweise das Ausbessern von Lücken, die vor allem bei der Handsaat durchaus mal auftreten können, sollten Sie eine ausreichende Menge der Original-Saatmischung zurückbehalten. Vorsicht: Besonders bei der „glatten Nachsaat" werden die Rasensamen durch Regen oder starke Bewässerung häufig an den Rand der nachgesäten Fläche gespült. Beim Wildwuchs zwischen den jungen Rasenpflanzen stammt dieser Samen aus dem Boden, nicht aus den Regelsaatgutmischungen. Die meisten im Rasen keimenden Wildkräuter werden durch regelmäßiges Mähen so stark zurückgeschnitten, dass sie sich nicht ausreichend entwickeln können und wieder verschwinden. Resistenten Wildwuchs (etwa Löwenzahn, Gänseblümchen) entfernen Sie am besten inklusive der Wurzeln mit der Hand.

Roll- und Fertigrasen

Rollrasen wird in großen Gärtnereien vorgezogen und auf Kundenbestellung hin dort 1,5–2,0 cm tief vom Boden „abgeschält". Der größte Teil der Wurzeln bleibt also erhalten. In der Regel werden 40 Zentimeter breite, genau 1 Quadratmeter große Streifen geschnitten, die sich noch gut tragen lassen.

Schritt für Schritt: Roll- und Fertigrasen legen

Den von Wildwuchs und Steinen befreiten ebenen Untergrund sollten Sie **vor dem Verlegen aufharken** **(1)**, um eine gute Verbindung des Rasens mit dem Boden zu ermöglichen.

Der Rollrasen wird Ihnen dann in aufgerollten Bahnen in der gewünschten Länge angeliefert und sollte so schnell wie möglich verlegt werden.

Rollen Sie die Bahnen jeweils gegeneinander etwas versetzt, Bahn an Bahn, sorgfältig auf dem geebneten Boden aus **(2)**. Achten Sie dabei darauf, dass die Bahnen immer **dicht aneinander** liegen.

Spezielle Formen wie Kurven, Ecken oder Überhänge können mit einem scharfen Messer oder auch mit einem scharfen Spaten **in Form geschnitten** werden **(3)**.

Nachdem Sie die Bahnen verlegt haben, **drücken Sie den Rasen** mit einer Gartenwalze oder einem Holzbrett **an** und **bewässern** ihn anschließend „satt".

In den nächsten Wochen darf die Neuanpflanzung nicht austrocknen. Profigärtner und die Hersteller von Rollrasen empfehlen deshalb eine häufige, an heißen Sommertagen sogar tägliche **Bewässerung** **(4)**. Dies sollte nie in der direkten Sonnenstrahlung in den Mittagstunden geschehen, sondern besser früh morgens und/oder in der Abenddämmerung, am besten mit weichem Regenwasser aus der Zisterne oder Wassertonne.

Wenn der Rasen acht bis zehn Zentimeter hoch gewachsen ist, können Sie ihn erstmals vorsichtig **quer zur Verlegerichtung schneiden** **(5)**.

Erst nach vier bis sechs Wochen ist der Rollrasen so gut angewurzelt, dass er wie gesäter Rasen weiter **behandelt und gepflegt** werden kann **(6)**.

Zur Düngung können Sie auf Ihren gestressten Rollrasen später auch Kompost auftragen.

Handmäher

Bei den Handmähern handelt es sich um preiswerte, umweltfreundliche und wendige Geräte, die für kleine Rasenflächen (unter 200 Quadratmeter) völlig ausreichen. Sie zählen zu den **Spindelmähern,** die mit einer rotierenden Messerwalze (der Spindel) und einer festen Gegenschneide arbeiten. Die Grashalme werden glatt und sauber abgeschnitten. Um zufriedenstellende Mähergebnisse zu erzielen, sollte der Rasen allerdings nicht höher als acht Zentimeter gewachsen sein.

Nach Gebrauch sollte der Handmäher gesäubert werden. Vor dem Winter ist es sinnvoll, die beweglichen Teile leicht einzuölen. Das Nachschleifen der stumpfen Messer sollte, wie bei allen anderen Mähern auch, am besten von einem Fachbetrieb (Gartenfachgeschäft oder Schleiferei) vorgenommen werden, damit die Klingen gleichmäßig und scharf geschliffen werden.

Tipp

Handmäherkauf

- Der Handmäher sollte leise laufen und leicht zu schieben sein.
- Die Schnitthöhe muss einfach zu verstellen sein. Probieren Sie es aus!
- Grasfangkörbe zum Nachrüsten haben sich nicht bewährt, weil die Körbe schlecht halten.

Elektrorasenmäher

Für Rasenflächen bis 500 Quadratmeter sind die relativ preisgünstigen Elektromäher mit rotierenden Klingen eine gute Wahl. Sie liefern das beste Schnittergebnis, wenn das Gras nicht viel mehr als acht Zentimeter hoch und möglichst trocken ist.

Bei Schnittbreiten von 30 bis 40 Zentimetern benötigen Sie für 100 Quadratmeter acht bis zehn Minuten – natürlich vorausgesetzt, es befindet sich eine Steckdose in Rasennähe!

Elektrorasenmäher werden teilweise mit zuschaltbarem Radantrieb angeboten. Hierdurch geht die Arbeit flotter und leichter voran.

Aus Sicherheitsgründen haben moderne Geräte einen Einhand- beziehungsweise **Zweihandsicherheitsschalter.** Der Motor – und damit die Messerscheibe – läuft nur, solange der Schalter gedrückt gehalten wird. Lässt man los, schaltet sich der Motor sofort aus.

Kein glatter Schnitt

Herkömmliche Elektro-, Akku- und Benzinrasenmäher gehören zu den **Sichelmähern:** Schnell rotierende Messer an der Unterseite der Geräte schlagen die Grashalme eher ab, als sie abzuschneiden. Dadurch bleibt die Schnittgüte hinter der von Spindelmähern zurück, die – wie die beschriebenen Handmäher – nach dem Scherenprinzip arbeiten.

Motorisierte Spindelmäher sind übrigens das Geheimnis, das hinter dem „englischen Rasen“ steckt. In Österreich und Deutschland kommen professionelle Motor-Spindelmäher bei der Pflege von Sportanlagen zum Einsatz. Mittlerweile sind auch Akku- und Elektrospindelmäher erhältlich.

Elektromäher	
Vorteile	**Nachteile**
Preisgünstig	Störendes Kabel beim Kabelmäher
Geringer Serviceaufwand	Schwächere Modelle nur für kürzeren Rasen geeignet.
Kein Schadstoffausstoß	Akkumäher sind recht schwer, teuer und haben häufig nur kurze Reichweiten.
Geringes Gewicht (kabelgebundene Modelle)	
Gut an Hängen einsetzbar	

Als störend wird von vielen Hobbygärtnern das lange Elektrokabel empfunden. Gerade bei vielen Bäumen und Gartenwinkeln muss das Stromkabel permanent im Blick behalten werden, damit man es nicht überfährt und zerstört oder damit hängenbleibt. Achten Sie deshalb auf kräftige Signalfarben (rot oder gelb) für die Kabel und Verlängerungskabel, und mähen Sie den Rasen am besten immer von der Steckdose weg. Elektromäher können bei einem sehr hoch gewachsenen Rasen – zum Beispiel nach der Rückkehr aus dem Sommerurlaub – Probleme bekommen. In diesem Fall empfiehlt es sich, im ersten Durchgang eine hohe Rasenschnitteinstellung zu wählen, und anschließend einen zweiten Schnitt mit der üblichen Rasenhöheneinstellung zu machen.

Die Kabelfreiheit muss bei Elektromähern teuer erkauft werden. **Akkurasenmäher** sind in der Regel schwerer als die kabelgebundenen Modelle. Außerdem ist die Mähleistung mit einer Akkuladung natürlich begrenzt. Bei Flächen über 150 Quadratmeter kann es mitunter schon knapp werden. Falls kein Wechselakku zur Hand ist, geht es dann modellabhängig erst nach 7 bis 20 Stunden Ladezeit weiter. Mit modernen Schnellladegeräten kann man immerhin auch Ladezeiten von rund 90 Minuten erreichen.
Dieses Dilemma vermeiden Rasenmäher mit **Hybridtechnologie,** deren Motor sowohl im Akku- als auch im Wechselstrombetrieb arbeitet. Sie haben ein integriertes Schnellladegerät: Wenn der Akku leer ist, kann man mit Stromkabel weitermähen, und der Akku wird gleichzeitig wieder aufgeladen.

Tipp

Mähen bei hohem Rasen
Bei höherem Rasen muss der Fangkorb in kurzen Abständen entleert werden, was nicht nur Zeit, sondern auch einen gewissen Kraftaufwand beim Tragen erfordert. In diesem Fall kann es sinnvoll sein, den Fangkorb an Ort und Stelle auf bereits geschnittenen Flächen auszuleeren und das Gras später mit der Schubkarre abzutransportieren.

Luftkissenmäher

Sie haben keine Räder, sondern gleiten auf einem Luftkissen, das sich zwischen Rasen und Gerät aufbaut. Das von der Werbung versprochene sanfte Dahingleiten funktioniert allerdings nur begrenzt, da sich die vordere Gehäusekante leider häufig im Gras verhakt. Das Schnittergebnis ist nur bei niedrigem Rasen einigermaßen zufriedenstellend. Höheres Gras wird vom Luftkissen niedergedrückt und von den Messern nur noch teilweise erfasst. Preiswerte Luftkissenmäher werden meistens mit Kabel oder mit Akku angeboten. Im Angebot befinden sich auch benzinbetriebene Luftkissenmäher sowie Geräte mit integrierter Mulchfunktion.

Benzinrasenmäher

Benzinbetriebene Rasenmäher bieten Unabhängigkeit vom Stromkabel, vereint mit hohen Kraftreserven und guten Schnittergebnissen. Bei Rasen-

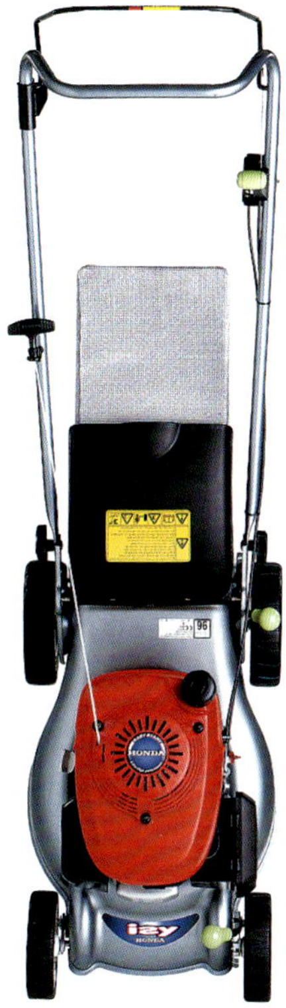

Benzinrasenmäher

Vorteile	Nachteile
Leistungsstark	Teure Anschaffung
Große Reichweite	Hohes Gewicht
Kein störendes Kabel	Regelmäßiger Servicebedarf
Höherer Rasen kann gemäht werden	In der Regel lauter als Elektromäher
	Schadstoffausstoß

flächen über 600 Quadratmetern lohnt es sich schon, zu einem solchen Gerät zu greifen. Sie schaffen den Schnitt auch noch bei einer Rasenhöhe über zehn Zentimeter.

Kräftige, aber abgasarme und sparsame Motoren, zum Teil mit Katalysator und speziellen Schalldämpfern ausgestattet, lassen heute die besten Modelle schon leiser laufen als die elektrische Konkurrenz. Benzinmäher sind allerdings in der Regel deutlich teurer und schwerer als die Elektromäher.

Benzinmäher werden mit Schnittbreiten ab 33 Zentimeter aufwärts angeboten. Empfehlenswert sind eine **zentrale Schnitthöhenverstellung** und die **Griffhöhenverstellung.**

Ein **Sicherheitsschalter,** der beim Loslassen des Griffes sofort den Motor abstellt, in Verbindung mit einer **Motorbremse,** die das Messer innerhalb von Sekunden zum Stillstand bringt, entspricht dem heutigen Sicherheitsstandard.

Angenehm, aber eher bei den höherpreisigen Modellen anzutreffen, sind Benzinstandanzeige, Elektrostarter und zuschaltbarer Radantrieb, der besonders auf Hängen nützlich sein kann, wenn Sie mit einem recht schweren Benzinmäher arbeiten.

Beschränken Sie sich bei der Reinigung auf die Unterseite des Geräts. Vermeiden Sie es, den Motorblock direkt mit einem Schlauch oder Hochdruckreiniger anzuspritzen.

Ärgerlich ist, wenn die Reinigung durch unzugängliche Stellen und störende Bauteile erschwert wird. Achten Sie beim Kauf darauf.

Umständlich sind bei vielen Modellen auch Messer- und Ölwechsel. Alle benzinbetriebenen Rasenmäher sollten deshalb regelmäßig zum Service gebracht und gewartet werden.

Tipp

Ab in die Winterpause

Zur Winterpause lassen Sie bei Ihrem Benzinrasenmäher das Benzin komplett ab. Zur Pflege des Zylinders schrauben Sie die Zündkerze heraus und träufeln einige Tropfen Motoröl ins Zündkerzenloch. Anschließend können Sie dann vorsichtig die Starterschnur einige Male durchziehen, damit das Öl im Zylinder gut verteilt wird. Danach schrauben Sie die Zündkerze wieder ein, damit keine Feuchtigkeit eindringen kann.

Ölwechsel sind nur bei Viertaktmodellen notwendig! Zweitakter laufen mit einem Benzin-Öl-Gemisch. Beim Mähen am Hang hat der Zweitakter den Vorteil, dass trotz Schräglage die Ölschmierung nicht ausfallen kann!

Aufsitzrasenmäher und Rasentraktoren

Der hohe Preis von Aufsitzrasenmähern und Rasentraktoren lohnt erst bei Parkanlagen mit mehreren tausend Quadratmetern Rasenfläche. Diese Geräte sind vergleichsweise stark motorisiert, in erster Linie, um ihr eigenes Gewicht und das des Fahrers fortzubewegen. Die Geräte werden mit Handschaltung oder Automatikschaltung (hydrostatisches Getriebe) angeboten und lassen so manches Gärtnerherz höher schlagen.

Das Mähwerk befindet sich bei den meisten Modellen in der Mitte unter dem Fahrersitz. Bei einigen Modellen ist es an der Front montiert und folgt den Lenkbewegungen. Vorteil: Das Gras an Kanten und Rändern kann damit besser erfasst werden.

Nachteil: Der Wartungsaufwand ist hoch. Und last but not least: Sie benötigen einen großen, trockenen Unterstand zum Parken dieser Rasenmäher.

Beim Kauf eines Aufsitzmähers oder Rasentraktors sollten Sie sich Zeit für eine Probefahrt nehmen. Achten Sie dabei auf

- eine einfache Bedienung,
- eine präzise Lenkung und Schaltung,
- einen möglichst kleinen Wendekreis und
- auf eine einfache Handhabung des Grasfangkorbs.

Mulchmäher

Diese Mäher zerkleinern mit ihren Messern und Zusatzeinbauten das Gras besonders stark, sodass es fein zerteilt wieder zwischen die stehenden Grashalme zurückfällt.

Risiken bei Aufsitzmähern und Rasentraktoren

- Verletzungsgefahr wegen nachlaufender Messer
- Kippneigung auf Steigungen, besonders mit gefülltem Grasfangkorb
- Gefährdung von Erwachsenen, Kindern und Haustieren durch versehentliches Anfahren oder „schnalzende" Kupplung

Sie ersparen sich das Schleppen des Grasfangkorbs oder das Zusammenrechen und können das geschnittene Gras als natürlichen Dünger benutzen. Der Bedarf an Düngemitteln kann durch das Mulchmähen deutlich reduziert werden, der Boden wird durch das liegengebliebene Gras zusätzlich beschattet und kann die Feuchtigkeit länger halten.

Mulchen ganz leicht gemacht

Auch mit normalen Rasenmähern können Sie mulchmähen. Hierzu entfernen Sie den Grasfangkorb und mähen Ihren Rasen häufiger bereits bei geringer Rasenhöhe nur mit dem aus Sicherheitsgründen dringend notwendigen „Aufprallschutz". Auch hierdurch kann der Bedarf nach einer zusätzlichen Rasendüngung deutlich reduziert werden (um 20 bis 30 Prozent).

Der Rasen darf beim Mähvorgang allerdings weder nass sein, noch darf er zu hoch oder zu dicht stehen. Sie müssen also häufiger mähen als mit herkömmlichen Rasenmähern, das heißt alle vier bis sieben Tage, da es sonst zuviel Schnittgut gibt, das sich bis zum nächsten Schnitt nicht zersetzen kann. Bei zuviel Schnittgut ist auch die Belüftung des Bodens nicht mehr gewährleistet, und der Rasen verfilzt sehr leicht.
Angeboten werden elektrische sowie benzinbetriebene Geräte. Bei der Kaufentscheidung zwischen Elektro-, Benzin- oder gar Aufsitzmulchmäher sollten Sie auch die Größe der vorhandenen Rasenfläche berücksichtigen.

Tipp

Häufchen nicht liegen lassen!
Für den Mulchmäher gilt – wie für alle anderen Mäher–, dass Sie liegengebliebene Grashäufchen sofort einsammeln sollten, damit das darunter wachsende Gras nicht erstickt.
Ist der Rasen doch einmal sehr hoch gewachsen, können die meisten Mulchmäher mit einem Grasfangkorb ausgerüstet und in „normale" Rasenmäher umgewandelt werden.

Balkenmäher

Benzinbetriebene Balkenmäher arbeiten mit zwei gegenläufigen Messern. Sie verfügen über einen Radantrieb und sind für das Mähen von hohem Gras auf zumeist ebenen Flächen bestimmt.
Diese teuren Geräte sind für herkömmliche Gärten keine Alternative. Das Schnittergebnis bei niedrigem Rasen ist nicht zufriedenstellend. Außerdem hinterlassen Räder und Balken-Gleitkufen dieser Geräte deutliche Spuren im Boden.

Tipp

Informieren Sie sich
Bewertungen zu aktuellen Rasenmähern finden Sie bei der Stiftung Warentest online unter **www.test.de.**

Rasen mähen, aber sicher! Damit beim Mähen nichts passiert, hier die wichtigsten Sicherheitsregeln:

- Achten Sie auf festes Schuhwerk.
- Kinder ab 7 Jahren nur unter direkter Aufsicht an den Rasenmäher lassen!
- Halten Sie beim Mähen stets einen Sicherheitsabstand zu Kleinkindern ein.
- Bei Regen nicht mit Elektromähern arbeiten.
- Arbeiten Sie niemals mit defekten Geräten und Kabeln.
- Im Betrieb nie Abdeckungen lösen oder öffnen. Immer erst ausschalten.

Info: Rechtliches zum Rasenmähen

Seit September 2002 ersetzt die Geräte- und Maschinenlärmschutzverordnung – 32. BImSchV – die alte Rasenmäherlärmverordnung. Sie gilt für 57 Geräte- und Maschinenarten, darunter auch Landschafts- und Gartengeräte. Für handbetriebene Rasenmäher gilt diese Verordnung allerdings nicht.

In empfindlichen Gebieten können durch Landes- und Ortsrecht die in der Verordnung festgelegten Betriebszeiten für die im Einzelfall aufgeführten Maschinen und Gartengeräte modifiziert werden. Ob Ihr Grundstück von dieser Regelung betroffen ist, können Sie bei Ihrem zuständigen Ordnungsamt in Erfahrung bringen.

In Wohngebieten dürfen motorbetriebene Rasenmäher nur werktags (montags–samstags) in der Zeit von 7.00 bis 20.00 Uhr betrieben werden. In diese Regelung fallen auch tragbare Motorkettensägen, Heckenscheren, Hochdruckreiniger, Motorhacken, Vertikutierer und Schredder.

Besondere Vorschriften gibt es für folgende Gartengeräte, wenn sie **nicht** über das gemeinschaftliche Umweltzeichen nach den Artikeln 7 und 9 der Verordnung Nr. 1980/2000 des Europäischen Parlaments verfügen: Freischneider, Grastrimmer/Graskantenschneider, Laubbläser und Laubsammler.

Diese Geräte (ohne Umweltzeichen) dürfen **ausschließlich** werktags von 9.00 bis 13.00 Uhr sowie von 15.00 bis 17.00 Uhr betrieben werden!

Rasenkanten schneiden

Überall dort, wo der „große“ Rasenmäher nicht hinkommt, kann mit Rasenkantenschneidern nachgearbeitet werden.

Handrasenkantenschneider sind eine günstige, umweltfreundliche, aber zumeist leider auch anstrengende Möglichkeit, den Rasen an den Kanten „in Fasson“ zu bringen. Am leichtesten geht die Arbeit mit hochwertigen, leichtgängigen Handkantenscheren (Grasscheren) mit Wellenschliff. Ein geschlossener Untergriff schützt die Finger der Hand.

Bequemer lassen sich die Kanten mit **Akkuscheren** schneiden, jedoch nur in Verbindung mit einem langen Stiel. Als vorteilhaft haben sich höhenverstellbare und drehbare Stiele herausgestellt. Auf jeden Fall sollten sie mit Gleitkufen oder besser -rollen ausgestattet sein.

Achten Sie beim Kauf auf die Betriebsdauer und Bauart der Akkus – NiCd ist veraltet und soll verboten werden – sowie die Länge der zu schneidenden Rasenkanten. Falls Ihnen während der Arbeit der „Saft“ ausgeht, kann der Ladevorgang nämlich bis zu 20 Stunden dauern. Ein (häufig mitgelieferter) geladener Ersatzakku kann hier sehr nützlich sein.

Optimal funktionieren diese Geräte meist nur bei trockenem Gras. Sind die Halme feucht, können sie an den Messern der Scheren kleben bleiben und die Arbeit erschweren. Eine Antihaftbeschichtung soll dies bei manchen Modellen verhindern.

Elektrische Kantenscheren eignen sich ausschließlich zum Schneiden von Gras. Sie sollen möglichst nicht in die Erde, in Äste oder Steine „greifen“. Hierdurch können Scharten in den Schneiden entstehen, die einen sauberen Schnitt verhindern. Besonders an Mauern und Drahtzäunen sind sie nur mit großer Vorsicht einzusetzen.

Nach dem Gebrauch säubern Sie die Scheren trocken. Die Klingen können mit Fahrradöl leicht eingeölt werden (das – meist teure – angebotene Spezialöl bringt keine deutlichen Vorteile).

Rasentrimmer (Fadenschneider)

Anstelle einer mechanischen oder elektrischen Rasenkantenschere können für diese Arbeiten ebenso Rasentrimmer verwendet werden. Ein rotierender Nylonfaden „köpft" dabei die Grashalme, allerdings weniger präzise als Messerschneiden.

Rasentrimmer werden als elektrisch und benzinbetriebene Geräte angeboten. Die Auswahl sollte davon abhängig sein, wie häufig und wie lange Sie das Gerät benutzen. Für kurze und/oder seltene Benutzung genügen sicherlich Akku- oder Elektrorasentrimmer vollauf.

Höherpreisige Geräte bieten häufig folgende **Komfort- und Sicherheitsfunktionen:**

- Automatische Fadenverlängerung
- Teleskopstiel
- Gleitrollen
- Drehbare Schneidköpfe
- Anlaufsperre und Fadenfangbox

Sensen und Sicheln

Wiesen mit hohem Grasstand wurden traditionell stets mit der Sense gemäht. Bei entsprechender Übung – nach qualifizierter fachlicher Einarbeitung – können mit diesem Arbeitsgerät auch heute noch Flächen bis 100 Quadratmeter zügig, umweltfreundlich und preiswert bearbeitet werden.

Für die Rasenkanten eignet sich auch eine **Sichel.** Mit diesem Universalgerät können Sie außerdem Gemüse ernten sowie Hecken und Stauden zurückschneiden. Aber auch der Umgang mit einer Sichel will gelernt sein. Da die Klingen regelmäßig nachgeschärft werden müssen, wird für Sense und Sichel ein Wetzstein benötigt.

Motorsensen

Der Vollständigkeit halber seien hier noch die leistungsstarken Motorsensen erwähnt, die die klassischen Sensen in der Gartentechnik ersetzen. Sie werden besonders dort eingesetzt, wo das Gelände für den Balkenmäher (→ Seite 129) unzugänglich oder für andere Mäher zu steil ist.
Das Angebotsspektrum reicht von preiswerten elektrischen Motorsensen mit Tragegurt und Nylonfaden bis zu professionellen Geräten mit leistungsstarken Benzinmotoren, Doppeltragegurt und häufig auch mit richtigen Schneidblättern. Praktische Übersichten finden Sie zum Beispiel unter www.gartentechnik.de/Forum/Motorsensen. Wenn Sie sich für eine Motorsense entscheiden, achten Sie darauf, dass diese durch Zubehörteile für unterschiedliche Arbeitsaufgaben eingesetzt werden kann (Kombisense).

Vertikutierer und Rasenlüfter

Ein- bis zweimal im Jahr sollte ein Rasen vertikutiert werden. Dabei werden Moos und verdichtetes Pflanzenmaterial aus der Rasenfläche entfernt, Wildwuchs beseitigt und die Erdoberfläche durch Rillen aufgelockert, damit Wasser, Nährstoffe und Luft die Graswurzeln wieder besser erreichen können. Diese erholen sich nach dem Vertikutieren rasch und bilden bald zahlreiche neue Seitentriebe.
Der ideale Zeitpunkt zum Vertikutieren ist im Frühjahr zu Beginn der Wachstumsperiode. Im Sommer besteht die Gefahr, dass der vertikutierte Rasen leicht austrocknet, im Spätherbst könnte der erste Frost die freiliegenden Wurzeln beschädigen.
Nur wenn die Rasenfläche einigermaßen eben ist, kann erfolgreich gleichmäßig vertikutiert werden. Bei unebenem Gelände sollten Sie auf Handarbeit mit Krail (→ Seite 31) oder Rechen zurückgreifen.

Tipp

Vertikutieren ist Stress für den Rasen
Nach dem Vertikutieren im Frühjahr muss der Rasen besonders aufmerksam gepflegt werden. Sorgen Sie für eine gute Nährstoffversorgung, zum Beispiel durch das Auftragen von frischem Humus, und auf eine ausreichende Bewässerung!

Vertikutieren mit Handgeräten ist etwas für kleinere Rasenflächen.

Handvertikutierer, Krail und Rechen

Diese Handarbeitsgeräte gelten als klassische Vertikutiergeräte. Das sehr mühsame Arbeiten wird auch durch zweirädrige Handvertikutierer nicht wesentlich erleichtert. Die Geräte sind nur für kleine Flächen (bis 100 Quadratmeter) zu empfehlen.

Vertikutierer mit Motor

Motorisierte Vertikutierer arbeiten mit rotierenden Messerscheiben, die sich senkrecht durch den Boden arbeiten. Diese Geräte lassen sich leicht schieben, weil die rotierenden Messer sie schon etwas vorwärts ziehen. Die Vertikutiertiefe soll stufenlos verstellbar sein. Die Messer dürfen den Boden nicht tiefer als einen Zentimeter aufkratzen, da sonst die Wurzeln beschädigt werden. Die Sicherheitseinrichtungen müssen dem Standard von modernen Elektro- oder Benzinmähern entsprechen.

Elektrovertikutierer

Die relativ preiswerten Elektrovertikutierer können abhängig von der Vertikutierbreite auf größeren Flächen von deutlich mehr als 500 Quadratmeter eingesetzt werden. 30 Zentimeter Vertikutierbreite genügt für den kleineren Durchschnittsgarten vollauf.

Einsatzbereiche von Vertikutierern

Gerät	Rasengröße
Handvertikutierer, Krail, Rechen	bis 100 m²
Elektrovertikutierer	50–1000 m²
Benzinvertikutierer	Über 1000 m²

Benzinvertikutierer

Die teuren und sehr kräftigen Benzinvertikutierer lohnen sich erst ab einer Fläche von 1 000 Quadratmeter. Und: Ein Benzinvertikutierer macht genau so viel Krach wie ein benzinbetriebener Rasenmäher, jeder in der Nachbarschaft hört zwangsläufig mit, wenn Sie in Ihrem Garten werkeln.

Rasenlüfter

Rasenlüfter bewähren sich beim Entfernen von verfilztem Pflanzenmaterial aus der oberirdischen Blattschicht. Sie sind nicht geeignet, die Erdoberfläche aufzukratzen und Unkrautwurzeln zu durchtrennen.

Aerifizieren des Bodens

Diese Methode zur Rasenverbesserung durch eine Belüftung des Bodens (aero = Luft) wird besonders bei lehmigem, festem Boden angewendet, wenn zum Beispiel regelmäßig Pfützen im Rasen entstehen. Durch das Löchern und Schlitzen des Bodens können Sie Verdichtungserscheinungen im Hauptwurzelbereich des Rasens auflösen.
Bei der anschließenden **Besandung** mit Sand der Körnung 0,2–1 Millimeter werden die herausgestochenen Löcher und Schlitze verfüllt, damit sie nicht gleich wieder zugedrückt werden können. Die Luft- und Wasserdurchlässigkeit des Bodens wird erhöht, die Bodenqualität so verbessert.

Löchern

Mit Spezialmaschinen werden aus dem Boden kleine Erdzylinder ausgestanzt. Natürlich können Sie auch mit einer Grabgabel häufig tief in den Boden einstechen, damit die Hauptwurzeln wieder besser mit Sauerstoff versorgt werden können. Die so entstandenen Löcher können/sollten durch das Auffüllen mit Sand luftdurchlässig erhalten werden.
Im Gartenfachhandel finden Sie zu diesem Zweck auch für 9 bis 14 Euro sogenannte **Rasenlüfterschuhe**. Hierbei handelt es sich um Kunststoffsohlen, in die lange Nägel eingelassen sind. Diese Sohlen können Sie bequem unter Ihre Schuhe schnallen und durch Hin- und Hergehen Ihren Rasen belüften. Wenn Sie methodisch vorgehen wollen, ziehen Sie die Rasenlüfterschuhe beim Rasenmähen an, dann belüften Sie die ganze Rasenfläche gleichmäßig.

Schlitzen

Ähnlich wie beim Vertikutieren werden hier mit starken Gartenbaumaschinen Schlitze in den Boden geschnitten, allerdings deutlich tiefer als beim Vertikutieren. Die so entstandenen Rillen werden anschließend mit Quarzsand verfüllt. Danach sollte der Rasen einige Tage ruhen. Diese Methode eignet sich eher für große Rasenflächen wie Sportplätze.

Kalken

Wenn der Boden eher im sauren Bereich reagiert (pH-Wert-Messung), sollte man nach dem Vertikutieren den Rasen kalken. Kalk reguliert den pH-Wert des Bodens wieder und hindert das Wachstum von Moos, welches sauren Boden bevorzugt. Kalk ist zum Beispiel in Gartenfachgeschäften oder Baumärkten erhältlich. Anleitungen und Mengengabe finden Sie auf der Verpackung. Das Kalken sollte Ende März abgeschlossen sein. Vor dem Düngen gönnt man dem Rasen eine Pause, bis der Kalk im Boden ganz aufgelöst ist und der Rasen sich erholt hat.

Düngen

Um die Versorgung der Rasenpflanzen mit den nötigen Nährstoffen zu gewährleisten, soll der Rasen regelmäßig zwei- bis dreimal pro Jahr mit Dünger versorgt werden. Ein Teil des Düngerbedarfs kann durch den eigenen Kompost (→ „Bodenpflege im Garten“, Seiten 229 ff.) sichergestellt werden.
Empfohlene **Düngezeiten** für ausgebildete Rasenflächen sind im Frühjahr (März/April), eine Nachdüngung im Juli/August und nochmal im Spätherbst. Die Herbstdüngung dient als Nährstoffdepot und sorgt dafür, dass der Rasen später gesund und grün aus dem Winter kommt.
Auch hierbei können Sie den **Humus** vom Komposter verwenden und ihn dünn auf der Rasenfläche verteilen. Sie sollten aber sicherstellen, dass der Kompost generell möglichst frei von Wildwuchssamen ist. Falls Ihr Rasen Lücken aufweist, können Sie dem Humus direkt Rasensamen zur Nachsaat beimischen. Humus hat im Gegensatz zu Langzeitdüngern allerdings nur eine Wirkungszeit von gut sechs Wochen.
Um Ihren Rasen langfristig gesund und gepflegt zu erhalten, empfehlen wir, Ihren Rasenboden alle drei bis fünf Jahre analysieren zu lassen (→ Seite 24, Stiftung Warentest – Bodenanalyse). Aufgrund der Analyseergebnisse können Sie dann genau die Nährstoffe auftragen, die Ihr Boden benötigt.
Mineralische Dünger lassen sich sehr exakt dosieren. Gehandelt werden sie als **Einnährstoff-** und **Mehrnährstoffdünger.** Als Hauptnährstoffe gelten Stickstoff (N), Phosphor (P) und Kalium (K). **N : P : K** werden üblicherweise im Verhältnis 3 : 1 : 2,5 gemischt dem Boden zugeführt. Die Düngergabe hängt sehr vom Stickstoffbedarf ab, der wiederum mit dem Rasentyp und der Versorgung mit organischem Dünger (Kompost) korrespondiert.

Bedürfnis an Stickstoff (N) für unterschiedliche Rasenarten

Strapazierrasen	Zierrasen	Gebrauchsrasen	Landschaftsrasen
15–20 g N/m^2	10–20 g N/m^2	5–15 g N/m^2	0–10 g N/m^2

Durch das Mähen mit Mulchmähern (→ Seite 128) sowie durch eine Gründüngung (→ Seite 248) kann der Bedarf an mineralischen Düngemitteln

um 20 bis 30 Prozent verringert werden. Bringen Sie mineralische Düngeprodukte möglichst kurz nach dem Rasenschnitt auf. Der Dünger soll nicht bei prallem Sonnenschein oder bei Wind aufgebracht werden. Optimal ist ein anschließender Regenschauer oder eine künstliche Dusche aus dem Regner.

Bewässern

Eine pflegeleichte Blumenwiese benötigt in unseren Breiten kaum zusätzliche Bewässerung, da der Boden durch die hohe Pflanzenschicht vor Verdunstung weitgehend geschützt wird. Alle anderen Rasenflächen kommen – je nach regionalem Klima – mit der natürlichen Regenmenge nicht immer „über die Runden".

In der Hauptwachstumszeit sollten Sie deshalb bei Trockenheit Ihren Rasen ein- bis zweimal wöchentlich gründlich bewässern. Der Boden soll dabei bis zu zirka 15 Zentimeter Tiefe durchfeuchtet werden, so werden auch die tiefen Rasenwurzeln mit Flüssigkeit versorgt.

Um die Verdunstung so gering wie möglich zu halten, empfiehlt es sich, den Rasen möglichst in den frühen Morgen- oder in den Abendstunden zu bewässern. Bei starkem Sonnenschein können Wassertropfen auf den Rasenblättern sonst wie Sammellinsen wirken und den Rasen verbrennen. Neben der einfachsten und preiswertesten Lösung, dem Gartenschlauch mit einer feinen Düse, werden im Handel unterschiedliche Flächenberegner und computergesteuerte Bewässerungsanlagen für die Versorgung des Rasens in Abhängigkeit abhängig von der Bodentrockenheit angeboten. Während des Urlaubs kann dieser „Dienst" allerdings auch durchaus von einem netten Nachbarn übernommen werden, das kann ja auf Gegenseitigkeit beruhen.

Tipp

Wie viel Wasser?
Unter Bäumen sollte häufiger gewässert und gedüngt werden, da die Bäume dem Rasen Wasser und Nährstoffe entziehen. Rasenflächen in Schattenbereichen, zum Beispiel hinter Mauern und Zäunen, benötigen wegen der geringeren Verdunstung weniger Wasser.

Regenwasser für den Rasen
Die Bewässerung des Rasens ist ein klassischer Bereich, wo Sie leicht auf zuvor aufgefangenes Regenwasser zurückgreifen können (→ „Regenwasserbehälter", Seiten 53 ff.).

Die „Feinde" des gepflegten Rasens

Familien mit Kindern und Haustieren, die auf dem Rasen ihrem Bewegungsdrang nachkommen wollen, sollten vorab dafür sorgen, einen sehr strapazierfähiger Rasen anzulegen, der vielleicht auch eine Fußballgrätsche oder einen Torwarthechtsprung auf nassem Rasen verzeiht (→ Seite 114).

Maulwurf und Wühlmäuse

Was aber tun, wenn der sorgsam gepflegte Rasen von Wühlmäusen oder Maulwürfen heimgesucht wird? Man kann die beiden Tierarten im Garten recht leicht unterscheiden, da die Gänge von Wühlmäusen dicht unter der Erdoberfläche liegen und das Erdreich an der Oberfläche nur ein bisschen aufgeworfen ist. Der Maulwurf dagegen gräbt tiefer unter der Erdoberfläche, so dass man nur einzelne Haufen sieht.

Maulwürfe stehen unter Naturschutz! Sie dürfen keinesfalls getötet werden. Ihre Hügel sind zwar lästig und unschön, aber Maulwürfe fressen keine Pflanzen, sondern gehören zu den Nützlingen des Gartens. Sie lockern den Boden auf und vertilgen große Mengen an Schädlingen.

Wenn Sie sich durch die Haufen gestört fühlen, können Sie nur versuchen, die Maulwürfe zu vertreiben. Dies gelingt eventuell durch

- stetes Einebnen der Maulwurfhügel und Abtragen der ausgeworfenen Erde, eventuell gleich Rasen nachsäen.
- das Erzeugen von Vibrationen im Boden durch elektrische Maulwurfsvertreiber (auch solarbetrieben).
- das Einbringen von für die Maulwürfe unangenehmen Duftstoffen in die ovalen Maulwurfsgänge (manche Gartenliebhaber versuchen es mit Parfüm, in Petroleum getränkten Lappen, ätherischen Ölen etc.).

Eine Erfolgsgarantie wird Ihnen bei keiner der genannten Vertreibungsmethoden gegeben – aus gutem Grund! Die Erfahrungen mit den diversen Methoden reichen von „Problem vorübergehend gelöst" (heißt zum Beispiel: „zum Nachbarn vertrieben") bis „völlig wirkungslos".

Wühlmäuse sind eindeutig die „gefährlichsten" und gefürchtetsten Säugetiere für den heimischen Garten. Die **großen Wühlmäuse** oder auch Schermäuse werden bis zu 22 Zentimeter groß und verfügen über einen langen Schwanz. Sie fressen in ihren Gängen an Wurzeln, Zwiebeln, Knollen und machen keinen Unterschied zwischen Nutz- und Zierpflanzen.

Die **kleinen Wühlmäuse,** zirka zehn Zentimeter lang, mit einem kürzeren Schwanz, haben ganz unterschiedliche Färbungen von hellbraun bis nahezu schwarz. Sie werden auch Feld- und Erdmäuse genannt. Diese Tiere ernähren sich vornehmlich von oberirdischen Pflanzenteilen und Rinde.

„Natürliche" Abwehrversuche durch Pflanzen wie Knoblauch und Wolfsmilch führen selten zum Erfolg. Glücklich dürfen sich Gartenbesitzer schätzen, die von freilaufenden Katzen besucht werden. Neben diesen gehören Marder und Greifvögel zu den natürlichen Feinden der Wühlmäuse. Als ebenso bescheiden wie bei den Maulwürfen wird häufig der Erfolg von Duftstoffen und Vibrations-Vertreibungsgeräten bei Wühlmäusen eingeschätzt.

Fazit: Wer es ernsthaft mit den Wühlmäusen aufnehmen will oder muss, dem bleiben eigentlich nur Fallen oder Giftköder, die im Fachhandel erhältlich sind. Falls Sie sich für Lebendfallen entscheiden, überlegen Sie bitte vorher, wo Sie die gefangenen Wühlmäuse aussetzen wollen und wer diese Aufgabe übernimmt.

Die großen Schermäuse (oben) und die deutlich kleineren Feldmäuse (unten) sind eifrige Nager und Wühler ... sehr zum Verdruss vieler Freizeitgärtner.

Pilzkrankheiten

Viele Pilzarten können Ihren Rasen befallen. Größere Schäden an den Pflanzen treten allerdings recht selten auf, können dann aber den Blättern wie auch den Wurzeln schaden. Die Ausbreitung der Pilzsporen können Sie nur wenig beeinflussen. Sie verbreiten sich durch die Luft und den Boden und werden auch von Tieren, Menschen und Arbeitsgeräten übertragen. Durch entsprechende Maßnahmen können Sie allerdings dem Befall vorbeugen:

- Einsatz von Regelsaatgutmischungen (RSM, → Seite 114), eventuell besonders pilzresistente Mischungen
- Mäher mit scharfen Messern, die möglichst keine Ausfransungen an den Rasenblättern verursachen (am besten Spindelmäher)
- Rasen nie zu tief abschneiden.
- Boden durchlässig halten für Luft, Nährstoffe und Feuchtigkeit.
- Angemessene Versorgung der Pflanzen mit Nährstoffen und Wasser zur Vermeidung von Stresssituationen, die die Pflanzen anfällig machen.

Pilzarten

Es gibt sehr viele Pilzerkrankungen, die Jahr für Jahr wechseln können und natürlich auch witterungsabhängig sind. Grundsätzlich sollten Sie bei Pilzbefall zunächst die Wachstumsbedingungen der Rasenpflanzen verbessern (→ „Rasenpflege leicht gemacht“, Seiten 123 ff.):

- Vertikutieren bei stark verfilztem Rasen
- Aerifizieren bei stark verdichtetem Boden (Löchern, Schlitzen) und anschließendes Besanden.

Die Bestimmung der Art des Pilzbefalls ist für Laien recht schwierig. Falls der Pilz in Ihrem Garten nicht eindeutig zu identifizieren ist, empfehlen wir Ihnen, mit einem Stück des befallenen Rasens zum Fachgeschäft zu gehen, die Krankheit bestimmen lassen und das passende Gegenmittel zu erwerben.

Tipp

Alternative zum Rasen
Wenn der Rasen an kritischen Stellen gar nicht gedeihen will, zum Beispiel im Schatten unter Bäumen, deren Wurzeln Nährstoffe und Wasser aufsaugen wie ein Schwamm, und bei der Begrünung von Hangflächen, können Bodendecker eine Alternative bieten (→ Seite 149).

Zierflächen fürs Auge

Zierflächen fürs Auge

Zierflächen anlegen und gestalten

Für welche Pflanzen Sie sich bei der Gestaltung Ihrer Zierflächen entscheiden, hängt hauptsächlich von Ihrem persönlichen Geschmack ab. Daneben spielen aber die Standortbedingungen des Beetes noch eine gewichtige Rolle. Wenn Sie zum Beispiel sonnenhungrige Pflanzen in den Schatten pflanzen, werden Sie mit diesem Beet nicht viel Freude haben.

Bei der Neuanlage eines Zierbeets empfiehlt es sich, zunächst den Boden aufzulockern und den Wildwuchs zu beseitigen. Wenn Sie hierbei sorgfältig vorgehen, erleichtern Sie sich die spätere Pflege des Beetes.

Anschließend richten Sie Ihr Augenmerk auf die Bodenqualität. Häufig reicht es aus, humosen Kompost in den Gartenerdboden einzuarbeiten, um die Bepflanzung vorzubereiten. Optimale Ernährungsbedingungen für Ihre Pflanzen können Sie mit einer Bodenanalyse für Zierflächen schaffen (→ „Gartenbodenanalysen", Seite 24). Mit den Empfehlungen aus der Analyse können Sie ausgelaugten Boden dann nach Bedarf gezielt mit Düngemitteln versorgen.

Bevor Sie sich nun auf Einkaufstour ins Gartencenter oder in die Gärtnerei begeben, sollten Sie die Planung für Ihre Zierflächen bereits in groben Zügen „stehen haben".

Eine Gartenskizze mit Grundstücks- und Hauslage sowie Himmelsrichtungen wird dabei sehr helfen (→ „Eine Bestandsaufnahme", Seiten 13 ff.). Und später in der Gärtnerei fällt es damit wesentlich leichter, geeignete Pflanzen in der benötigten Anzahl auszuwählen und nach Hause zu transportieren. Beginnen Sie Ihre Planung mit dem Einzeichnen der größten Pflanzen, zumeist den Bäumen, und gehen Sie dann von den Sträuchern zu den Stauden über.

Die Standortbedingungen beachten

Die meisten blühenden Pflanzen bevorzugen sonnige Standorte. In Neubaugebieten werden die Garten- und Terrassenflächen deshalb heute in der Regel in südlicher Richtung angelegt. In diesen Fällen fällt es nicht schwer, Pflanzen für die besonnten Zierbeete in Terrassennähe zu finden. Die Pflanzenauswahl ist allerdings enorm. Hier spielen also Farbauswahl, Farbkombinationen, Blütezeit und die unterschiedlichen Pflanzenhöhen die gestalterischen Hauptrollen.
Schwieriger ist die Pflanzenauswahl für Beetflächen, die zeitweilig oder den ganzen Tag über im Schatten liegen. Dieses Schicksal trifft häufig auf Vorgärten zu, die als Entspannungs- und Erholungsplätze keine Rolle spielen. Aber auch ein Vorgarten kann interessant, ansprechend und attraktiv angelegt werden. Schließlich sorgt er bei Besuchern für den ersten Eindruck und ist quasi die „Visitenkarte" Ihres Hauses. Gut, dass es auch für schattige und halbschattige Lagen geeignete Zierpflanzen gibt, die sich unter diesen Verhältnissen wohl fühlen und mit denen Sie auch dunklere Bereiche attraktiv gestalten können.

Kleine Gärten „vergrößern"

Mit einer geschickten Planung und Auswahl von Pflanzen können Sie kleine Grundstücke optisch wesentlich größer wirken lassen. Helle, blühende Pflanzen vor einem dunklen Hintergrund, zum Beispiel aus niedrigen Bäumen und/oder Sträuchern, rücken die Tiefenstaffelung des Beetes in den Vordergrund und lassen es größer erscheinen.

Intensive Blütenfarbenkombinationen

Besonders im Licht der Abenddämmerung scheinen viele rötliche und auch violette Farbtöne besonders intensiv zu leuchten. Das kann man sich für außergewöhnliche Farb- und Raumwahrnehmungen bei bestimmten Pflanzenkombinationen zu Nutze machen. Unter Gärtnern bekannt ist zum Beispiel die Kombination aus roten Rosen und violett blühendem Lavendel. Natürlich können Sie diesen Effekt auch mit anderen Pflanzen aus diesem Farbspektrum erzielen.

Ein- und zweijährige Pflanzen, selbstaussäend und jährlich wiederkehrend

Borretsch
(Borago officinalis)

Büschelschön
(Phacelia)

Duftsteinrich
(Lobularia maritima)

Fingerhut
(Digitalis purpurea)

Fuchsschwanz
(Amaranthus)

Gauklerblume
(Mimulus luteus)

Jungfer im Grünen
(Nigella damascena)

Klatschmohn
(Papaver rhoeas)

Nachtkerze
(Oenothera erythrosepala)

Ringelblume
(Calendula officinalis)

Schleifenblume
(Iberis amara)

Silberling
(Lunaria annua)

Sommerrittersporn
(Consolida ajacis)

Bodendecker

Bodendeckende Stauden und Gehölze wachsen stark in die Breite, weniger in die Höhe. Sie eignen sich besonders für die Bepflanzung unter Bäumen und Sträuchern, aber zum Beispiel auch als Beeteinfassungen. Die Bodendecker beschatten und beschützen den Boden und bieten vielen Kleinlebewesen einen geeigneten Lebensraum. Besonders, wenn sie immergrün sind, lassen sie Wildkräutern kaum eine Chance zu keimen und hochzuwachsen. Sie breiten sich in der Regel von selbst gut aus und gelten ansonsten als pflegeleicht.

Astilbe
(Astilbe chinensis „Pumila")
Höhe: 25 cm
Standortansprüche: Sonne bis Schatten
Blütenfarbe: Rötlich-lila
Blütezeit: August–September

Dickmännchen
(Pachysandra terminalis)
Höhe: 30 cm
Standortansprüche: Halbschatten bis Schatten
Blütenfarbe: Schattenweiß
Blütezeit: April–Mai

Efeu
(Hedera helix)
Höhe: 20 cm
Standortansprüche: Sonne
Blütenfarbe: Unscheinbar
Blütezeit: September–Oktober

Elfenblume
(Epimedium-Arten)
Höhe: 20–30 cm
Standortansprüche: Halbschatten
Blütenfarbe: Gelb, rot, lila
Blütezeit: April–Mai

Fünffingerstrauch
(Potentilla fruticosa „Arbuscula")
Höhe: 60 cm
Standortansprüche: Sonne
Blütenfarbe: Gelb
Blütezeit: Mai–September

Goldnessel
(Lamiastrum galeobdolon)
Höhe: 20 cm
Standortansprüche: Halbschatten–Schatten
Blütenfarbe: Goldgelb
Blütezeit: April–Mai

Gundelrebe
(Glechoma hederacea)
Höhe: 10 cm
Standortansprüche: Sonne–Schatten
Blütenfarbe: Violett
Blütezeit: April–Juni

Teppich-Hartriegel
(Cornus canadensis)
Höhe: 15 cm
Standortansprüche: Verträgt Schatten
Blütenfarbe: Grünlich-weiß (im Herbst rote Beeren)
Blütezeit: Juni–Juli

Bodendecker

Haselwurz
(Asarum europaeum)
Höhe: 15 cm
Standortansprüche: Halbschatten – Schatten
Blütenfarbe: Rötlich-braun
Blütezeit: April – Mai

Immergrün
(Vinca minor)
Höhe: 20 cm
Standortansprüche: Halbschatten – Schatten
Blütenfarbe: (Hell-)blau
Blütezeit: April – Mai

Johanniskraut
(Hypericum calycinum)
Höhe: 30 cm
Standortansprüche: Verträgt Schatten
Blütenfarbe: Gelb
Blütezeit: Juli – Oktober

Fächer-Zwergmispel
(Cotoneaster horizontalis)
Höhe: 40 – 60 cm
Standortansprüche: Sonne – Halbschatten
Blütenfarbe: Weiß, (im Herbst rote Beeren)
Blütezeit: Mai – Juni, immergrün

Rosen
(Rosa)
Höhe: 10 – 40 cm
Standortansprüche: Sonne
Blütenfarbe: Weiß, rosarot
Blütezeit: Juni bis zum Frost

Schneeheide
(Erica carnea)
Höhe: 20 cm
Standortansprüche: Sonne – Halbschatten
Blütenfarbe: Weiß, rosa, rot
Blütezeit: Dezember – Mai

Ungarwurz
(Waldsteinia ternata)
Höhe: 10 cm
Standortansprüche: Halbschatten – Schatten
Blütenfarbe: Gelb
Blütezeit: April – Juni

Waldmeister
(Galium odoratum)
Höhe: 10 – 30 cm
Standortansprüche: Halbschatten – Schatten
Blütenfarbe: Weiß
Blütezeit: Mai – Juni

Pflanzzeiten

Als günstigste Pflanzzeiten gelten Herbst und Frühling. Bei eingetopften Pflanzen ist auch eine Sommerpflanzung möglich. Dann müssen Sie das Anwachsen der Zierpflanzen durch eine gute Bewässerung unterstützen. Nachdem Ihre Pflanzen aus der Gärtnerei in ihrer neuen Umgebung angekommen sind, sollten sie bald ihren endgültigen Standpunkt einnehmen – sprich: eingepflanzt werden. Das Pflanzen von Sträuchern ist schnell erledigt, eine Anleitung steht im Kapitel „Sträucher" → Seite 111, wie man Bäume pflanzt → Seite 195.

Überprüfen der Planung: Anhand der Planungsskizze werden die Pflanzen erst einmal auf ihre vorgesehenen Standplätze gestellt. Jetzt können Sie Ihre Planung überprüfen und bewerten, ob die Pflanzen in Farbe und Höhe Ihrer Vorstellung entsprechen. Diese letzte Überprüfung sollte immer direkt vor Ort geschehen, da jeder Garten einzigartige Licht- und Umgebungsverhältnisse aufweist.

Vorbereitung: Besonders in der trockenen Jahreszeit sollten Sie vor dem Einpflanzen die Zierpflanzen gut wässern. Hierzu ziehen Sie zunächst vorsichtig den Topf ab und halten dann den Wurzelballen so lange in einen Wasserbehälter, bis keine Luftbläschen mehr aufsteigen. Bei vorher trockenem Wurzelwerk können Sie deutlich den Gewichtsunterschied feststellen.

Anpflanzen: Nach dem Graben eines Pflanzlochs wird der Wurzelballen beinahe bodeneben darin eingesetzt; die Oberfläche der Wurzelballen soll sich nur zirka einen Zentimeter unter der Erdoberfläche befinden. Danach wird das ausgehobene Loch mit Erde aufgefüllt, die Pflanze vorsichtig angedrückt, zum Schluss wird die Neuanpflanzung nochmals gründlich bewässert.

Pflanzabstände: Einige zumeist höhere Stauden können als Blickfang durchaus einzeln gepflanzt werden. Sehr beeindruckend wirken auch kleine Gruppenpflanzungen, bei denen die Blütenfarben viel deutlicher zu Tage treten. Wenn Sie Gruppenpflanzungen neu zusammenstellen wollen, zum Beispiel auf einem frei geräumten oder neu angelegten Beet, achten Sie besonders bei stark wachsenden Pflanzen auf die notwendigen Pflanzabstände.

Viele Freizeitgärtner bepflanzen ihre Beete gern sehr dicht, weil sie es nicht mögen, wenn man zuviel Erde dazwischen sieht. Hält man sich bei kleinen Jungpflanzen aus dem Gartencenter oder der Gärtnerei an die oft empfohlenen 30 bis 50 Zentimeter, dann hätten sie in den ersten ein oder zwei Sommern keine Freude an dem Beet.

Man kann also generell die noch kleinen Stauden enger zusammensetzen. Wenn man dann im Sommer oder im nächsten Jahr sieht, dass sich einzelne Pflanzen im Beet gegenseitig Konkurrenz machen, kann man Stauden teilen oder nimmt einzelne Pflanzen heraus und setzt sie vielleicht an einen anderen Platz.

Tipp

Wissenswertes über Giftpflanzen
Die Broschüre „Giftige Pflanzen" vom Auswertungs- und Informationsdienst für Ernährung, Landwirtschaft und Forste (aid) e.V. informiert über die wichtigen Giftpflanzen (Bestelladresse → Seite 289 und bei www.aid.de). Giftpflanzen in der Natur, in Gärten und in unseren Wohnungen werden in Wort und Bild dargestellt. Zusätzlich werden die Vergiftungssymptomen sowie Erste-Hilfe-Maßnahmen beschrieben.

Giftige Schönheiten

Schöne und farbenfrohe Pflanzen können auch giftig sein. Wer sich mit ihnen auskennt und einige Sicherheitshinweise beachtet, kann sie durchaus in seinem Garten halten.
Eine nicht zu unterschätzende Gefahr geht von diesen Pflanzen aber für Kleinkinder aus. Bekanntlich reizen gerade die knallroten kleinen Früchte von dem „verbotenen Baum" besonders und müssen deshalb unbedingt probiert werden. Bei einem Haushalt mit Kleinkindern empfehlen wir deshalb, ganz auf Nummer sicher zu gehen und auf unbekömmliche oder giftige Pflanzen zu verzichten. Wir schließen uns damit der Empfehlung des Deutschen Städtetags an, der für die Bepflanzung in Kinderspielbereichen die hier unten vorgestellten Pflanzen ausschließt.
Neben diesen Pflanzen gibt es noch eine Vielzahl anderer, bei denen man ebenfalls vorsichtig sein sollte, zum Beispiel Goldregen *(Laburnum)*, Kirschlorbeer *(Prunus laurocerasus)* und Maiglöckchen *(Convallaria majalis)*.
Nach dem Umgang mit diesen Pflanzen sollten Sie alle Körperteile, die mit den Pflanzen in Berührung gekommen sind, zur Sicherheit mit warmem Wasser und Seife waschen.

Giftpflanzen, die an Kinderspielbereichen nicht gepflanzt werden sollen

Eibe
(Taxus baccata)
Beschreibung: Selbst in der Nähe von Kinderspielplätzen wird die Eibe angepflanzt, obwohl die Nadeln und Samen (in den ungiftigen roten Scheinfrüchten) giftig sind.

Fingerhut
(Digitalis)
Beschreibung: Alle Pflanzenteile sind giftig.

Riesen-Herkulesstaude
(Heracleum mantegazzianum)
Beschreibung: Sollte in keinem Garten stehen! Ein Wirkstoff im Pflanzensaft macht die Haut empfindlich; durch Sonnenlicht können Rötungen und (Brand-)Blasen entstehen.

Pfaffenhütchen
(Euonymus europaeus)
Beschreibung: Als giftige Teile gelten Samen, Blätter und Rinde.

Goldregen
(Laburnum anagyroides)
Beschreibung: Die ganze Pflanze ist stark giftig, besonders Wurzeln, Blüten und die rötlich-braunen Hülsen mit giftigen Samen, die bis zum nächsten Frühjahr am Strauch hängen bleiben.

Seidelbast
(Daphne mezereum)
Beschreibung: Außer dem roten Fruchtfleisch sind alle Pflanzenteile giftig.

Stechapfel *(Datura)* **und Engelstrompete**
(Brugmannsia)
Beschreibung: Alle Teile des bis zu sechs Meter hohen Strauchs bzw. Baums enthalten Nachtschatten-Alkaloide, die schon in geringen Mengen Vergiftungen verursachen.

Stechpalme
(Ilex aquifolium)
Beschreibung: Alle Pflanzenteile sind giftig, besonders Blätter und Beeren!

Kreuzblättrige Wolfsmilch
(Euphorbia lathyris)
Beschreibung: Alle Pflanzenteile sind giftig. Der Pflanzensaft kann zu Hautreizungen führen und steht sogar im Verdacht, Hautkrebs verursachen zu können. Die Wolfsmilch hält aber keine Wühlmäuse fern, wie häufig behauptet wird!

Der Steingarten

Steingärten werden immer in sonniger Lage und möglichst mit etwas Neigung angelegt.

Voraussetzungen:
Klima: mild bis kühl, trocken
Lage: sonnig, möglichst nach Süden oder Westen ausgerichtet
Boden: leicht, sandig, kalkreich, nährstoffarm, Gesteinsuntergrund
Gesteinsarten: Sandstein, Kalkstein, Granit oder Schiefer
Geländebeschaffenheit: (künstlicher) Steinhügel
Flächengröße: mindestens 4 Quadratmeter

Wenn Sie auf einem Grundstücksteil einen Steingarten anlegen wollen, reicht eigentlich schon ein niedriger Hügel, auf dem Sie in unregelmäßigen Abständen unterschiedlich große Natursteine verteilen und/oder stellenweise zusammen gruppieren. „Aufgestellte" Steine wirken häufig sehr künstlich. Schlagen Sie sie deshalb besser kräftig mit der flachen Seite in den Boden hinein, damit sie sich auch fest in die Erde hineinfügen. Bei der Auswahl der Steine empfehlen wir solche, die in Ihrer Wohnumgebung vorkommen. Grundsätzlich sollten Sie sich für einen gelungenen Gesamteindruck auf eine Gesteinsart beschränken und auf einheitliche Gesteinsformen achten. Bei der Bepflanzung Ihres Steingartens macht sich eine „gepflegte Unordnung" sehr gut. Die meisten Pflanzenarten, die für Steingärten in Frage kommen, gedeihen am besten in kalkreichem Boden zwischen oder nahe den Steinen, da sie hier mit der gespeicherten Sonnenwärme versorgt werden. Bei der Pflanzenauswahl müssen Sie sich nicht auf alpine Pflanzen beschränken. Sehr dekorativ machen sich einige Zwerggehölze zwischen den kleinwüchsigen Stauden.

Stauden für den Steingarten

Blaukissen
(Aubretia)
Wuchshöhe: Bis 20 cm
Blütenfarbe: Pink bis purpur

Büschelglocke
(Edraianthus)
Wuchshöhe: 5–10 cm
Blütenfarbe: Blauviolett

Edelraute
(Artemisia)
Wuchshöhe: 15–20 cm
Blütenfarbe: Gelb

Edelweiß
(Leontopodium palibinia-num)
Wuchshöhe: 15–20 cm
Blütenfarbe: Silberweiß

Kochscher Enzian
(Gentiana acaulis)
(benötigt lehmigen Boden)
Wuchshöhe: 10 cm
Blütenfarbe: Tiefblau

Federnelke
(Dianthus plumarius)
Wuchshöhe: 30 cm
Blütenfarbe: Weiß über pink bis rot

Fetthenne
(Sedum spathulifolium)
Wuchshöhe: 5–10 cm
Blütenfarbe: Gelb

Kaukasus-Gänsekresse
(Arabis caucasica)
Wuchshöhe: 20 cm
Blütenfarbe: Weiß-rosa

Karpaten-Glockenblume
(Campanula carpatica)
Wuchshöhe: 30 cm
Blütenfarbe: Violett, auch weiß

Grasnelke
(Armeria juniperifolia)
Wuchshöhe: 10–15 cm
Blütenfarbe: Rosa bis pink, auch weiß

Hauswurz
(Sempervivum-Arten)
Wuchshöhe: 20–30 cm
Blütenfarbe:
Rosa, gelb, weiß

Hungerblümchen = Olymp-Felsenblümchen
(Draba bruniifolia)
Wuchshöhe: 5–10 cm
Blütenfarbe: Gelb

Stauden für den Steingarten

Polster- oder Teppichphlox
(Phlox subulata)
Wuchshöhe: 10–20 cm
Blütenfarbe: Rosa, auch weiß

Sandkraut
(Arenaria tetraquetra)
Wuchshöhe: 10 cm
Blütenfarbe: Weiß

Schafsteppich
(Raoulia australis **und** *hookeri)*
Wuchshöhe: 5–10 cm
Blütenfarbe: Gelblich

Gefülltblühendes Seifenkraut
(Saponaria cv.)
Wuchshöhe: bis 60 cm
Blütenfarbe: Rosa, auch weiß

Sonnenröschen
(Helianthemum-Hybriden)
Wuchshöhe: 10–30 cm
Blütenfarbe: Weiß, rosenrot bis gelb

Steinbrech
(Saxifraga)
Wuchshöhe: 15–25 cm
Blütenfarbe: Weiß, gelb, rosa bis rot

Steinkraut
(Alyssum saxatile)
Wuchshöhe: bis 20 cm
Blütenfarbe: Gelb

Blut-Storchschnabel
(Geranium sanguineum)
Wuchshöhe: 10–40 cm
Blütenfarbe: Pink bis rot

Zwergkugelblume
(Globularia repens)
Wuchshöhe: 5–10 cm
Blütenfarbe: Zart violett

Zwergschleifenblume
(Iberis saxatilis)
Wuchshöhe: 5–10 cm
Blütenfarbe: Weiß

Zwerggehölze für den Steingarten

Felsseidelbast
(Daphne arbuscula)
Wuchshöhe: 20 cm
Blütenfarbe: Rot bis tiefrosa

Kugelkiefer
(Pinus mugo „Mops“)
Wuchshöhe: 40 cm
Blütenfarbe: Unscheinbar

Scheinzypresse
(Chamaecyparis-Arten)
Wuchshöhe: 100 – 500 cm
Blütenfarbe: Unscheinbar

Zwergmispel
(Cotoneaster dammeri)
Wuchshöhe: 20 cm
Blütenfarbe: Weiß (rote Früchte)

Zwergwacholder
(Juniperus squamata)
Wuchshöhe: 100 cm
Blütenfarbe: Unscheinbar

Der Heidegarten

Heidelandschaften sind die Folge menschlicher Landschaftsnutzung, die in regional unterschiedlichen Formen zwischen Norddeutschland und den Alpen vorkommen. Zu den vorherrschenden Pflanzenarten gehören Heidekräuter (Besenheide, Erika-Arten) und Heidekrautgewächse (verschiedene Beerenarten). Die farbenprächtigen Heidelandschaften in der Natur wie auch im Garten kommen aber erst durch das Zusammenspiel verschiedener Pflanzenarten mit unterschiedlichen Wuchshöhen zustande, von Gräsern über Wacholder bis zur Birke.

Voraussetzungen:
Klima: mild bis kühl, feucht bis trocken, windig
Lage: sonnig, auch mit schattigen Bereichen
Boden: locker, sandig, nährstoffarm, sauer (pH-Wert 4 bis 5); bei entsprechender Auswahl der Heidekräuter *(Erica carnea, Erica medetierranea)* auch neutral oder leicht alkalisch (pH-Wert 7 bis 8)
Geländebeschaffenheit: flach bis wellig, möglichst etwas nach Süden geneigt
Flächengröße: Beetformen sind möglich, aber erst ab 100 Quadratmeter Größe tritt eine naturnahe optische Wirkung ein.

Beim Anlegen von Heidegärten sollten Sie natürlich die Blüten- und Fruchtfarben und die Wuchshöhen berücksichtigen. Zusätzlich müssen die Standortanforderungen der Pflanzen in die Auswahl mit einfließen. Wir haben deshalb auf den nächsten Seiten Pflanzen für verschiedene Klimabereiche von sonnig und trocken bis schattig (und eher feucht) zusammengestellt.

Pflanzen für sonnige, trockene Heidegartenbereiche

Bergkiefer
(Pinus mugo)
Wuchshöhe: Bis 400 cm
Blütenfarbe: Unscheinbar

Besenheide
(Calluna vulgaris)
Wuchshöhe: 15–40 cm
Blütenfarbe: Rosa

Hängebirke, Sandbirke
(Betula verrucosa syn. pendula)
Wuchshöhe: 2500 cm
Blütenfarbe: Unscheinbar

Ginster
(Genista-Arten)
Wuchshöhe: bis 200 cm
Blütenfarbe: Gelb

Rundblättrige Glockenblume
(Campanula rotundifolia)
Wuchshöhe: 20–40 cm
Blütenfarbe: Zart violett

Hasenklee
(Trifolium arvense)
Wuchshöhe: 30 cm
Blütenfarbe: Rötlich-grau

Heidelbeere, Blaubeere
(Vaccinium myrtillus)
Wuchshöhe: Bis 50 cm
Blütenfarbe: Rot (blaue Früchte)

Kriechweide
(Salix repens)
Wuchshöhe: 50 cm
Blütenfarbe: Gelbliche Kätzchen

Heide-Nelke
(Dianthus deltoides)
Wuchshöhe: 40 cm
Blütenfarbe: Rosa bis rot

Preiselbeere
(Vaccinium vitis-idea)
Wuchshöhe: 25 cm
Blütenfarbe: Weiß (rote Früchte)

Sandthymian
(Thymus serphyllum)
Wuchshöhe: 10 cm
Blütenfarbe: Rosa, auch weiß

Silber-Fingerkraut
(Potentilla argentea)
Wuchshöhe: 20–40 cm
Blütenfarbe: Gelb

Silbergras
(Corynephorus canescens)
Wuchshöhe: 30–40 cm
Blütenfarbe: Unscheinbar

Vogelbeere, Eberesche
(Sorbus aucuparia)
Wuchshöhe: Bis 1 500 cm
Blütenfarbe: Weiß
(orange-rote Früchte)

Wacholder
(Juniperus communis)
Wuchshöhe: Bis 500 cm
Blütenfarbe: Unscheinbar
(blaue Früchte)

Pflanzen für sonnige, feuchte Heidegartenbereiche

Blutwurz
(Potentilla erecta)
Wuchshöhe: 30 cm
Blütenfarbe: Gelb

Faulbaum
(Frangula alnus)
Wuchshöhe: 700 cm
Blütenfarbe: Unscheinbar
(rot-lila Früchte)

Gagelstrauch
(Myrica gale)
Wuchshöhe: 300 cm
Blütenfarbe: Rötlich

Lavendelheide = Rosmarienheide
(Andromeda polifolia)
Wuchshöhe: 40 cm
Blütenfarbe: Weiß bis rosa

Pfeifengras
(Molinia)
Wuchshöhe: Bis 180 cm
Blütenfarbe: Unscheinbar

Sumpf-Porst
(Ledum palustre)
Wuchshöhe: Bis 120 cm
Blütenfarbe: Weiß

Rauschbeere
(Vaccinium uliginosum)
Wuchshöhe: Bis 100 cm
Blütenfarbe: Weißlich
(blaue Früchte)

Sumpf-Veilchen
(Viola palustris)
Wuchshöhe: Bis 10 cm
Blütenfarbe: Hellviolett

Pflanzen für schattige Heidegartenbereiche

Echter Ehrenpreis
(Veronica officinalis)
Wuchshöhe: 20 cm
Blütenfarbe: Hellviolett

Faulbaum *(Frangula alnus)*
Wuchshöhe: 700 cm
Blütenfarbe: Unscheinbar
(rot-lila Früchte)

Heidelbeere
(Vaccinium myrtillus)
Wuchshöhe: 50 cm
Blütenfarbe: Rot
(blaue Früchte)

Himbeere
(Rubus idaeus)
Wuchshöhe: Bis 200 cm
Blütenfarbe: Weiß
(rote Früchte)

Schönes Johanniskraut
(Hypericum pulchrum)
Wuchshöhe: 60 cm
Blütenfarbe: Gelb

Pfeifengras
(Molinia)
Wuchshöhe: Bis 180 cm
Blütenfarbe: Unscheinbar

Gewöhnlicher Rippenfarn
(Blechnum spicant)
Wuchshöhe: 30 cm
Blütenfarbe: –

Hain-Rispengras
(Poa nemoralis)
Wuchshöhe: Bis 80 cm
Blütenfarbe: Unscheinbar

Europäischer Siebenstern
(Trientalis europaea)
Wuchshöhe: 20 cm
Blütenfarbe: Weiß

Waldgeißblatt
(Lonicera periclymenum)
Wuchshöhe: 300 – 600 cm
Blütenfarbe: Weiß bis gelb

Wurmfarn
(Dryopteris filix-mas)
Wuchshöhe: 100 cm
Blütenfarbe: –

Pflege der Zierpflanzen

Außer dem Bewässern benötigen die Zierpflanzen nur wenig Pflege. Der Wildwuchs in den Beeten sollte hin und wieder entfernt und der Boden – besonders nach der Neuanpflanzung – aufgelockert werden. Zur Düngung kann man dabei gleich noch einige Schaufeln mit frischem Kompost auf dem Zierbeet verteilen und leicht einharken. Diese natürliche Düngung reicht bei den meisten Zierpflanzen völlig aus.

Wildwuchs vermeiden
Wie bei den Nutzflächen empfehlen wir, auch auf den Zierflächen auf den Boden eine zirka drei bis fünf Zentimeter dicke Mulchschicht aufzutragen. Diese verhindert den Wildwuchs und hält die lebensnotwendige Feuchtigkeit länger im Boden.

Überwintern

Viele winterharte Pflanzen benötigen einen leichten Winterschutz, der aus Reisig, Stroh oder Laub bestehen kann. Diese Materialien werden über die Pflanzen gelegt. Leichte Abdeckmaterialien wie trockenes Laub oder Stroh werden bei starkem Wind weggeweht. Die Winterabdeckungen sollten deshalb gelegentlich kontrolliert werden, besonders natürlich nach kräftigem Wind oder gar Sturm.
Einige hochwachsende Gräser werden im Herbst einfach oben zusammengebunden. Der Wurzelbereich kann dann problemlos mit Abdeckmaterial geschützt werden. Das alte Laub soll erst im Frühling abgeschnitten werden. Bis dahin bietet es nämlich im Winter Schutz für Insekten und andere Kleinlebewesen.
Verholzende Zier- und Nutzpflanzen, wie zum Beispiel Lavendel, können im Frühjahr, wenn keine Nachtfröste mehr zu erwarten sind, um ein Drittel gekürzt werden.

Einen leichten Winterschutz kann man ohne Weiteres aus natürlichen Materialien aus dem eigenen Garten herstellen.

Einhand-Gartenscheren gibt es in verschiedenen Griffgrößen! Probieren Sie verschiedene Griffe aus. Gute Modelle sind stufenlos verstellbar.

Gartenscheren

Für das präzise Schneiden von Blumen, Trieben und Zweigen eignen sich vor allem die **Einhand-Gartenscheren** (auch Baum-, Rosen- oder Rebenschere genannt). Manche sehr preiswerten Scheren schneiden nach einiger Gebrauchszeit nicht mehr die Zweige, sondern „quetschen" sie ab. Sie sollten deshalb auf solide verarbeitete Exemplare achten.

Qualitätsmerkmale bei Gartenscheren sind:

- Rostfreie Klingen mit Präzisionsschliff,
- separater Drahtschneider,
- auswechselbares Obermesser,
- kunststoffummantelte Griffe (auffällige Farbe erleichtert das Wiederfinden),
- gedämpfter Anschlag,
- Einhandsicherheitsverschluss und
- eine Messerfeineinstellung.

Die kräftigere **Ambossschere** verfügt nur über eine Klinge, die einer breiten Druckfläche, dem Amboss, gegenübersteht. Bei Gebrauch wird die Klinge während des Drückens nach hinten gezogen. Hierdurch werden die Zweige auf einer Seite etwas gequetscht und nicht ganz sauber durchschnitten.
In der Praxis spielt dies nur eine geringe Rolle. In einem Test von Gartenscheren war eine Ambossschere Testsieger, eine andere aber das Schlusslicht. Der Vorteil der Ambossscheren besteht darin, dass sie Laien mit ihrer breiteren Auflagefläche einen geraden Schnitt erleichtern. Die Kraftumsetzung wird verbessert, wenn die Schere zusätzlich mit einer Hebelübersetzung versehen ist. Auch bei Ambossscheren sollten Sie beim Kauf auf die solide Verarbeitung achten. Bei empfehlenswerten Ambossscheren können Sie die Klinge austauschen.

- Eine **Astschere** wird nötig, wenn die zu schneidenden Äste so dick sind, dass Sie mit Einhand-Gartenscheren nicht mehr weiter kommen. Sie werden auch als zweischneidige Astscheren und als kräftige Ambossscheren angeboten. Natürlich können Sie Äste dieser Größenordnung auch mit einer Hand- oder Motorkettensäge schneiden (→ Seite 84), aber für Ziergehölze, Sträucher und Büsche reichen häufig die sicheren mechanischen Astscheren völlig aus, zumal Sie vor dem Schneiden keine Stromleitung verlegen oder den Tank der Motorsäge füllen müssen.

Qualitätsmerkmale sind:

- Eine Getriebeübersetzung, die die Druckkraft Ihrer Arme zusätzlich erhöht,
- Schneiden aus hochwertigem, nicht rostendem Stahl,
- stabile Stiele, die während der Gartenarbeit große Kräfte aufnehmen und weiterleiten müssen. Die Stiele sollten wegen der Hebelwirkung besonders bruchfest sein.

• Ein häufiger Schwachpunkt bei preiswerten Astscheren ist die Verbindung zwischen den Stielen und dem Scherenmechanismus, was bald zu einem schlechten Schnittergebnis führt.

Für Schneidearbeiten in größeren Höhen kommen für dünnere Äste **Stab- oder Stangenscheren** in Frage, die einen bis zu drei Meter langen starren Stiel oder einen Teleskopstiel besitzen und über einen Handgriff oder einen Seilzug bedient werden.
Dickere Äste können mit **teleskopierbaren Baumscheren** auch bis zu einer Höhe von gut drei Meter geschnitten werden. Über ein Seil wird hier die Hebelkraft nach dem Prinzip eines Flaschenzugs vervielfacht an eine Rollenschere weitergeleitet.
Die Arbeit mit diesen Geräten über Kopf ist auf Dauer allerdings ziemlich mühsam. Wenn Sie also viele Äste schneiden wollen, ist es besser, auf einer Leiter mit einer herkömmlichen Astschere zu arbeiten.

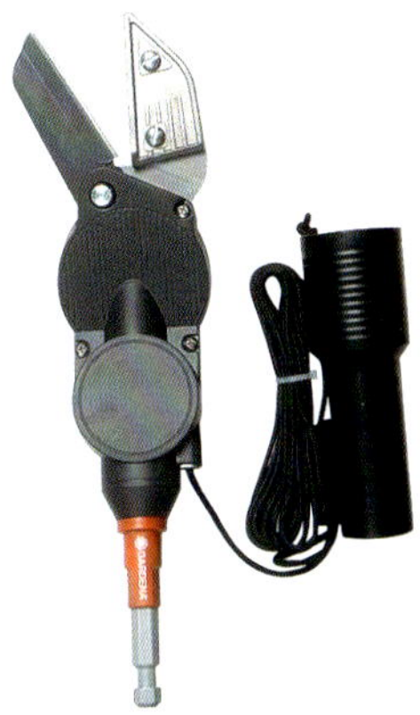

Teleskopierbare Stabschere für dünnere Äste

Sägen

Auch Äste mit einem größeren Durchmesser als zwei Zentimeter können Sie mechanisch mit **Astsägen** schneiden. Für nur wenige Astschnitte im Jahr lohnt die Anschaffung einer motorbetriebenen Säge wirklich nicht.
Bei den praktischen **Klappsägen** wird das Sägeblatt wie bei einem Taschenmesser eingeklappt und sicher verwahrt.
Mit den empfehlenswerten und preiswerten **Bügelsägen** können Sie mit geringem Kraftaufwand auch dicke Äste schneiden. Sie verfügen über ein verstellbares, auswechselbares Sägeblatt, das zwischen 35 und 50 Zentimeter lang sein sollte.
Gartensägen mit leicht gebogenem Sägeblatt eignen sich für Arbeiten zwischen eng stehenden oder auch stark wippenden Ästen. Mit einem Haken an der Spitze des Sägeblatts lassen sich abgesägte Äste leicht entfernen.
Auch Bügel- und Gartensägen können Sie auf starre oder teleskopierbare Stiele aufsetzen. Aber wie bei den Scheren auch wird das Arbeiten über Kopf schnell anstrengend.

Tipp

Dicke Äste sägen
Unabhängig davon, ob Sie mit einer mechanischen oder motorbetriebenen Säge einen dickeren Ast kappen wollen, gelingt der Schnitt am besten, wenn Sie den Ast zunächst von unten etwa ein Drittel seines Durchmessers einsägen. Wenn Sie dann von oben weitersägen, kann sich die Säge nicht verklemmen, und es besteht nicht die Gefahr, dass eine gesplitterte Astwunde zurückbleibt.

Aus dem Garten in die Küche

Kräuter und Heilpflanzen

Kräuter im Garten

Obst aus dem eigenen Garten

Obstarten

Mit oder ohne Leiter ernten?

Obstbäume und Beerensträucher anpflanzen

Gemüse aus dem eigenen Garten

Schnelle Einführung in die Grundbegriffe

Beetanlagen

Beetvorbereitung

Aussaat ins Beet

Pflege der Gemüsebeete

Die wichtigsten Gemüsearten

Aus dem Garten in die Küche

Kräuter und Heilpflanzen

Viele Menschen wünschen sich frische, gesunde, appetitlich riechende Gewürz- und Heilkräuter für die Küche und das Wohlbefinden. Die selbst angepflanzten und geernteten Kräuter sind an Geschmack und Qualität einfach nicht zu überbieten. Je nach Vorliebe und der zu Verfügung stehenden Fläche können Sie Ihre Lieblingskräuter leicht selbst anbauen. Das Spektrum der Anbaumöglichkeiten reicht dabei vom

- Anbau auf der Fensterbank oder im Wintergarten über
- duftende Topf- und Kübelkulturen auf Balkon und Terrasse über
- gemischte Beete: Kräuter gemischt mit Zierpflanzen bis hin zu
- separaten Kräuterbeeten; vom kleinen Beet, dem Kräuter-Steingarten, der Kräuterspirale bis hin zum kreuzförmig angelegten Kloster-Gewürzgarten auf dem großen Gartengrundstück.

Für den Anbau Ihrer Lieblingskräuter auf Fensterbänken, Balkonen und Terrassen benötigen Sie nur passende dekorative Behälter, nährstoffreiche Erde, die Pflanzensamen oder die jungen Pflanzen. Die Kräuter verfügen über unterschiedliche Standortansprüche (→ Übersicht Seiten 170–179). Es lohnt sich durchaus, die Erde den Bedürfnissen der Pflanzen anzupassen und zum Beispiel Kalk und/oder Sand beizumischen. Die Lichtansprüche der Kräuter können Sie durch einfaches Umsetzen der Töpfe und Kübel steuern.

Kräuter im Garten

Bei der Neuanlage Ihres Gartens sollten Sie von vornherein die Kräuterecke oder das Kräuterbeet fest mit einplanen. In bereits bestehende Gärten können Sie Kräuteranlagen zumeist problemlos integrieren.

Vor der Anlage des Beetes empfehlen wir, zunächst den zur Verfügung stehenden **Gartenboden** analysieren zu lassen (→ „Gartenbodenanalysen", Seite 24). Damit stellen Sie sicher, dass Ihre Kräuter und Heilpflanzen nicht nur gut riechen und schmecken, sondern auch gesund gewachsen sind. Zur Vorbereitung der Kräuteranpflanzung können Sie unabhängig davon in den Kräuter-Gartenboden Humusdünger (vom Komposthaufen) einarbeiten, da die meisten Kräuter durchlässigen, nährstoffreichen Boden bevorzugen. Außerdem

liebt die große Mehrheit der Heil- und Gewürzkräuter **die Sonne.** Ideal ist also ein gut besonnter Teil des Grundstücks mit Südausrichtung, möglichst in Küchennähe, damit Sie später schnell ernten gehen können.
Die meisten sonnengewöhnten Kräuter kommen mit wenig **Feuchtigkeit** aus. Bei großer Hitze allerdings sollten Sie die Pflanzen zusätzlich bewässern. Empfehlenswert ist auch das Aufbringen einer Mulchschicht zwischen den Kräuterpflanzen, um die Feuchtigkeit besser im Boden zu halten.
Kräuter und Heilpflanzen bedürfen keiner großen **Pflegearbeit.** Sie sollten nur auf ausreichende Abstände zwischen den Pflanzen achten; falls sie zu dicht wachsen, kann durch Umpflanzen der Lebensraum wieder vergrößert werden. Achten Sie darauf, dass sich die benachbarten Pflanzenarten auch vertragen.
Die Kräuter sind im Allgemeinen recht unempfindlich gegenüber **Krankheiten.** Bei Befall mit Mehltau können sie einfach zurückgeschnitten werden. Werden sie nicht überdüngt, sind sie auch kaum anfällig gegen Schädlinge. Schwieriger wird es bei Plagegeistern wie Schnecken und Wühlmäusen (→ „Hobbygärtners Feinde“, Seiten 252 ff.). Bei Blattläusen, Erdflöhen oder Blattkäfern können Sie entweder für Menschen und Nützlinge unbedenkliche Spritzpräparate oder

- gegen Pilzkrankheiten Schachtelhalmtee,
- gegen Blattläuse Brennnesselbrühe und
- gegen Erdflöhe Wermuttee einsetzen.

Im Frühjahr, wenn der Austrieb begonnen hat, können Sie die Pflanzen **schneiden,** im Herbst sollten sie deutlich zurückgeschnitten werden. Unempfindliche Kräuter bleiben zum **Überwintern** draußen und werden zum Beispiel mit Nadelholzzweigen (Fichte, Tanne etc.) abgedeckt. Empfindliche Kräuter brauchen einen frostfreien und hellen Überwinterungsplatz.

Kräuter und Zierpflanzen kombinieren

Falls Sie kein extra Kräuterbeet anlegen möchten, können Sie viele Kräuter sogar im Vorgarten sehr dekorativ mit vorhandenen Zierpflanzen kombinieren. Folgende Mischungen haben sich als harmonisch erwiesen:
Rosen und Salbei, Rosen und Lavendel, Ringelblumen, Ysop, Melisse – kombiniert mit einjährigenPflanzen (→ Seite 147), Borretsch (blaue Blüten) zwischen Sommerblumen und Stauden.
Oregano, Thymian und Kamille sind sehr dekorativ in Stein- oder Staudengärten. Schnittlauch und Petersilie können einfach am Beetrand als Rabatte gepflanzt werden.
Ihre Fantasie ist gefragt: Einjährige Gewürzpflanzen sollen möglichst jedes Jahr einen anderen Standort bekommen.

Die Kräuterspirale

Angesichts immer kleinerer Baugrundstücke erfreuen sich Kräuterspiralen zunehmender Beliebtheit. Zudem stellen sie häufig – auch für Kinder spannend – wegen ihrer Dreidimensionalität ein optisches Highlight im Garten dar. Mithilfe einer solchen Spirale können Sie für den Anbau möglichst unterschiedlicher Kräutersorten die dafür notwendigen unterschiedlichen Standortbedingungen zur Verfügung stellen.

Zum Bau benötigen Sie:

- einen möglichst sonnigen Platz von zwei bis drei Meter Durchmesser,
- Teichfolie oder Fertigteich, Fass, Kübel oder einen großen Topf,
- Steine (Natur oder Klinker),
- Kies (grob),
- Sand und
- Gartenerde. Kräutererde aus dem Handel ist zwar auch gut geeignet, jedoch recht teuer. Blumenerde aus dem Gartencenter oder Baumarkt ist wegen der etwas unberechenbaren Zusammensetzung nicht so zu empfehlen.

Schritt für Schritt: Eine Kräuterspirale bauen

Markieren Sie zunächst mit Schnur oder Kreide den Platz, auf dem Sie die Kräuterspirale anlegen wollen. Um die Sonneneinstrahlung bestmöglich auszunutzen, richten Sie die **Öffnung der Spirale möglichst nach Süden** aus, das heißt, der kleine Teich liegt im Süden.

Die gesamte markierte Grundfläche **heben Sie** dann **ungefähr spatentief aus (1)**.

Legen Sie sich die **Grundform der späteren Mauern** auf der freien Fläche an, damit Sie eine Vorstellung vom Endergenis bekommen und die Ausrichtung kontrollieren können **(2)**.

Anschließend kann **der Teich ausgehoben (3)** werden. Die Tiefe des Aushubs richtet sich nach den vorhandenen Materialien: Fässer, Kübel oder große Töpfe sollten Sie so tief in den Boden einlassen, dass sich die Ränder auf Bodenniveau befinden. Ein Folienteich sollte mindestens 40 Zentimeter tief sein.

Auf der übrigen Fläche **tragen Sie groben Kies** acht bis zehn Zentimeter dick auf und ebnen ihn grob ein. Sie vermeiden hierdurch, dass sich später Staunässe bildet. Zudem dient der Kies als Fundament für die schneckenhausförmig angelegten Steinmauern mit etwa zwei Windungen.

Zur **Herstellung der Mauern** können Sie unregelmäßige runde oder gebrochene Steine aus der Natur oder auch Klinker verwenden. Achten Sie bei Natursteinen auf eine ausreichende Dicke (mindestens 8 Zentimeter). Gut geeignet für die nur gelegten Steinmauern sind Klinkersteine, da alle Steine über die gleichen Maße verfügen und sich Klinkermauern häufig harmonisch in den Garten einfügen.

Anschließend **bauen Sie** unter Verwendung der Steine und der ausgehobenen Erde **die Spirale (3)** bis zur vorgesehenen Höhe.

Beim **Auftragen der obersten Erdschicht** empfehlen Gartenprofis, die humose Gartenerde mit etwas Sand zu mischen. So können Sie unterschiedlichen Pflanzenansprüchen entsprechen: Für den obersten, trockenen Bereich sollte die Gartenerde mit bis zu 50 Prozent Sand gemischt werden. In Richtung Teich wird der Sandanteil immer geringer; gleichzeitig können Sie den Anteil an Kompost stetig erhöhen.

Abschließend wird **der Folienteich angelegt (4)**. Ebnen Sie den Untergrund mit Sand, bevor Sie die Folie auslegen und mit Wasser befüllen. Den Rand gestalten Sie nach Geschmack mit Steinen, grobem Kies oder Erde.

Die **Zwischenräume zwischen den Steinen** der Mauern können Sie bepflanzen, zum Beispiel mit Oregano oder Thymian, aber auch Tiere im Garten wie Eidechsen, Molche und Käfer nutzen gerne diese Unterschlupfmöglichkeiten. Vor der eigentlichen **Bepflanzung der Kräuterspirale (5–7)** sollten Sie einige Regengüsse abwarten. Falls sich die Erde noch setzt, können Sie entsprechend nachfüllen, ohne dass die ganze Bepflanzung mit wegsackt.

Die wichtigsten Gewürz- und Heilkräuter für den Garten

Baldrian

(Valeriana officinalis)
Mehrjährig; benötigt Sonne und nährstoffreichen Boden.

Aussaat, Ernte, Aufbewahrung: Aussaat ab Mai. Ernte der Wurzeln Oktober–November. Konservierung durch Trocknen.
Verwendung in der Küche: Kein Küchenkraut.
Verwendung in der Naturheilkunde: Bekannt als Naturheilmittel mit nervenberuhigender und schlaffördernder Wirkung. Stiftung Warentest bewertet die medizinische Wirkung von Baldriantee und -extrakt als „mit Einschränkung geeignet", da noch keine wissenschaftlich abschließenden Studien vorliegen.

Basilikum

(Ocimum basilicum)
Einjährig; benötigt lockeren Humusboden.

Aussaat, Ernte, Aufbewahrung: Aussaat ab Mai. Ernte der Blätter Juni–August, Verzehr erntefrisch oder konserviert durch Trocknung, eingelegt in Öl, als Pesto; kann auch eingefroren werden.
Verwendung in der Küche: In der Küche liefert Basilikum einen aromatisch, erfrischenden Geschmack für Tomaten, Auberginen, Bohnen, Huhn- und Hackfleischgerichte. Basilikum erst zum Schluss über das fertige Gericht geben – nicht mitkochen!
Verwendung in der Naturheilkunde: In der Naturheilkunde gilt es als appetitanregend, krampflösend, verdauungsfördernd und wassertreibend. Es hilft gegen Schlaflosigkeit und Nervosität.

Bärlauch/Bärenlauch

(Allium ursinum)
Zwiebelartig, mehrjährig. Ähnelt der giftigen Herbstzeitlose. Bevorzugt halbschattige Lagen und humose Böden.

Aussaat, Ernte, Aufbewahrung: Aussaat März–April. Ernte der Wurzeln und des Krauts vor und bis zur Blüte der Pflanzen im April–Juni.
Verwendung in der Küche: In der Küche zum Würzen von Salaten, Saucen, Gemüse und Quark. Konserviert als Bärlauchpesto oder in Öl eingelegt.
Verwendung in der Naturheilkunde: Bärlauch hilft bei Verdauungsbeschwerden und Appetitlosigkeit.

Beifuß

(Artemisia vulgaris)
Mehrjährig, anspruchslos.

Aussaat, Ernte, Aufbewahrung: Aussaat ab April oder Teilen der Beifußpflanzen im Herbst.Ernte der Blütenrispen kurz vor der Blüte im Juni–Oktober. Konservieren durch Trocknung.
Verwendung in der Küche: In der Küche passt der pikante, herbe, aromatische, leicht bittere Geschmack besonders zu fetthaltigen Speisen wie Eintöpfe, Gänse- und Entenbraten sowie Kohlgerichte.
Verwendung in der Naturheilkunde: Beifuss wird medizinisch bei einer Akupunkturbehandlung eingesetzt, bei Verdauungsbeschwerden und Appetitlosigkeit.

Beinwell

(Symphytum officinale)
Mehrjährig; benötigt vollsonnige, feuchte Standorte.

Aussaat, Ernte, Aufbewahrung: Teilung der Pflanzen im Frühjahr oder Pflanzen von Wurzelstücken. Ernte der jungen Blätter und Wurzeln im April–Juni.
Zur Gartendüngung kann aus Beinwell eine Jauche hergestellt werden (→ Seite 28).
Verwendung in der Küche: Kein Küchenkraut.
Verwendung in der Naturheilkunde: In der Naturheilkunde wird Beinwell ausschließlich äußerlich angewendet. Breiumschläge sollen bei der Wundheilung sowie gegen Verstauchungen, Blutergüsse, Sehnenscheidenentzündungen, Rheuma und Venenleiden helfen.

Bohnenkräuter

(Satureja)
Schmackhaft ist aus der Sortenfülle zum Beispiel das anspruchslose, mehrjährige Berg-Bohnenkraut *(Satureja montana)*, auch bekannt als Küchen-Bohnenkraut.

Aussaat, Ernte, Aufbewahrung: Aussaat ab April. Ernte das ganze Jahr über möglich. Zur Blütezeit ist das Kraut noch aromatischer und würziger.
Verwendung in der Küche: Verwendet werden die abgeschnittenen Zweige, die getrocknet oder auch frisch hauptsächlich Bohnen- und Fleischgerichte aromatisieren. Es sollte nicht mitgekocht werden.
Verwendung in der Naturheilkunde: Bohnenkraut soll eine verdauungsfördernde, aber auch schleimlösende und anregende Wirkung haben.

Borretsch

(Borago officinalis)
Einjährig, benötigt nährstoffreichen Boden

Aussaat, Ernte, Aufbewahrung: Aussaat April–Juni. Ernte der Blätter Mai–Oktober.
Verwendung in der Küche: Die Blätter und Blüten verfügen über ein erfrischendes Gurkenaroma. Die Blüten bieten sich auch zur Dekoration an. Sehr gut schmecken gehackte Blätter und Blüten im Salat. Man kann Borretsch aber auch wie frischen Spinat zubereiten.
Verwendung in der Naturheilkunde: Naturheilkundliche Wirkungen sollen sein: blutreinigend, schweißtreibend, stimmungsverbessernd, harntreibend, soll auch gegen Rheuma, Nieren- und Herzleiden helfen.

Brunnenkresse

(Nasturtium officinale)
Einjähriger Kreuzblütler; braucht unbedingt feuchte Standorte, am besten fließendes, reines Wasser. Kresse kann auch gut in „Brunnen", Trögen und Wasserbecken angepflanzt werden (Ableger zum Beispiel 5 Zentimeter tief in den Teichboden gesteckt).

Aussaat, Ernte, Aufbewahrung: Aussaat ab Juni. Ernte der jungen frischen Triebspitzen (6–8 Zentimeter) von Oktober–Mai, ein Drittel der Triebspitzen muss jeweils stehen bleiben. Achtung: Sobald die Pflanzen blühen, sind sie nicht mehr zum Verzehr geeignet!
Verwendung in der Küche: Dieses vitaminreiche Gewürz mit dem erfrischenden, mild-pfeffrigen Geschmack eignet sich für Salate, Saucen, Suppen, aber auch direkt auf Butterbrote.
Verwendung in der Naturheilkunde: Der Brunnenkresse wird eine blutreinigende, stoffwechselanregende Wirkung nachgesagt, sie soll auch bei diversen Hautleiden und Rheuma helfen.

Dill
(Anethum graveolens)
Einjährig; gedeiht windgeschützt und sonnig.

Aussaat, Ernte, Aufbewahrung: Aussaat ab April. Ernte des Krauts und der Früchte ab Mai.
Verwendung in der Küche: Es kann getrocknet oder eingefroren werden.Verwendung findet Dill in Mayonnaisen, Saucen, Salaten sowie bei Fischgerichten und Quarkspeisen.
Verwendung in der Naturheilkunde: Dilltee – aus den Samen – soll bei Appetitlosigkeit, Unruhe, Schlafstörungen und Blähungen helfen.

Estragon
(Artemisia dracunculus)
Mehrjährig; bevorzugt sonnige, warme, feuchte Standorte.

Aussaat, Ernte, Aufbewahrung: Deutscher Estragon wird nur durch Teilung im August vermehrt, Russischer Estragon durch Samen ab April.
Ernte der jungen Triebspitzen und Blätter Juni–August, jedenfalls vor der Blüte.
Verwendung in der Küche: Estragon passt in der Küche mit seinem anisartigen, sehr würzigen Geschmack frisch, getrocknet und gefrostet zu Salaten, Suppen, Saucen und Geflügelgerichten, für helle Fleisch- und Fischgerichte, helle Saucen, Eierspeisen und Salate.
Verwendung in der Naturheilkunde: Estragon soll harntreibend und verdauungsfördernd (gallenflussfördernd) wirken.

Fenchel
(Foeniculum vulgare)
Mehrjährig; Standort vollsonnig, warm, nährstoffreich auf kalkhaltigen Böden.

Aussaat, Ernte, Aufbewahrung: Aussaat ab April (evtl. schon März).
Ernte der jungen Triebe und Samen August–September.
Verwendung in der Küche: Verwendung frisch oder getrocknet bei Fischgerichten, Salaten, Saucen und Backwaren.
Verwendung in der Naturheilkunde: Fenchel (oft in Form von Tee – mit Kümmel ergänzt) löst Krämpfe, lindert Blähungen, wirkt gegen Magen- /Darmbeschwerden und Asthma/Keuchhusten.

Johanniskraut
(Hypericum perforatum)
Mehrjährig; benötigt sonnige, trockene Lage.

Aussaat, Ernte, Aufbewahrung: Aussaat ab April.
Geerntet werden Blüten und Kraut.
Als Konservierungsmethode bietet sich das Trocknen an.
Kein Küchenkraut.
Verwendung in der Naturheilkunde: Der aus Johanniskraut gewonnene Tee gilt als hilfreich bei leichten Unruhezuständen, Schlaflosigkeit und leichten depressiven Verstimmungen.

Kamille

(Matricaria recutita)
Einjährig; sehr genügsam, wächst fast überall.

Aussaat, Ernte, Aufbewahrung: Aussaat ab April (auch Selbstaussaat).Ernte des blühenden Krauts und der Blütenköpfe Mai–Oktober.
Kein Küchenkraut.
Verwendung in der Naturheilkunde: Sehr beliebt als Tee, im Bad, zur Inhalation, für Umschläge. Einsetzbar gegen: Schmerzen, Entzündungen, gegen Ausschläge, Magen- und Darmbeschwerden, Haut- und Schleimhautentzündungen usw.

Kerbel

(Anthriscus cerefolium)
Einjährig; bevorzugt Halbschatten sowie lockere und nicht zu feuchte Böden.

Aussaat, Ernte, Aufbewahrung: Aussaat März–September. Ernte der jungen Triebe, Blüten und Blätter Mai–November.
Verwendung in der Küche: In der Küche wird Kerbel zu Kräutersuppen, Saucen, Tomaten und Eierspeisen benutzt. Neben der frischen Verwendung kann Kerbel auch eingefroren werden.
Verwendung in der Naturheilkunde: In der Naturheilkunde gilt Kerbel als appetitanregend, harntreibend und stoffwechselfördernd.

Koriander

(Coriandrum sativum)
Einjährig; günstig sind leichte, kalkhaltige Böden und warme, trockene Standorte.

Aussaat, Ernte, Aufbewahrung: Aussaat April. Ernte der Samen und des jungen Krauts August.
Verwendung in der Küche: Dieses in der indischen und orientalischen Küche wichtige Gewürz findet auch in Salaten, Gemüse, im Brotteig oder gar in Lebkuchen. Möglichst frisch verwenden!
Verwendung in der Naturheilkunde: Koriander wirkt appetitanregend, hilft bei Völlegefühl und Blähungen, Magen- und Darmbeschwerden.

Kümmel

(Carum carvi)
Zweijährig; braucht am besten feuchten Boden.

Aussaat, Ernte, Aufbewahrung: Aussaat ab April. Ernte der Samen Juni–September.
Verwendung in der Küche: In der Küche findet Kümmel Verwendung bei Fleisch, Kartoffeln, Käse, Quark, Sauerkraut und in Brot.
Verwendung in der Naturheilkunde: In der Naturheilkunde gilt Kümmel als krampflösend, gegen Blähungen (Fenchel-Kümmel-Kindertee), appetitanregend und magenstärkend.

Lavendel

(Lavandula angustifolia)
Mehrjährig; bevorzugt sonnige, trockene Standorte.

Aussaat, Ernte, Aufbewahrung: Aussaat kann ab April erfolgen.
Ernte der jungen Triebe, der Blüten und des Krauts Juli–August. Die Blüten können Sie als Tee oder Badezusatz benutzen, entweder frisch oder auch getrocknet.
Verwendung in der Küche: In der Küche werden mit den Triebspitzen Saucen, Eintöpfe und Fischgerichte gewürzt.
Verwendung in der Naturheilkunde: Dem Lavendel werden verschiedene heilende Wirkungen nachgesagt: Er gilt als nervenberuhigend, entspannend, schlaffördernd, galletreibend, soll gegen Blähungen und Hustenreiz sowie gegen nervöse Magen- und Darmprobleme helfen.

Liebstöckel

(Levisticum officinale)
Mehrjährig (auch bekannt als „Maggikraut"); Standort sollte feucht, hell bis halbschattig sein. Wegen der ernormen Wuchshöhe des Liebstöckels sollten Sie den Pflanzen ausreichend Platz geben.

Aussaat, Ernte, Aufbewahrung: Aussaat ab März.
Ernte der Blätter und auch Wurzeln Mai–Oktober.
Verwendung in der Küche: Wegen des würzigen Geschmacks wird Liebstöckel für Eintöpfe, Suppen und Salate (ein bis zwei Blätter reichen) verwendet. Bei Fleischspeisen kann es auch mitgekocht werden. Neben der frischen Verwendung kann das Erntegut getrocknet oder eingefroren werden.
Verwendung in der Naturheilkunde: Liebstöckel wirkt verdauungsfördernd und harntreibend. Es hilft gegen Magenbeschwerden, Blasenleiden und Sodbrennen. Achtung: Während einer Schwangerschaft soll man vorsichtshalber auf das Kraut verzichten!

Garten-Majoran

(Origanum majorana)
Einjährig; bevorzugt sonnige, windgeschützte Standorte; der Boden sollte mittelschwer und gut gedüngt sein.

Aussaat, Ernte, Aufbewahrung: Aussaat ab Mai.
Ernte der jungen Triebe und des blühenden Krautes Juli–September.
Verwendung in der Küche: Der würzige, kräftige und minzige Geschmack passt sher gut zu Fleisch- und Gemüsegerichten sowie zu Tomatensauce, Kartoffeln, Pizza und Pasteten.
Verwendung in der Naturheilkunde: Majoran regt den Appetit an und hat eine schleimlösende und nervenberuhigende Wirkung.

Malve

(Malva silvestris)
Mehrjährig; trotz ihres Blütenreichtums hat sie keine besonderen Standort- und Bodenansprüche.

Aussaat, Ernte, Aufbewahrung: Aussaat ab April.
Ernte- und Blütezeit Mai–September.
Kein Küchenkraut.
Verwendung in der Naturheilkunde: Aus Blüten, Samen und den getrockneten Blättern können Sie Tee herstellen, der gegen Husten und Entzündungen hilft. Durch Gurgeln mit Malventee können leichte Entzündungen im Mund und Rachenraum behandelt werden.

Meerrettich

(Armoracia rusticana)
Mehrjährig; benötigt tiefen, nährstoffreichen und feuchten Boden.

Aussaat, Ernte, Aufbewahrung: Ab März/April können die 15–20 Zentimeter langen Wurzelstücke ausgepflanzt werden.
Ernte der Wurzeln September–März.
Die Wurzeln lassen sich frisch kleingerieben verwenden, sie können auch getrocknet oder eingefroren werden. Im Winter können die ganzen Wurzeln – genau wie Möhren – in eine Sandmiete eingelagert werden.
Verwendung in der Küche: Die geriebenen Wurzeln des Meerrettichs eignen sich zu Fleisch-, Fisch- und Eierspeisen, aber auch zu Quark und Tomaten.
Verwendung in der Naturheilkunde: Meerrettich wirkt antibiotisch, harntreibend, regt die Magen- und Darmtätigkeit an und hilft gegen Rheuma und Ischias (äußere Anwendung als Breiumschlag).

Oregano (Dost)

(Origanum vulgare)
Mehrjährig, relativ anspruchslos; bevorzugt trockene, warme Standorte. Auch in Mauerritzen von Kräuterspiralen oder Trockenmauern lässt sich Oregano ansiedeln.

Aussaat, Ernte, Aufbewahrung: Im März können Sie die Oreganopflanzen teilen oder im beginnenden Sommer die Stecklinge auspflanzen.
Ernte der Blätter und jungen Triebe April–Oktober.
Die frischen Triebe können frisch als auch getrocknet benutzt werden.
Verwendung in der Küche: Wegen des würzigen Geschmacks (schärfer als Majoran) wird Oregano häufig für italienische Gerichte (Pizza, Pasta etc.) eingesetzt.
Verwendung in der Naturheilkunde: Es gilt als appetitanregend, magen- und nervenstärkend sowie krampflösend. Als Tee wird Oregano gegen Erkältungen und Erkrankungen der Atemwege eingesetzt.

Petersilie

(Petroselinum crispum)
Zweijähriger Doldenblütler; braucht einen nährstoffreichen, sonnigen bis halbschattigen Standort.

Aussaat, Ernte, Aufbewahrung: Aussaat kann ab März beginnen. Ernte des Krauts und der Blätter Mai–Dezember. Neben dem frischen Verzehr können Sie Petersilie durch Trocknen oder Einfrieren haltbar machen.
Verwendung in der Küche: Verwendet wird sie bei Eintöpfen, Suppen und Saucen. Passt gut zu Salaten, Kartoffeln und Gemüse. Petersilie sollte nicht mitgekocht werden!
Verwendung in der Naturheilkunde: In der Naturheilkunde gilt Petersilie als verdauungsfördernd, harntreibend und appetitanregend.

Pfefferminze

(Mentha x piperita)
Mehrjährig; alle Minzearten bevorzugen nährstoffreiche, feuchte Böden und sonnige Standorte.

Aussaat, Ernte, Aufbewahrung: Nach der Teilung werden die Pfefferminzpflanzen ab März/April eingepflanzt.
Ernte des Krauts Juni–Oktober.
Die geernteten Pflanzenteile können frisch verzehrt oder auch getrocknet werden.
Verwendung in der Küche: Pfefferminze schmeckt pfeffrig und kühl; sie wird häufig zum Würzen von Lammbraten, Kartoffeln, Erbsen, Eierspeisen, Quark, Hackfleisch, Salaten und Saucen verwendet.
Verwendung in der Naturheilkunde: Pfefferminze wird bei Erkrankungen der Atemwege, Magen- und Darmstörungen, Störungen im Gallenbereich und Leiden der Bewegungsorgane eingesetzt.

Pimpinelle

(Sanguisorba minor)
auch: Kleiner Wiesenknopf oder Bibernelle genannt. Mehrjährig; Pimpinelle ist ein sehr anspruchsloses Kraut und eine hübsche Schnittblume.

Aussaat, Ernte, Aufbewahrung: Aussaat ab März. Ernte des Krauts und der jungen Triebe Mai – November. Es kann frisch verwertet oder eingefroren werden.
Verwendung in der Küche: Pimpinelle verfügt über einen gurkenähnlichen, leicht brennenden Geschmack, der zu Eiergerichten, Kräutersuppen und Kräutersaucen passt. Es gilt – gemischt mit Essig, Zitrone und Öl – als ideales Salatkraut.
Verwendung in der Naturheilkunde: Pimpinelle regt den Appetit an und gilt als „verdauungsfördernd“.

Portulak

(Portulácu oleracea)
Einjährig; sonniger Standort auf trockenem, durchlässigem Boden.

Aussaat, Ernte, Aufbewahrung: Aussaat kann ab Mai begonnen werden (anschließend erfolgt auch Selbstaussaat). Ernte der Blätter und Spitzen der Triebe Mai – September. Die Ernte kann frisch verwendet oder eingefroren werden.
Verwendung in der Küche: Portulak schmeckt erfrischend salzig und leicht säuerlich. Er findet Verwendung bei Gurken- und Tomatensalaten, bei Spinat, Kräutersaucen und -suppen.
Verwendung in der Naturheilkunde: Portulak stärkt den Magen, wirkt ein wenig abführend und harntreibend.

Rosmarin

(Rosmarinus officinalis)
Mehrjährig; benötigt warmen, sonnigen Standort und nährstoffreichen Boden. Rosmarin ist nicht winterhart. Am besten setzt man die Pflanze in einen großen Kübel und überwintert sie in einem hellen, frostfreien Raum.

Aussaat, Ernte, Aufbewahrung: Aussaat ab April. Besser ist aber eine Vermehrung durch Stecklinge, oder man kauft eine kleine Pflanze. Ernte der Blätter und Triebspitzen April–September. Neben der frischen Verwendung eignet sich Rosmarin sehr gut zum Trocknen.
Verwendung in der Küche: Der Geschmack kann als harzig und bitterwürzig beschrieben werden. Rosmarin eignet sich hervorragend für Fleischgerichte: Lamm, Schwein, Kalb und Wild; aber auch für Gemüse- und Kartoffelgerichte.
Verwendung in der Naturheilkunde: Rosmarin hilft gegen Magen-, Darm-, Gallenbeschwerden, gegen chronischen Hautausschlag, bei Leiden der Bewegungsorgane und niedrigem Blutdruck. Es gilt als appetitanregend und nervenstärkend. Als Badezusatz soll es Herz und Kreislauf anregen.

Rucola oder Rauke

(Eruca sativa)
Einjährig, genügsam; keine besonderen Ansprüche an Boden und Standort.

Aussaat, Ernte, Aufbewahrung: Aussaat April – September. Ernte jeweils 4–6 Wochen nach Aussaat.
Verwendung in der Küche: Rucola, mit hohem Vitamin-C-Gehalt, eignet sich zu Salaten, Käse, Quark, Pizza, als Rohkost oder Brotbelag.
Dem Kraut wird eine appetitanregende Wirkung nachgesagt, Rucola soll die Verdauung und die Durchblutung anregen.

Salbei

(Salvia officinalis)
Ein- oder auch mehrjährig; benötigt viel Sonne und nährstoffreichen, durchlässigen Boden.

Aussaat, Ernte, Aufbewahrung: Aussaat ab April; auch Stecklinge können ab April gesetzt werden. Ernte der Blüten, Blätter und des Krautes Mai – Oktober. Salbei kann frisch oder getrocknet verwendet werden.
Verwendung in der Küche: Der würzige, bittere Geschmack passt ausgezeichnet zu Fisch-, Fleisch-, Geflügel- und Kartoffelgerichten.
Verwendung in der Naturheilkunde: Tee aus Salbeiblättern kann als Gurgelmittel bei leichten Entzündungen im Mundbereich benutzt werden. Ansonsten wirkt Salbei appetitanregend und verdauungsfördernd. Es hilft gegen Magen- und Darmbeschwerden und Erkrankungen der Atemwege.

Sauerampfer

(Rumex acetosa)
Mehrjähriges Knöterichgewächs; feuchte, nährstoffreiche Böden in sonniger bis halbschattiger Lage.

Aussaat, Ernte, Aufbewahrung: Aussaat oder auch Teilung der Pflanze ab März/April. Ernte der zarten jungen Blätter und Triebe April – November.
Verwendung in der Küche: Der frisch geerntete Sauerampfer verfügt über einen würzigen, aromatischen, bitteren und sauren Geschmack. Verwendung: bei Kalb- und Schweinefleischgerichten, bei Salaten, bei Spinat und Mangoldgemüse und bei Eierspeisen.
Verwendung in der Naturheilkunde: Dem Sauerampfer wird eine blutreinigende und appetitanregende Wirkung nachgesagt. Vorsicht sollten allerdings Herz-, Rheuma- und Nierenkranke wallten lassen.

Schnittlauch

(Allium schoenoprasum)
Mehrjähriges Liliengewächs; benötigt viel Sonne und leichten, kalkhaltigen Boden.

Aussaat, Ernte, Aufbewahrung: Aussaat ab April. Ernte des Krauts und der Blüten April – November.
Verwendung in der Küche: Kann frisch, aber auch gefroren oder getrocknet verwendet werden zu Kartoffel-. Fleisch- und Eiergerichten sowie zu Suppen, Eintöpfen, Saucen und Salaten.
Verwendung in der Naturheilkunde: Schnittlauch gilt als appetitanregend und verdauungsfördernd.

Senf

(Sinapis alba)
Einjährig; anspruchslos.

Aussaat, Ernte, Aufbewahrung: Aussaat ab März (anschließend erfolgt die Vermehrung der Pflanze auch durch Selbstaussaat); Ernte des jungen Krautes und der Samen Mai – November.
Verwendung in der Küche: In der Küche können die jungen Triebe wie Kresse verwendet werden. Die Samen eignen sich zum Einlegen von sauren Gemüsen (zum Beispiel Gurken, Mixed Pickels, Kürbisse) und natürlich zur Senfherstellung.
Verwendung in der Naturheilkunde: Dem Senf wird eine appetitanregende und verdauungsfördernde Wirkung nachgesagt.

Thymian

(Thymus vulgaris)
Mehrjährig; liebt trockene, sonnige Standorte.

Aussaat, Ernte, Aufbewahrung: Aussaat ab April (Pflanzung auch durch Teilung und Absenkung).
Ernte des Krautes und der Triebe Mai – September.
Zur Konservierung des Krautes eignet sich die Trocknung.
Verwendung in der Küche: Thymian verfügt über einen würzigen, scharfen Geschmack, ähnlich dem Majoran. Zitronenthymian zeichnet sich zusätzlich noch durch ein Zitronenaroma aus. Verwendet wird Thymian bei Bratkartoffeln, Tomaten, Käse-, Fleisch-, Wild- und Geflügelgerichten sowie bei Pizza.
Verwendung in der Naturheilkunde: Thymian gilt als schleim- und krampflösendes Naturheilmittel; er wirkt antibakteriell, gegen Husten, Magen- und Gallenleiden, gegen Bronchitis und wird auch äußerlich angewendet zur Wundbehandlung.

Tripmadam

(Sedum reflexum)
Mehrjährig; bevorzugt sonnige Standorte, gedeiht auch auf mageren Böden.

Aussaat, Ernte, Aufbewahrung: Aussaat März/April (Tripmadam kann auch zur Vermehrung geteilt werden).
Ernte der frischen Triebspitzen April – Oktober.
Verwendung in der Küche: Das Gewürz verfügt über einen säuerlichen, erfrischenden, kühlenden, mild pfeffrigen Geschmack. Verwendung findet frisches Tripmadam bei Salaten, Dressings, Gurken, Mixed Pickles, Aalgerichten – und bei Kräuteressig.
Verwendung in der Naturheilkunde: Tripmadam hat eine harntreibende Wirkung.

Waldmeister

(Galium odoratum)
Mehrjährige Waldstaude; schattiger Standort und lockerer, feuchter Boden.

Aussaat, Ernte, Aufbewahrung: Aussaat im Herbst, da er bereits während des Frostes keimt (Frostkeimer); Ernte kurz vor der Blüte Mai – Juni.
Verwendung in der Küche: In der Küche wird Waldmeister zu Maibowlen, Säften und Tees verwendet.
Verwendung in der Naturheilkunde: Waldmeister soll gegen Nervosität und Schlafprobleme helfen.
Vorsicht!
Waldmeister nur in Maßen verwenden.
Bei Selbstmedikation kann Waldmeister – im Übermaß eingenommen – schädlich wirken! In großen Mengen ist der Waldmeister giftig; der hohe Cumarinanteil kann angeblich zu inneren Blutungen führen.
Nach der Blüte ist der Cumaringehalt erhöht, deshalb wird vom Genuss nach der Blütezeit oft abgeraten.

Wermut

(Artemisia absinthium)
Mehrjährig, anspruchslos; liebt sehr sonnige Standorte.

Aussaat, Ernte, Aufbewahrung: Aussaat ab Mitte Mai, Samen nicht abdecken, da Lichtkeimer.
Im Frühjahr können auch Stecklinge gepflanzt werden oder die bestehenden Pflanzen durch Teilung vermehrt werden.
Ernte der Blätter und des blühenden Krautes Mai – August.
Das Kraut kann frisch oder getrocknet verwendet werden.
Verwendung in der Küche: Es ist bitter, passt zu fetten Fleischgerichten und kann in Eintöpfen mitgekocht werden. Außerdem kann Wermut zu Kräuterwein, Kräuterlikör und Tee verarbeitet werden.
Verwendung in der Naturheilkunde: Als Heilpflanze wird Wermut bei Verdauungsbeschwerden, Grippe und Fieber eingesetzt. Er gilt als appetitanregend, antiseptisch und wurmtreibend, wurde angeblich auch für Abtreibungen eingesetzt, ist also wohl kein ganz harmloses Mittel.

Ysop

(Hyssopus officinalis)
Mehrjährig; braucht sehr sonnige Standorte, lockeren Boden.

Aussaat, Ernte, Aufbewahrung: Aussaat ab April. Ernte Juni – August. Möglichst frisch verwenden. Die Pflanzen können aber auch getrocknet werden.
Verwendung in der Küche: Der Geschmack des Ysop kann als süß-würzig, aromatisch und leicht bitter beschrieben werden. Verwendung findet das Gewürzkraut bei Kartoffel- und Fleischgerichten, bei Bohnensuppen und -gemüse, bei Kräutersaucen, Kräuterwein, -likör und -tees.
Verwendung in der Naturheilkunde: Ysop besitzt eine verdauungsfördernde Wirkung; es löst Krämpfe, vermindert Schweißentwicklung, hilft bei Erkrankungen der Atemwege, bei Husten, Magen- und Darmerkrankungen.

Lebenserwartung der Kräuterpflanzen

Einjährig	Zweijährig	Mehrjährig
Anis	Engelwurz	Alant
Bärlauch	Kümmel	Aloe
Basilikum	Löffelkraut	Arnika
Bohnenkraut	Petersilie	Baldrian
Borretsch	Schnittsellerie	Beifuß
Brunnenkresse	Winterkresse	Beinwell
Chinesischer Knoblauch		Bohnenkraut
Dill		Estragon
Drachenkopf (Türkische Melisse)		Fenchel
Kamille		Johanniskraut
Kerbel		Lavendel
Kresse		Liebstöckel
Kerbel		Malve
Koriander		Meerrettich
Majoran		Oregano
Portulak		Pfefferminze
Rucola (Rauke)		Pimpinelle
Schnittknoblauch		Rosmarin
Senf		Salbei
		Sauerampfer
		Schnittlauch
		Süßer Kerbel
		Thymian
		Tripmadam
		Waldmeister
		Weinraute
		Wermut
		Ysop
		Zitronenmelisse

Zitronenmelisse

(Melissa officinalis)
Mehrjährig; warmer, trockener Standort. Vor dem ersten Frost wird die Pflanze zurückgeschnitten und mit etwas Laub abgedeckt.

Aussaat, Ernte, Aufbewahrung: Aussaat ab April. Ernte des Krautes und der frischen Triebe Juli – Oktober. Das Erntegut kann außer der frischen Verwendung getrocknet oder tiefgefroren werden.
Verwendung in der Küche: Die Pflanze verfügt über einen zitronenähnlichen Geschmack und einen sehr intensiven Geruch. Verwendet wird Zitronenmelisse für Lammfleisch und Kräutersaucen (nicht mitkochen!), aber auch als Rohkost.
Verwendung in der Naturheilkunde: Zitronenmelisse gilt als nervenstärkend, soll gegen Zahn- und Kopfschmerzen helfen, gegen Schlaflosigkeit und Stress, nervöse Magen- und Darmprobleme, Blähungen, Herz- und Kreislauferkrankungen, soll Krämpfe lösen und über eine antibakterielle Wirkung verfügen.

Obst aus dem eigenen Garten

Der Obstanbau hat in den privaten Hobbygärten in den letzten Jahren immer mehr an Bedeutung verloren. Die Ursachen hierfür liegen wohl in den kleineren Bau-/Gartengrundstücken sowie der ganzjährigen Verfügbarkeit von Obst in den Lebensmittelgeschäften. Wir behaupten hier aber, dass Obst aus dem eigenen Garten einfach besser schmeckt, und vor allem können Sie selbst die Qualität Ihres Obstes beeinflussen. Durch eine vor der Pflanzung durchgeführte Boden- und Schadstoffanalyse sollte es Ihnen recht einfach gelingen, für sich und Ihre Familie gesundes Obst zu produzieren. Auch über den Einsatz von chemischen Pflanzenschutzmitteln haben Sie dann die Kontrolle. Diese Möglichkeit besteht schon in kleinsten Gärten. Neben den alt bekannten hohen Obstbäumen, die früher der Versorgung der großen Familien auch im Winter dienten, werden heute klein bleibende Bäume angeboten, die sich dekorativ auch in kleinste Gärten einfügen lassen und an denen wohlschmeckende Früchte reifen. Beeinflusst werden kann das Wachstum der Obstgehölze durch die sogenannten „Unterlagen", auf die die früchtetragenden Edelreiser aufgesetzt (veredelt) werden.

Neben der Wuchsstärke können durch entsprechende Kombinationen von Edelreisern und Unterlagen auch die Widerstandsfähigkeit, die Frostempfindlichkeit und die Lebensdauer der Gehölze variiert werden.

Besonders vor der Neuanlage, aber natürlich auch bei der Umgestaltung des Gartens sollten Sie sich, was den Obstanbau betrifft, vorab über einige Punkte Gedanken machen:

- Welche Bedingungen an **Klima** und **Standort** können Sie den Obstbäumen und Beerensträuchern zur Verfügung stellen?
- Einige Obstgehölze wie Pfirsiche und Aprikosen brauchen **höhere Temperaturen**, wie sie in Weinanbaugebieten üblich sind, um richtig ausreifen zu können. In dauerhaft kühleren Regionen machen diese Obstarten daher weniger Sinn.
- Für Äpfel wiederum ist eine ausreichende **Luftfeuchtigkeit** notwendig, die allerdings im heimischen Raum meist gegeben ist.
- Auch die zu erwartende **Erntemenge** und der **Erntezeitpunkt** des Obstes sollten bedacht werden. Wollen Sie sofort nach der Ernte Ihr Lieblingsobst direkt verzehren, oder möchten Sie so viel Obst ernten, dass ein Teil konserviert werden kann beziehungsweise muss? Sind Sie zum Erntezeitpunkt vielleicht schulferienbedingt jedes Jahr im Urlaub, und die Kirschen oder Erdbeeren werden von Nachbarn oder der heimischen Tierwelt „geerntet"?

Am besten wählen Sie Obstsorten aus, die Sie besonders gern mögen und die möglichst nicht alle zum selben Zeitpunkt reif werden. Beachten Sie unbedingt die Standortansprüche der Obstpflanzen und -gehölze, und achten Sie bei der Anschaffung möglichst auf eine gute Widerstandsfähigkeit gegen Krankheiten und Schädlinge.

Tipp

Obstbaumkauf

Beim Kauf der Obstgehölze sollten Sie auf eine qualifizierte Beratung achten. Etliche Faktoren entscheiden nämlich darüber, ob Sie später mit einer reichen Ernte beschenkt werden, oder ob Ihr Obstbaum nur „vor sich hin vegetiert". Deshalb gilt es zunächst, die für den Baum notwendigen Boden-, Licht-, Temperatur- und Wasserverhältnisse zu prüfen. Auch über die Widerstandsfähigkeit des Baumes gegen Krankheiten und Schädlinge kann nur der Fachmann fundierte Auskünfte geben.

Obstarten

Grundsätzlich wird im Obstanbau zwischen **Kern-, Stein-, Beeren-** und **Schalenobst** unterschieden. Wir haben hier jeweils einige Sorten ausgewählt, die als robust und widerstandsfähig gegenüber Krankheiten und Schädlingen gelten. Neben dem guten Geschmack zeichnen sich diese Sorten auch durch ihren geringen Pflegeaufwand aus.
Für weitere Informationen über die einzelnen Obstsorten empfehlen wir die in der Literaturliste angegebenen Quellen (→ „Nutzgarten" und „Grundlagenwerke", Seite 288).

Obstbäume brauchen Pflege.

Apfel-, Birn- und Kirschbäume und auch die anderen Obstbäume brauchen regelmäßig Pflege, wenn sie gesund bleiben und gute Erträge liefern sollen. In erster Linie ist hier an den jährlichen Schnitt der Baumkronen zu denken, den man entweder selbst erlernen oder von erfahrenen (Hobby-)Gärtnern ausführen lassen sollte.

Kernobst

Zum heimischen Kernobst zählen Äpfel, Birnen und Quitten.

Äpfel

Für einen guten Ernteertrag benötigen alle Apfelbäume *(Malus domestica)* Pollenspender einer weiteren Befruchtersorte in ihrer Umgebung. Da in den meisten Gegenden viele unterschiedliche Apfelsorten wachsen, wird diese Voraussetzung für eine gute Ernte in Deutschland eigentlich überall erfüllt.

Apfelsorten für den Garten

Name	Aussehen	Geschmack	Ernte	Reif und essbar
Alkmene	Mittelgroßer Tafelapfel	Süßaromatischer Geschmack mit feiner Säure	Anfang bis Mitte September	Von der Ernte bis Ende Oktober
Cox Orange	Mittelgroßer Apfel	Saftige und knackige süßaromatische Früchte mit feiner Säure	Ab Oktober	Von November bis Dezember
Elstar	Mittelgroßer, mittelfester Apfel	Kräftiges Aroma	Anfang bis Ende September	Oktober bis Dezember
Goldparmäne	Mittelgroßer Apfel	Süßlicher, aromatischer Geschmack	Mitte bis Ende September	Oktober bis Dezember
Gloster	Länglicher, kantiger Apfel	Sehr aromatischer Geschmack	Ab Ende Oktober	Von Dezember bis Februar
Gravensteiner	Große bis sehr große Frucht	Saftiger, aromatischer Apfel	Ab Ende August	Von September bis November
James Grieve	Mittelgroße bis große Früchte	Würzig-aromatischer, fein säuerlicher Geschmack	Ende August bis Mitte September	Von Ende August bis Mitte Oktober
Klarapfel	Kleine bis mittelgroße grüne Äpfel	Säuerlicher Geschmack	Anfang Juli bis Anfang August	Vom Erntezeitpunkt bis Mitte August
Pilot	Mittelgroße Frucht mit rauer Schale	Kräftiger, süßsäuerlicher Geschmack	Oktober	Von Februar bis Mai
Pinova	Mittelgroßer, kegelförmiger Apfel	Festes, süßsäuerliches Fruchtfleisch	Oktober	Von November bis März
Retina	Große und kegelförmige Früchte	Angenehmer süßsäuerlicher Geschmack	Ab Mitte August	Ab Ernte bis Oktober
Rewena	Mittelgroße bis große länglich runde Früchte	Saftig, süßsäuerlicher Geschmack	Ende September bis Oktober	November bis Februar
Roter Boskoop	Große Früchte	Säuerlicher Geschmack	Anfang bis Mitte Oktober	November bis April

Birnen

Birnen *(Pyrus communis)* bevorzugen einen warmen Standort im Hausgarten. Bei rauem Klima entwickeln die Früchte nicht ihr volles Aroma. Alle Birnensorten sind auf Fremdbefruchtung angewiesen.

Birnensorten für den Garten

Name	Aussehen	Geschmack	Ernte	Reif und essbar
Alexander Lucas	Große bis sehr große Früchte	Saftiger, süßsäuerlicher Geschmack	Ende September bis Oktober	Von Oktober bis Dezember
Clapps Liebling	Mittelgroße bis große Früchte	Sehr saftig, süßlicher, mild säuerlicher Geschmack	Mitte bis Ende August	Ende August bis Anfang September
Conference	Mittelgroße bis große Früchte	Sehr saftig, süß-aromatischer, leicht melonenartiger Geschmack	Mitte September bis Anfang Oktober	Von Oktober bis November
Frühe von Trévoux	Kleine bis mittelgroße Früchte	Saftig, süßsäuerlicher Geschmack	Anfang bis Mitte August	Nur kurzfristig lagerfähig
Gellerts Butterbirne	Große Früchte	Exzellenter Geschmack	Mitte September bis Anfang Oktober	Bis Oktober
Gute Luise	Kleine bis mittelgroße Früchte	Sehr saftig, süßsäuerlicher Geschmack mit melonenartigem Aroma	September	Von Ende September bis Oktober
Köstliche aus Charneux	Mittelgroße Früchte	Saftig süß, fein säuerlich	Oktober	Oktober bis November
Williams Christ	Mittelgroße bis große Frucht	Süßlich, würziger Geschmack mit edlem Aroma	Ende August bis Mitte September	Bis höchstens 14 Tage nach dem Pflücken

Quitten

Die in der Blütezeit stark und aromatisch duftenden Quittenbäume *(Cydonia oblonga)* sind gegen Frost empfindlich. Da sie erst relativ spät blühen, werden sie vom Frühjahrsfrost trotzdem nur selten geschädigt. Quittenbäume bedürfen keiner besonderen Pflege. Sie sind ziemlich widerstandsfähig gegen Schädlinge und Krankheiten.
Gedüngt werden sie wie Apfel- und Birnbäume durch das gelegentliche Auftragen von Kompost oder organischem Dünger im Wurzelbereich.
Die Früchte des Quittenbaums eignen sich nicht besonders zum sofortigen, rohen Verzehr. Sie empfehlen sich eher zur Herstellung von Marmeladen, Kompott und Gelee.
Bei den Quittenarten unterscheidet man zwischen den Apfel- (A) und Birnenquitten (B). Die Früchte der Apfelquitten sind trocken, hart und haben viele Steinzellen; die der Birnenquitten sind weicher mit weniger Steinzellen. Einige Quittenarten wie die Bereczki-Quitte und die Portugiesische Birnenquitte sind selbstfruchtbar, andere hingegen können nicht als einzelne Bäume gepflanzt werden, da sie ganz – oder zumindest teilweise – auf die Befruchtung durch andere Quittensorten angewiesen sind.

Steinobst

Pfirsiche

Pfirsiche und Nektarinen (beide: *Prunus persica*) sind wärmeliebende und frostempfindliche Pflanzen, sie gelten als sehr pflegeintensiv. Viele Profigärtner raten ganz davon ab, in Deutschland Nektarinen anzupflanzen, es sei denn, Sie leben im oberen Rheintal oder im Bodenseegebiet. Auch Pfirsiche gedeihen eigentlich nur in den sehr warmen Regionen (Weinanbaugebiete).

Pfirsichsorten für den Garten

Name	Aussehen	Geschmack	Ernte
Benedicte	Große bis sehr große Früchte	Saftig	Ende August bis Mitte September
Roter Ingelheimer	Mittelgroße Früchte	Saftig-süß	Mitte bis Ende Juli
Roter Ellerstätter	Mittelgroße bis große Früchte	Sehr aromatisch mit ausgeprägter Säure	Mitte bis Ende September
South Haven	Große bis sehr große Früchte	Sehr süß mit milder Säure	Ende August

Aprikosen

Aprikosen *(Prunus armeniaca)* werden in Österreich und Südtirol auch „Marille" genannt.

Die Bäume bevorzugen einen durchlässigen, tiefgründigen, warmen und feuchten Boden. Nasse und kalte Böden sind ungeeignet. Der Standort sollte warm und (wind-)geschützt sein. Nach der Pflanzung, am besten ist das Frühjahr, ist ein starker Rückschnitt notwendig. Wegen der frühen Blüte im März droht in Deutschland ein Ernteverlust durch späte Frühlingsfröste. Die Ernte beginnt relativ früh, einheimische Aprikosen gibt es von Mitte Juli bis Ende August.

Aprikosensorten für den Garten

Name	Aussehen	Geschmack	Ernte
Mombacher Frühe	Mittelgroße bis große Früchte	Sehr saftig	Mitte bis Ende Juli
Aprikose von Nancy	Große, längliche Früchte	Süß und saftig	Anfang August
Ungarische Beste	Mittelgroße Früchte	Schwach wollig, saftig	August

Pflaumen und ihre Verwandten

Pflaumen *(Prunus domestica)*, Zwetschen, Renekloden und Mirabellen gehören alle zur gleichen Art. Pflaumen und Zwetschen gelten als wenig anspruchsvolle Steinobstgehölze. Sie gedeihen besonders gut in humosen, nährstoffreichen Gartenböden und bevorzugen feuchte, warme und windgeschützte Standorte. Eine intensive Sonneneinstrahlung wirkt sich günstig auf das Aroma der Früchte aus.

Pflaumen- und Zwetschensorten für den Garten

Name	Aussehen	Geschmack	Ernte
(The) Czar	Mittelgroße, dunkelviolette Früchte,	Sehr saftig und süßer Geschmack	In der ersten Augusthälfte
Ontariopflaume	Große bis sehr große gelbe Früchte,	Süßer Geschmack	In der ersten Augusthälfte
Deutsche Hauszwetsche	Mittelgroße bis große blaue, hellblaue und bereifte Früchte mit grauen Punkten	Aromatischer, süß-säuerlicher Geschmack (gut backfähig)	Anfang September bis Mitte Oktober
Hanita	Mittelgroße bis große dunkelblaue Früchte	Fein-säuerlich, aromatischer Geschmack (geeignet als Kuchenbelag)	Mitte August bis Mitte September

Renekloden

Der Name der **Renekloden** (auch: Reneclauden) soll auf die französische Königin Claudia *(frz. Reine Claude)* zurückgehen. Sie wachsen an frostharten Bäumen oder Sträuchern, die kaum größer als zehn Meter werden. Die ab Mitte August reif werdenden Früchte werden drei bis sieben Zentimeter groß, annähernd rund und haben eine leichte Einkerbung von Pol zu Pol. Viele Sorten sind gelblich-grün bis bräunlich-dunkelgrün gefärbt und weisen bei Reife einen rötlichen Schimmer auf, es gibt auch gelbe und rosafarbene Sorten. Das Fruchtfleisch ist hellgrün, aromatisch würzig, saftig und meist sehr süß. Die **Mirabelle** ist eine Unterart der Pflaume. Die Bäume stellen keine besonderen Ansprüche an den Boden, locker, steinig und trocken ist ideal. Sie werden bis fünf Meter hoch, die Krone wirkt buschig. Der Standort sollte recht warm und geschützt sein. Mirabellen haben meist orange-gelbe bis rötlich-gelbe, kugelige Früchte. Sie reifen je nach Klima in Mitteleuropa von Juli bis September.

Mirabellen

Renekloden- und Mirabellensorten für den Garten

Name	Aussehen	Geschmack	Ernte
Große Grüne Reneklode (selbststeril)	Kleine bis mittelgroße grüne bis gelbgrüne Früchte	Süß-würziger Geschmack	September
Oullins Reneklode	Große grünlich bis gelbe Früchte mit roten Punkten	Sehr saftig, aromatisch süßlich	Mitte bis Ende August
Mirabelle von Nancy	Kleine, goldgelbe Früchte	Süßer, würziger Geschmack	Zweite Augusthälfte

Süßkirsche

Sauerkirsche

Kirschen

Wenn wir von Kirschen reden, meinen wir die Kultursorten mit essbaren Früchten, die **Süßkirsche** *(Prunus avium)* und die **Sauerkirsche** *(Prunus cerasus)*. Die **Bastardkirsche** ist ein aromatischer Bastard aus Süß- und Sauerkirsche.

Es gibt eine ganze Reihe von Krankheiten und Schädlingen, die die Kirschbäume befallen können. Der Befall erfolgt zumeist an geschwächten Bäumen. Dies kann durch Sorten- und Standortwahl erheblich reduziert werden. Ein regelmäßiger Schnitt hält die Bäume jung und gesund, die Früchte können gleichmäßiger reifen. Bei Sauerkirschen ist der jährliche Baumschnitt zwingend, weil die Kirschen sich nur am einjährigen Holz bilden. Süßkirschenbäume werden idealerweise gleich nach der Ernte oder bereits zur Erntezeit geschnitten.

Erntetermine bei Kirschen

Die Erntezeit der Kirschen wird traditionell in neun **„Kirschwochen"** angegeben. Der Beginn der ersten Kirschwoche wird durch den Reifetermin der frühesten Sorte festgelegt. Wegen der unterschiedlichen Standorte dauert die erste (sehr lange) Kirschwoche vom 24. Mai bis zum 6. Juni.

Kirschensorten für den Garten

Name	Aussehen	Geschmack	Ernte
Süßkirschen (Vogelkirsche)			
Burlat	Große bis sehr große rote Kirsche	Saftig, aromatisch süß	Mitte Juni (zweite Kirschwoche)
Hedelfinger Riesenkirsche	Mittelgroße bis große braunrote bis braunviolette Knorpelkirschen	Süß-säuerlicher, fein würziger Geschmack	Mitte Juli (fünfte bis sechste Kirschwoche): Wenn die Braunfärbung der Kirsche beginnt, noch zirka 5 Tage abwarten.
Regina	Sehr große dunkelbraunrote Früchte	Aromatisch süßlicher, schwach säuerlicher Geschmack	Ende Juli (siebte bis achte Kirschwoche)
Sunburst	Sehr große und dunkelrote Früchte	Süßsäuerlicher Geschmack	Etwa Anfang Juli (Ende der vierten Kirschwoche)
Sauerkirschen (Weichsel)			
Karneol	Große, braunrote bis dunkel braunrote Sauerkirsche	Säuerlich herber, aromatischer Geschmack	Ende Juli
Morellenfeuer (Kelleriis 16)	Mittelgroße bis große dunkel braunrote Frucht	Süßsäuerlicher Geschmack mit wenig Aroma	Mitte Juli (fünfte bis sechste Kirschwoche)
Schattenmorelle	Mittelgroße bis große dunkel braunrote Frucht	Säuerlich, herber Geschmack	Mitte bis Ende Juli (fünfte bis siebte Kirschwoche)

Beerenobst

Beerensträucher finden auch in den kleinsten Gärten noch ausreichend Platz. Sie benötigen keine besondere Pflege, sind leicht und schnell zurückzuschneiden und mit einigen Schaufeln Kompost oder einer Gabe Volldünger im Frühling zu düngen. Da sich Beerenobst nicht lange aufbewahren lässt, empfiehlt es sich, dieses möglichst direkt nach dem Pflücken zu verzehren oder zu verarbeiten.

Johannisbeeren

Die flachwurzelnden Johannisbeersträucher *(Ribes nigrum)* bevorzugen sonnige, frostgeschützte Standorte, obwohl sie auch noch im leichten Schatten und selbst in kühleren Höhenlagen Früchte tragen. Ideale Wachstumsbedingungen finden sie in lockerem und feuchtem Boden. Staunässe oder auch eine längere Trockenperiode behindert das Beerenwachstum.
Rote und weiße Johannisbeeren sind meistens selbstfruchtbar. Eine Ertragverbesserung ist allerdings durch Fremdbestäubung möglich. Auch schwarze Johannisbeeren sind in unterschiedlichem Ausmaß selbstfruchtbar; eine Fremdbestäubung ist bei ihnen allerdings immer zu empfehlen. Pflanzen Sie deshalb möglichst mindestens zwei verschiedene Sorten an.

Johannisbeeren für den Garten

Name	Aussehen	Geschmack	Ernte
Rote Sorten			
Jonkheer van Tets	Große, an langen Trauben hängende dunkelrote Beeren	Säuerlich aromatischem Geschmack	Ende Juni bis Anfang Juli
Rovada	Sehr lange Fruchtstände mit großen Beeren.	Säuerlicher Geschmack mit kräftigem Aroma	Ende Juli bis Anfang August
Weiße Sorten			
Weiße aus Jüterbog	Mittelgroße Beeren	Aromatischer Geschmack	Früh reifend: ab Anfang Juni
Weiße Versailler	Lange Trauben mittelgroßer Beeren.	Aromatischer, mild-süßsäuerlicher Geschmack	Juli
Schwarze Sorten			
Ometa	Mittelgroße bis große Beeren an langen Trauben.	Süßsäuerlicher Geschmack	Ende Juli
Sivergieters Schwarze	Große Beeren an mittellangen Trauben.	Aromatisch süßer, schwach säuerlicher Geschmack	Juli bis August
Titania	Sehr große Beeren an mittellangen Trauben.	Wenig aromatischer, säuerlicher Geschmack	Mitte Juni

Stachelbeeren

Stachelbeeren *(Ribes uva-crispa)* reagieren empfindlich auf Staunässe und längere Trockenheit. Sie bevorzugen nährstoffreiche Böden und halbschattige, windgeschützte Standorte. Sie gelten als spätfrostgefährdet (im Frühjahr), da sie bereits sehr früh austreiben und zu blühen beginnen.

Stachelbeeren für den Garten

Name	Aussehen	Geschmack	Ernte
Hönings Früheste	Mittelgroße goldgelbe Früchte, stark behaart	Angenehmes süßes Aroma mit leichter Säure; dünne Schale	Ende Juni bis Anfang Juli
Invicta	Mittelgroße, mittelstark behaarte, hell- bis gelbgrüne Früchte	Mittlere Süße bei geringer Säure; nachschmeckende Schale	Anfang bis Mitte Juli
Redeva	Große unbehaarte Früchte, vollreif purpurrot	Süßer, aromatischer Geschmack; dünne Schale	Mitte bis Ende Juli
Rokula	Mittelgroße, wenig behaarte dunkelrote Frucht	Mittlere Süße und Säure; geringer Nachgeschmack der Schale	Juli

Jostabeeren

Die Jostabeere *(Ribes nidigrolaria)* ist eine Kreuzung aus schwarzen Johannisbeeren und Stachelbeeren. Die Pflanze hat keine Dornen, die Früchte schmecken ähnlich wie die schwarze Johannisbeere, aber weniger herb, und sind größer.

Brombeeren

Brombeersträucher *(Rubus ulmicosus* und *fruticosus)* haben nur geringe Bodenansprüche, Staunässe ist allerdings zu vermeiden. Im späten Herbst vertragen sie gut eine Anhäufung von Kompost oder Stallmist gegen das Erfrieren im Winter und natürlich auch zur Düngung. Die Brombeerranken sollten möglichst an mehreren Spanndrähten bis in eine Höhe von 1,80 Meter befestigt werden. Brombeeren sind selbstfruchtbar (selbstfertil); Fremdbefruchtung vergrößert allerdings den Ertrag.

Brombeeren für den Garten

Name	Aussehen	Geschmack	Ernte
Black Satin	Große bis sehr große, glänzend schwarze Frucht mit violettblauem Schimmer; weich bis mittelfest	Säuerlicher, aromatischer Geschmack mit wenig Süße	Anfang August bis Mitte Oktober
Theodor Reimers	Mittelgroße, schwarzglänzende, feste Frucht	Süß im vollreifen Zustand, sehr aromatisch	Ende Juli bis Mitte September
Tayberry (Kreuzung aus Himbeere und Brombeere)	Sehr große purpurrote Früchte, mittelfest	Süßsäuerlich aromatisch	Anfang bis Ende Juli

Himbeeren

Himbeeren *(Rubus idaeus)* gedeihen gut im luftfeuchten Halbschatten. Sie vertragen eine ständige Bodenabdeckung gut, zum Beispiel mit Stroh, Mulch oder Lauberde. Sie benötigen nur wenig, chloridfreie Düngung.
Die Ruten der Himbeerpflanzen sollten Sie möglichst an einem Drahtgerüst befestigen/anbinden. Hierzu reichen zwei Spanndrähte völlig aus, die in 1 Meter und in 1,50 Meter Höhe gespannt werden. Himbeeren sind genügend selbstfruchtbar; eine Verbesserung der Fruchtqualität erzielen Sie aber durch Fremdbefruchtung. Es empfiehlt sich also, mindestens zwei verschiedene Sorten zu pflanzen.

Himbeeren für den Garten

Name	Aussehen	Geschmack	Ernte
Meeker	Mittelgroße, mittel- bis dunkelrote Frucht	Mittlere bis starke Süße, viel Säure, mittleres bis starkes Aroma	Mittelspät bis spät
Schönemann	Mittelgroße bis große, mittel- bis dunkelrote Frucht	Mittlere Süße bei betonter Säure, mittleres Aroma	Mittelspät
Autumn Bliss	Mittelgroße, -rote , -feste bis feste Frucht	Mittlere Süße und Säure, mittleres Aeroma	„Herbst-Himbeere“: August bis Mitte Oktober
Zefa III	Sehr große, mittelrote, feste Frucht	Süßsäuerlicher, aromatischer Geschmack	August bis September

Heidelbeeren und Preiselbeeren

Heidelbeeren *(Vaccinium corymbosum)*, Kultur- und Waldheidelbeeren sowie Preiselbeeren *(Vaccinium vitis-idaea)* gehören zu den Heidekrautgewächsen *(Ericaceae)*. Sie benötigen einen sonnigen und windgeschützten Standort. Bevorzugt werden saure (pH-Wert 4–5), leichte, humose Böden mit wenig Nährstoffen. Gedüngt werden sollte deshalb möglichst mit sauer wirkenden Düngemitteln.
Wegen der geringen Nachfrage sind nur wenige Preiselbeersorten zu finden: Erntedank, Erntekrone, Erntesegen sowie Aberdeen und Pilgrim.

Heidelbeeren für den Garten

Name	Aussehen	Geschmack	Ernte
Berkeley	Große, helle bis lichtblaue Früchte	Säuerlich mit feinem Aroma	Anfang bis Ende August
Bluecrop	Große, leuchtend blaue, feste Früchte	Aromatisch, fein säuerlich	Anfang bis Ende August
Patriot	Sehr große, hellblaue Beeren	Aromatisch	Ab Ende Juli

Sonstige Obstpflanzen

Erdbeeren

Die Erdbeeren (*Fragaria*-Arten) sind im botanischen Sinne kein Beerenobst, es handelt sich um Nüsschenfrüchte. Die Pflanzen bevorzugen lockere, humose Sandböden und sonnige Standorte. Erdbeeren sind allerdings recht anpassungsfähig und gedeihen auch im Halbschatten recht gut. Staunässe sollten Sie allerdings unbedingt vermeiden. Durch das Einarbeiten von Kompost können Sie den Ertrag Ihrer Pflanzen sehr verbessern. Nach zwei Jahren steigt zwar die Anzahl der Früchte an den Pflanzen, die Größe hingegen wird zunehmend kleiner. Alle zwei Jahre sollten Sie deshalb Ihre Pflanzenbestände erneuern.

Erdbeeren für den Garten

Name	Aussehen	Geschmack	Ernte
Honeoye (allbekannte Sorte)	Mittelgroße bis große Früchte	Mittlere Süße, ausgeprägte Säure, sehr aromatischer Geschmack	Ab Anfang Juni
Tenira (wenig krankheitsanfällig)	Mittelgroße bis große Früchte	Angenehmer Geschmack bei bei mittlerer bis starker Säure und Süße	Mitte Juni bis Juli
Mara de Bois	Mittelgroße Früchte	Sehr intensiver Geschmack (wie Walderdbeeren), Süße und Säure mittel bis stark	Juni–September, 2-mal tragend

Nüsse sind Schalenobst

Als Schalenobst werden die heimischen Nussarten Haselnuss und Walnuss bezeichnet. Im botanischen Sinne gehören auch die Esskastanien zum Schalenobst.

Haselnuss

Haselnussbüsche *(Corylus avellana)* benötigen eigentlich keine Pflege. Sie wachsen auf jedem Boden und werden sechs bis acht Meter hoch, beinahe ebenso breit und können durchaus als schnellwachsender Sichtschutz in die Gartengestaltung eingeplant werden. Geerntet werden können die Haselnüsse von August bis September. Hierzu werden sie einfach vom Strauch geschüttelt und aufgesammelt.

Walnuss

Walnussbäume *(Juglans regia)* benötigen zu ihrer Entwicklung ein warmes Klima und sollten deshalb nur dort gepflanzt werden, wo zum Beispiel auch Wein angebaut wird. Wegen ihres Riesenwachstums passen sie leider auch nur selten in Privatgärten. Pflege benötigen sie nur sehr wenig.

Tipp

Nüsse locken Nager an.
Heimische Nagetiere lieben Haselnüsse. Sie lassen sich deshalb gerne in der nahen Umgebung nieder, besonders dann, wenn die Nüsse nicht geerntet und/oder nicht aufgesammelt werden.

Mit oder ohne Leiter ernten?

Nachdem Sie sich für „Ihre" Obstsorten entschieden haben, will die Wuchsform der Pflanzen bedacht werden. Neben der Größe des Gartens spielen hierbei Ihre Gestaltungswünsche eine bedeutende Rolle. Wie lassen sich die Obstpflanzen in das Gartenkonzept integrieren? Welche Pflanzabstände sollten beachtet werden? Wie viel Platz steht bis zum Nachbargrundstück zur Baumanpflanzung zur Verfügung? Wenn es um die Wuchsart geht, wird vornehmlich nach der **Stammhöhe des Baumes** unterschieden. Gemessen wird vom Gartenboden bis zu den ersten, also untersten Ästen.

Walnuss als Hochstammbaum

Hochstammbäume

Hochbaumstämme haben für den Obstanbau im privaten Garten nur noch wenig Bedeutung, da sie einfach sehr viel Platz brauchen. Bei einem Apfel- oder Birnenhochstamm können Sie von ungefähr zehn bis zwölf Meter Kronendurchmesser ausgehen. Bei der heute üblichen modernen Grundstücksgröße für Reihenhäuser, Doppelhaushälften oder Einfamilienhäuser brauchen Sie sich dann um eine Beschattung des Grundstücks an sonnigen Tagen keine Gedanken mehr zu machen. Da außerdem ein Pflanzabstand zu den Nachbarn von 6 bis 8 Metern eingehalten werden sollte, werden Sie dem Hochstammapfelbaum einen zentralen Platz Ihres Grundstücks einräumen müssen. Wegen der Stamm-höhe von über zwei Metern sind die Hochstammbäume auch schwieriger abzuernten; ohne Leiter werden Sie damit nicht weit kommen. Außerdem reift das Obst erst relativ spät in der Saison.
Trotz der ökologischen Bedeutung und der eindrucksvollen Schönheit dieser Hochstammobstgehölze werden Sie sich wahrscheinlich eher für kleinere, der Größe Ihres Grundstücks entsprechende Formen entscheiden.

Pflaume als Mittelstammbaum

Mittelstammbäume

Bäume, deren Stämme etwa 1,30 bis 1,50 Meter hoch wachsen, sind eher für größere Privatgärten geeignet. Auch bei dieser Baumhöhe braucht
man in der Regel noch eine Leiter für die Ernte, die auch relativ spät im Jahr erfolgt.

Apfel als Niederstammbaum

Niederstammbäume

Diese „Kleinen" verfügen über eine Stammhöhe von ungefähr einem Meter und eignen sich in kleineren Gärten besonders für den Anbau von Aprikosen, Mirabellen, Pflaumen und Zwetschen.

Sauerkirsche als Buschbaum

Apfel als Spindelbusch

Birne als Spalierobst

Tipp

Anpflanzung von Beerensträuchern im Frühjahr?
Beerensträucher treiben sehr früh aus. Als Pflanzzeit bietet sich eher der Herbst an. Falls Sie im Frühjahr Sträucher anpflanzen wollen, sollten Sie dies so zeitig wie eben möglich tun!

Buschbäume

Nach intensiver Züchtungsarbeit haben Buschbäume heute oft nur nur noch eine Stammhöhe von 60 Zentimetern. Sie gelten als ideale Pflanzen für den kleinen Hausgarten. Sie sind leicht abzuernten und zu pflegen (schneiden). Das Obst reift früher im Jahr als bei den Hochstammarten.

Spindelbüsche

Bei Spindelbüschen wachsen die Stämme nicht höher als 50 Zentimeter. Obwohl sie in nahezu jeden Garten gepflanzt werden können, stehen Spindelbüsche nur für den Apfel- oder Birnenanbau zur Verfügung. Ihr Vorteil: Sie können auch als Hecke oder als Spalier gepflanzt werden.

Ballerina-Bäume

Hierbei handelt es sich um eine kronenlose, unverzweigte Baum-form, die bis zu vier Meter hoch, aber nur etwa einen halben Meter breit wird. Auch mit Ballerina-Bäumen können Sie gute Erträge erzielen. Da Schneidearbeiten kaum notwendig sind, gelten sie als pflegeleicht.
Als eine der ersten schorfresistenten säulenförmigen Apfelsorten kam „Arbat" in den Handel: „Red River" und Sorten der „Campanilo"-Serie sind ebenfalls empfehlenswert. Die Züchtungen „Pomforyou" und „Pompink" sind zwar nicht schorfresistent, zeichnen sich aber durch ihren guten Geschmack aus. Dies gilt auch für die robusten Sorten „Rondo", „Sonate" und „Rhapsodie". Die meisten Sorten sind noch im Herbst genussreif. Bisher wurden hauptsächlich Äpfel in dieser schmalen, unverzweigten Sonderform angeboten, doch inzwischen gibt es auch Zwetschen, Birnen und Kirschen als schlanke Obstbäume.
Besondere Minibaum-Züchtungen wie die Apfel-Minisäule „Bolero" lassen sich sogar in einem einzelnen Pflanzgefäß auf Balkon und Terrasse halten.

Obstbäume und Beerensträucher anpflanzen

Die meisten Obstgehölze können sowohl im Frühjahr als auch im Herbst gepflanzt werden. Als Vorteil der **Herbstanpflanzung** gilt, dass unempfindlichere Obstgehölze schon im Herbst neue Wurzeln bilden können. Frostempfindliche Obstarten, etwa Aprikosen, Pfirsiche und Quitten, sollten Sie aber sicherheitshalber immer **im Frühjahr** pflanzen.
Grundsätzlich bevorzugen sämtliche Obstarten nahrhafte, tiefgründige Böden und sonnige, wind- und frostgeschützte Standplätze.

Schritt für Schritt: Einmal im Leben einen Obstbaum pflanzen

Zunächst wird eine mindestens zwei Spaten tiefe **Pflanzgrube ausgehoben** (1). Der Umfang der Pflanzgrube sollte der Größe des Wurzelballens angepasst sein. Alle Wurzelteile müssen bequem Platz finden.

Der neben der Grube abgelegte **Aushub** wird dann mit nährstoffreichem Kompost oder organischen Düngern **angereichert**. Beispiele zum Kompostieren finden Sie im Kapitel „Düngen mit Komposterde" → ab Seite 244.

Um den Boden in der Pflanzgrube für die Wurzeln vorzubereiten, wird die Sohle **gründlich aufgelockert**. Vor dem Einsetzen des Wurzelballens in das Pflanzloch entfernen Sie sorgfältig beschädigte oder lose Wurzelteile.

Erste Standsicherheit bekommt der neu angepflanzte „Jungbaum" über einen gegen Fäulnis imprägnierten **Holzpfahl** (2), der fest in den Boden eingeschlagen wird. An diesem Pfahl wird der Baum später mit einem speziellen Hanfband (früher: ausgedienter Rollladengurt – in Achtform gelegt) derart befestigt, dass er stabil steht, ohne beim Wachsen oder durch Windbewegungen „eingeschnürt" zu werden.

Der **Ballen wird so tief eingesetzt** (3), dass sich nach dem Zuschütten die Veredelungsstelle des Baumes ungefähr zehn Zentimeter über dem Boden befindet. Hierbei handelt es sich um eine meist deutlich sichtbare Verdickung des Stammes über den Wurzeln.

Dann können Sie die Pflanzgrube mit der angereicherten **Erde wieder auffüllen** (4).

Nach dem anschließenden Verdichten des Bodens durch **leichtes Antreten** (5) wird der „Neuzugang" **gewässert** (6). Als sehr nützlich hat sich das Anlegen von **Bewässerungsrändern** um den Stamm herum heraus gestellt, die dafür sorgen, dass das Gießwasser direkt zu den Wurzeln gelangt.

Durch **Abdecken der Pflanzstelle** mit Rindenmulch oder auch Grasschnitt können Sie der Wasserverdunstung entgegenwirken.

Beerensträucher werden genauso gepflanzt. Auf den Befestigungspfahl können Sie dabei in der Regel verzichten.

seldruckimprägnierte Kant- und Rundhölzer, aber auch Ziegel- und andere Steine sowie alle Materialien, die dem Gewicht des Beetinhalts standhalten. Bei weniger stabilen Materialien lohnt es sich, Versteifungen in Form eines Gerüsts einzubauen.

Durch das Auslegen von engmaschigen Drahtmatten auf dem Boden des Hochbeets und eine dicht geschlossene Außenwandung sind Hochbeete gut gegen den Befall von Wühlmäusen geschützt. Dieser Vorteil kann besonders in stark von Wühlmäusen heimgesuchten Gebieten, wie beispielsweise an landwirtschaftliche Flächen angrenzenden Grundstücken, genutzt werden.

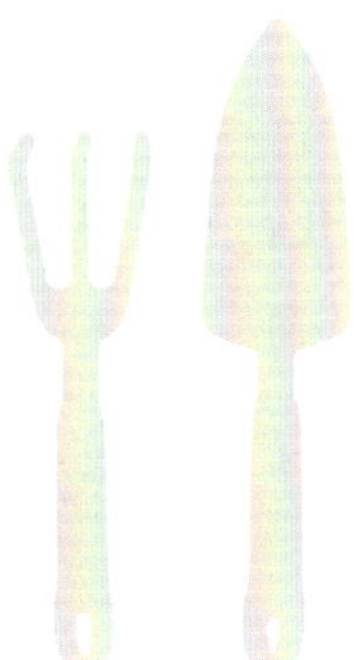

Hochbeet für Senioren und Behinderte

Hochbeete eignen sich vorzüglich für Menschen, die Probleme mit dem langen Stehen haben. Auch Rollstuhlfahrer können problemlos in Hochbeeten gärtnern. Hierzu empfehlen wir, ebene und ausreichend breite Wege zwischen den Beeten anzulegen. Natürlich können Sie auf Hochbeeten neben Gemüse auch Zierpflanzen und niedrig wachsende Obstsorten wie zum Beispiel Erdbeeren anbauen.

Schritt für Schritt: **Ein Hochbeet entsteht**

Zunächst muss die **Grundfläche** des Hochbeets **spatentief ausgehoben werden**. Als Größe hat sich für Hochbeete eine Breite von 1,20 Meter sehr bewährt. So kann man später noch von beiden Seiten aus die gesamte Tiefe des Beetes bequem erreichen und bearbeiten.

Die Grundfläche wird dann mit **engmaschigem Drahtgeflecht** ausgelegt. Das soll verhindern, dass unerwünschte Nagetiere leicht eindringen können. Erwünschte Nützlinge wie Regenwürmer gelangen trotzdem noch von unten in das Hochbeet.

Als nächstes wird die **Umrandung errichtet** **(1)** und auf der vorbereiteten Fläche aufgebaut. Die Höhe über dem Erdboden beträgt, Ihren Bedürfnissen angepasst, ungefähr 70 bis 100 Zentimeter. Richten Sie danach die Dicken der vier Schichten aus, die später aufgebracht werden. Die Länge des Beetes ist im Grunde variabel, in unserem Bildbeispiel durch die vorgefertigten Steckbretter vorgegeben **(2)**.

Die Grundlage (= **Schicht eins**) für das Beet bildet eine ungefähr 20 bis 25 Zentimeter dicke Schicht aus relativ grobem, verrottbarem Material. Hierzu können Sie sogar zersägte dickere Äste verwenden. Auch zerkleinerte Pappe können Sie hier zugeben.

Die zirka 20 Zentimeter dicke **zweite Schicht** kann aus Pflanzenabfällen bestehen und/oder auch aus den zuvor ausgestochenen Rasensoden **(3)**. Nach Aufbringen der Schichten sollten Sie diese stets ein wenig verdichten.

Schicht drei wird aus halbreifem Kompost **(4)** und/oder feuchtem Laub und Stroh aufgetragen. Auch diese Lage kann zirka 20 Zentimeter dick sein.

Schicht vier: Als letzte Schicht können Sie Gartenerde, vermischt mit Feinkompost aufbringen. Diese oberste Schicht soll schon mindestens 25 cm dick werden. Achten Sie beim Füllen des Hochbeets darauf, dass sich die oberste Erdschicht nur **knapp unterhalb der Umrandungskante** befindet. Das Beet wird sich im Laufe der Zeit sicherlich noch etwas setzen **(5)**.

Jetzt ist das Hochbeet für die Bepflanzung fertig. Sie können sofort loslegen, sich damit aber genauso gut Zeit lassen und den **richtigen Saat- oder Pflanzzeitpunkt** der von Ihnen vorgesehenen Pflanzen abwarten **(6)**.

Beetvorbereitung

Im Herbst sollten Sie damit beginnen, die Beete für den Gemüseanbau vorzubereiten. Der Boden muss tiefgründig gelockert sein. Schwere Böden müssen eventuell umgegraben werden. Neben dem Spaten zum Umgraben kommt zur Lockerung kleinerer Beete bevorzugt der Sauzahn in Frage.
Im Frühjahr muss der Boden dann nur noch oberflächlich leicht gelockert und mit frischem Kompost versetzt werden. Nach Festlegung der Beetflächen und Herstellung der Arbeitswege sollten die Beete nur noch mit dem Rechen feinkrümelig geharkt werden.

Aussaat ins Beet

Die Saatrillen müssen zirka zwei Zentimeter tief in den Boden gezogen werden. Als Hilfsmittel können Sie hierzu eine Gartenschnur spannen. Die Abstände der Rillen richten sich nach den Gemüsearten. Meistens finden Sie diese Angaben auf den Tütchen des Saatguts. Anschließend können Sie die Samen gleichmäßig einbringen, die Rillen wieder einebnen und mit dem Rechen leicht andrücken.
Neben dem engen Bodenkontakt benötigen die Samenkörner zum Keimen eine bestimmte Bodenfeuchtigkeit und Temperatur. Obwohl dem Samen eine trockene Phase im Boden nichts ausmacht, sollten Sie die frischen Aussaaten umgehend bewässern.

Vorgezogene Pflanzen

Falls Sie vorgezogene Pflänzchen, die sogenannten Setzlinge, benutzen, ist das Ausbringen ins Beet sehr einfach: Sie werden nur noch in die mit dem Pflanzspaten oder dem Pflanzholz vorgestochenen Löcher eingesetzt, angedrückt und ausreichend gewässert – fertig!

Tipp

Natürlich düngen
Zur Versorgung des Bodens mit Nährstoffen verzichten die meisten Hobbygärtner heutzutage auf synthetische Düngemittel, sie greifen auf Kompost und Gründüngung zurück und produzieren gesundes Gemüse, wenn auch manchmal mit etwas geringeren Erträgen.

Pflege der Gemüsebeete

Von der Ansaat bis zur Ernte **jäten** viele Gärtner den Wildwuchs von den Gemüsebeeten. Hierzu hacken sie zwischen den Gemüsereihen und halten damit gleichzeitig den Boden locker.
Eine sehr einfache, aber auch wirkungsvolle Methode benutzen Biogärtner: Sie **mulchen** zwischen den Pflanzen und benutzen hierzu Laub, Rasenschnitt, Stroh, Rohkompost oder andere organische Abfälle aus dem Garten. Auch durch diese Methode wird Wildwuchs unterdrückt, und der Boden unter dem Mulch bleibt locker und länger feucht.
Da Gemüsepflanzen einen hohen Wasserbedarf haben, gehört zur Gemüsebeetpflege, dass die Pflanzen **bewässert** werden, wenn es nicht ausreichend geregnet hat. Sinnvoller als die tägliche Kurzdusche ist in Trockenzeiten die gründliche Versorgung der Pflanzen mit Wasser einmal pro Woche.

Die wichtigsten Gemüsearten

Die meisten Hobbygärtner bauen aus Zeit- und Platzgründen nur das Gemüse an, das ihnen besonders gut schmeckt. Zur Erleichterung der Auswahl geben wir Ihnen hier einen kleinen Überblick über die verbreitetsten Gemüsearten.

Salate und Blattgemüse

Bei Kopf-, Pflück- und Schnittsalaten handelt es sich um fast immer einjährige Blattgemüse, die noch im Anbaujahr blühen würden, wenn man sie nicht vorher erntet. Salatpflanzen stellen keine großen Ansprüche an Bodenqualität und klimatische Verhältnisse, sie gedeihen in nahezu jedem Garten. Wegen ihrer kurzen Wachstumszeit werden sie gern als Vor- oder/und Nachkultur angelegt.

Zu den bekanntesten und beliebtesten Arten gehören: Kopfsalat, Eissalat, Schnittsalat, Pflücksalat, Bindesalat, Endivie, Radicchio, Zuckerhutsalat, Feldsalat, Spinat und Mangold.

Chicoree

Chicoree *(Cichorium intybus)* ist eine Besonderheit: Im Garten wird Chicoree im Mai ins Beet (am besten in lockerem, tiefgründigem Boden) gesät und später auf etwa 10 Zentimeter Abstand vereinzelt, damit die Pfahlwurzeln genug Platz haben, um sich zu entwickeln. Die grünen Blätter, die man im Sommer ernten könnte, sind aufgrund der Bitterstoffe ziemlich ungenießbar. Die Chicoree-Wurzeln werden im Oktober/November ausgegraben und die Blätter abgemacht.

Wenn man im Winter Chicoree genießen möchte, kann man ihn antreiben. Dazu stellt man die Wurzeln mit der Blattansatzseite nach oben dicht an dicht in eine Wanne oder einen mit Erde gefüllten gelochten Eimer (im Untersetzer) und hält sie immer leicht feucht. Es gibt Sorten, die für das Austreiben eine Deckschicht aus Erde brauchen, und solche, die ohne Erdschicht auskommen (ist jeweils auf der Packung angegeben). Wichtig ist, dass das Antreiben bei absoluter Dunkelheit erfolgen muss, will man milden, hellgelben, wenig bitteren Chicoree bekommen. Bei Lichteinfall bilden die Sprosse Blattgrün und vermehrt Bitterstoffe.

Erntereif ist der Chicoree je nach Umgebungstemperatur in etwa 4 bis 6 Wochen, wenn der bleiche Spross 12 bis 15 Zentimeter groß ist.

Kohlgemüse

Kohlgemüse verfügt meist nur über wenige Nährstoffe, ist aber reich an Mineralstoffen. Der Anbau setzt größere freie Flächen im Garten voraus. Als wichtigste Arten gelten: Weißkohl, Rotkohl, Wirsing, Grünkohl, Blumenkohl, Rosenkohl, Kohlrabi und neuere Sorten wie Brokkoli und Chinakohl.

Wurzel- und Knollengemüse

Hierzu zählen: Radieschen, Rettich, Möhre, Wurzelpetersilie, Knollensellerie, Knollenfenchel, Schwarzwurzel, Rote Rübe, Weiße Rübe, Kartoffeln. Besonders für den Anbau im kleinen Garten möchten wir hier Möhren, Radieschen und Rettich sowie Kartoffeln hervorheben.

Möhren

Möhren *(Daucus carota ssp. sativus)* werden auch „Karotten" oder „gelbe Rüben" genannt. Bei ihnen handelt es sich um eine wichtige, an Inhaltsstoffen reiche Gemüsesorte. Sie wachsen bevorzugt in leichten, auch sandigen, tiefgründigen und humusreichen Böden.

Möhren gelten als unempfindlich gegenüber Kälte, sie vertragen auch einmal eine Trockenperiode. Problematisch wird der Anbau nur bei lang anhaltender Nässe. Gegen die Möhrenfliegen (→ Seite 257) hilft eine Abdeckung mit einem engmaschigen Kulturschutznetz.

Radieschen

Radieschen *(Raphanus sativus var. sativus)* sind eigentlich eine ideale Gemüsesorte zum Anbau auf kleinster Fläche. Nahe mit den Radieschen verwandt ist der deutlich größere, aber auch sehr genügsame Rettich *(Raphanus sativus)*. Sie stellen keine großen Ansprüche an Boden und Klima und benötigen nur eine kurze Wachstumszeit.

Frühkartoffeln

Für den Kartoffelanbau *(Solanum tuberosum)* im Hobbygarten kommen eigentlich nur die Frühkartoffeln in Frage, die nach der Ernte direkt verzehrt werden sollten. Die spätreifenden Kartoffelsorten sind besonders für die längerfristige Lagerung geeignet. Der Anbau macht deshalb eher auf großen Flächen Sinn, damit man auch nennenswerte Mengen zum Einlagern ernten kann.

Zwiebelgemüse

Zu den Zwiebelgemüsen zählen die Küchenzwiebel sowie Lauch beziehungsweise Porree. Knoblauch, Schnittknoblauch *(Allium tuberosum)* und Schnittlauch kann man hier auch mit hinzuzählen, wir betrachten sie aber als Gewürzpflanzen, nicht als Gemüse.

Zwiebeln

Als ideale Böden für den Zwiebelanbau *(Allium cepa var. cepa)* gelten warme, aber nicht zu schwere Böden. In deutschen Gärten werden häufig Trockenzwiebeln benutzt; also Zwiebeln, die bereits von ihrem Laub befreit sind. Zum Anbau eignen sich aber auch Schalottenzwiebeln, die schon im Winter angebaut werden können und frühzeitig reifen. Sie werden dann auch als „Winter-“ oder „Frühlingszwiebeln“ bezeichnet.

Lauch (Porree)

Die unterschiedlichen Lauchsorten *(Allium porrum)* sorgen dafür, dass Lauch das ganze Jahr über zu ernten und zu kaufen ist. Sommerporree kann man ab Anfang Juli, Herbstporree von September bis Dezember und Winterporree bis ins Frühjahr ernten.

Fruchtgemüse

Als Fruchtgemüse werden ohne Beachtung der Botanik alle Gemüsearten gezählt, deren Früchte verzehrt werden. Dazu zählen unter anderen: Auberginen, Gurken, Hülsenfrüchte, Kürbisse, Okraschoten, Paprika, Tomaten und Zucchini. Da es sich hierbei oft um Pflanzen aus tropischen oder subtropischen Regionen handelt, benötigen diese warme, geschützte Standorte, damit die Früchte sich gut entwickeln können.

Gartenbohnen

Gärtner unterscheiden zwischen den zwei Wuchsformen der **Gartenbohnen** *(Phaseolus vulgaris)*: den Stangen- und Buschbohnen. Die genügsamere Buschbohne benötigt kein Rankgitter, ihre Erträge sind allerdings auch geringer. Alle Bohnensorten lieben warme Standorte und vertragen keinen Frost. An die Bodenqualität stellen sie keine besonderen Ansprüche.

Achtung: Rohe Gartenbohnen sind giftig.

Lassen Sie Kinder nicht im Garten von den rohen Bohnen essen! Sie sind giftig und lösen 30 bis 60 Minuten nach dem Verzehr größerer Mengen Erbrechen, Durchfälle (zum Teil mit blutigen Anteilen) und Krämpfe des Magen-Darm-Trakts aus. Die Körpertemperatur ist erhöht, die Pupillen sind stark erweitert, und die Betroffenen leiden häufig unter starken Krämpfen. Hinzu kommen Symptome eines Kreislaufkollapses mit einer Beschleunigung der Pulsfrequenz und Schockanzeichen.

Bei einer geringen Menge an aufgenommenen rohen Bohnen besteht wenig Gefahr. Die Betroffenen sollen dann medizinische Kohle bekommen. Nach dem Verzehr größerer Mengen muss man Atmung und Herzschlag überwachen und im Notfall den Arzt rufen.

Außer den Gartenbohnen gibt es noch viele andere essbare Bohnen, zum Beispiel die aus Asien stammende **Sojabohne** *(Glycine max)*, die vermutlich ursprünglich aus Vorderasien stammende Saubohne oder Dicke Bohne *(Vicia faba)* und die asiatische Mungbohne *(Vigna radiata)*, deren Keimlinge bei uns häufig fälschlich als „Sojasprossen" angeboten werden.

Erbsen

Beim Anbau von **Erbsen** *(Pisum sativum)* sollten Sie den enormen Platzbedarf dieser Pflanzen berücksichtigen. Sie wachsen anspruchslos auf tiefgründigen Gartenböden.
Unterschieden wird zwischen drei Erbsenformen, von denen sich für den Hobbygartenanbau besonders die **Zuckererbsen** anbieten, die über keine Pergamenthaut verfügen und deshalb mit den jungen, grünen Hülsen und den nicht ausgereiften Körnern gegessen werden können.
Pal- oder auch **Schälerbsen** sind wenig kälteempfindlich und können deshalb schon ab März gesät werden. Verwendet werden die noch unreifen oder getrockneten Körner.
Markerbsen verfügen über zarte, runzelige Körner und sind etwas kälteempfindlicher als die Palerbsen. Ihre Aussaat sollte deshalb erst ab Mitte April erfolgen.

Tomaten

Alle Tomatenpflanzen *(Lycopersicum esculentum)* benötigen sonnige und warme Standorte sowie gleichmäßige Feuchte. Die Ansprüche an den Boden sind nicht sehr ausgeprägt.
In hiesigen Regionen werden meistens **Stabtomaten** angebaut, die an Stützen befestigt werden müssen. Diese Tomatenarten bedürfen nicht nur wegen der Befestigung eines größeren Pflegeaufwands, die Pflanzen müssen auch ausgegeizt werden. Das bedeutet, dass Sie von Zeit zu Zeit die Nebentriebe entfernen müssen, damit sich die Früchte voll entwickeln können.
Bei **Buschtomaten** entfällt dieser Pflegeaufwand.

Gurken

Gurken *(Cucumis sativus)*, wie wir sie verzehren, sind nicht ausgereifte grüne Früchte. Um unterschiedliche Sortengruppen mit je ganz eigenen Eigenschaften handelt es sich bei der Salat- und der Einlegegurke.
Die großen **Salat-** oder auch **Schlangengurken** genannten Gurken reifen meistens in Gewächshäusern; die kleinen **Einlegegurken** im Freiland.
Gurken benötigen viel Wärme und vertragen keinen Frost. Für ein optimales Wachstum benötigen sie gleichmäßig feuchte Böden und viele Nährstoffe.
Zu idealen Standorten gehören lockere Böden, die sich schnell erwärmen.

Die Saison verlängern mit Folie und Glas

Noch länger gärtnern!

Kunststofffolien und Vliese

Folientunnel

Frühbeete

Gewächshäuser

Die Saison verlängern mit Folie und Glas

Noch länger gärtnern!

Die Gartensaison verlängern, unabhängiger sein von Wind und Wetter – mit Glas und Folie ist dieser Wunsch durchaus erfüllbar. Je nach Einsatzbereich können Sie mit Folien, Folientunneln, Frühbeeten und Gewächshäusern früher und/oder länger ernten. Beschützt durch Glas und Folie erwärmt sich der Boden im Frühjahr schneller, und im Herbst sind die Pflanzen vor Frost sicher. In Gewächshäusern geben Sie auch besonders wärmeliebenden Pflanzen ein Zuhause.

Das Wirkprinzip ist für all diese Hilfsmittel der Saisonverlängerung recht einfach: Eine lichtdurchlässige Außenhaut sperrt die kalte Luft aus und hält die Sonnenwärme im Innenraum zurück. Die kurzwelligen Sonnenstrahlen werden nach Durchdringen der Folie oder des Glases in langwellige Wärme-

strahlen umgewandelt, die dann zum größten Teil im Gewächshaus verbleiben (Treibhauseffekt). Je besser das Gewächshaus isoliert ist, desto länger bleibt der Wärmeeffekt erhalten.

Kunststofffolien und Vliese

Hauptsächlich im Gemüseanbau werden transparente Abdeck- und Viiesfolien verwendet.

- Mit **ungelochten** Folien können Sie Ihre Pflanzen kurzfristig vor Kälte schützen. Wegen der Gefahr des Luftmangels dürfen diese Folien allerdings nur kurze Zeit ausgelegt werden. An warmen, sonnigen Tagen kann es unter den Folien sonst zu heiß werden.
- **Gelochte Folien und Vliese** werden schon direkt nach dem Säen oder Pflanzen locker über die Beete ausgebreitet. Zum Windschutz sollten die Folienränder mit Steinen oder etwas Erde beschwert werden. **Lochfolien** (mit kleinen und gleichmäßigen Löchern) lassen etwas Luft an die vollständig abgedeckten Beete durch. Ihre jungen Pflanzen können Sie damit ungefähr einen Monat abdecken. Zum Gießen und auch Belüften sollten Sie die Folie allerdings anheben.

- In **Schlitzfolien** sind viele, dünne Schlitze eingearbeitet, die von den darunter wachsenden Pflanzen im Laufe der Zeit einfach aufgedrückt werden. Der Vorteil gegenüber der Lochfolie besteht darin, dass Schlitzfolien fast bis zum Erntezeitpunkt liegen bleiben können. Durch die aufgedrückten Schlitze kann (eingeschränkt) Luft und Wasser an die Jungpflanzen gelangen.

- **Frühbeetvliese** bestehen aus transparenten, feinen Kunststofffäden, die gut Luft und Wasser an die Pflanzen durchlassen und lange Zeit auf den Beeten liegen können. Unter ihnen entsteht ein ideales Mikroklima für Jungpflanzen – eine Art Minigewächshaus. Die feinen Kunststofffäden halten kleine Wasser- oder Tautropfen fest, die dann bei Frost auf der Oberfläche gefrieren und eine isolierende Schutzschicht für die Pflanzen bilden.

Mulchfolien und -vliese

Die dunklen, lichtundurchlässigen **Mulchfolien** speichern die Sonnenwärme und können sie an wärmeliebende Pflanzen abgeben. Sie reduzieren außerdem Wildwuchs und die Verdunstung. Dunkle **Mulchvliese** sind luft- und wasserdurchlässig. Sie können die Pflanzen also trotzdem noch gut gießen.

Mulchfolien und -vliese können Sie zur Bodenabdeckung zwischen die Pflanzreihen oder um die Pflanzen herum legen. Sie können sie aber auch vor dem Pflanzen auf dem Beet ausbreiten, befestigen und dann beim Einsetzen der jungen Pflanzen Löcher in die Folie oder das Vlies schneiden.

Schritt für Schritt: Warmes Frühbeet anlegen

Für ein warmes Frühbeet koffern Sie die Grundfläche zunächst 30 bis 40 Zentimeter tief aus **(1)**. Den Erdaushub lagern Sie zunächst in der Nähe des Beetes **(2)**.

Wenn die nötige Tiefe erreicht ist, breiten Sie engmaschigen Draht über die Grundfläche aus. Lassen Sie ihn an den Rändern so überstehen, dass das Frühbeet komplett darauf steht. Anschließend wird zunächst eine Laubschicht oder strohiger Pferdemist 30–50 Zentimeter hoch im Frühbeet aufgetragen und verdichtet **(3)**. Achten Sie darauf, dass die Pferdeäpfel gut mit dem Stroh vermischt werden. Durch das kräftige Verdichten der Mistpackung sorgen Sie für eine längere und nachhaltigere Wirkung Ihrer „Bioheizung".

Hierauf schichten Sie eine zirka 20 Zentimeter dicke Mischung aus Gartenkompost und dem beiseite gelegten Erdaushub, die sich dann leicht planieren lässt.

Jetzt muss man einige Tage abwarten und bei sonnigem Wetter lüften, da erst die Ammoniakgase entweichen müssen, die bei der Verrottung des Mistes enstehen können. Zur Überprüfung der Bodenqualität können Sie einen Kressetest durchführen (→ Seite 244).

Warmes Frühbeet oder „Warmer Kasten"

Wer noch früher Pflanzen vorziehen oder im Winter noch später ernten möchte, kann sich mit einfachen Mitteln ein warmes Frühbeet anlegen. Außer ein wenig Zeit für den Aufbau benötigen Sie ein Frühbeet (→ Frühbeete, Seite 214), eventuell engmaschigen Draht gegen Wühlmäuse und eine möglichst dicke „Mistpackung", die das Beet für lange Zeit aufheizt. Als besonders geeignet gilt hierfür strohiger Pferdemist, den Sie vielleicht von einem Reitstall in Ihrer Nähe organisieren können. Die Mistpackung dient quasi als kostenlose Beetheizung. Natürlich gibt es heute auch moderne, geruchlose, elektrische Lösungen wie Heizmatten oder Heizkabel, die in einer Sandschicht auf dem Boden des Frühbeets verlegt werden können. In das warme Frühbeet können Sie im Frühjahr Frühsalate und Kohlrabi einpflanzen und gut angießen. Da das Regenwasser nicht durch die transparente Abdeckung an die Pflanzen gelangen kann, sollten Sie auch später gießen und an sonnigen, warmen Tagen zur Vermeidung eines Hitzestaus den Deckel aufstellen und lüften.

Tomaten-Gewächshäuser

Kleine Tomaten-Gewächshäuser speziell für die Anzucht von Tomatenpflanzen sind relativ preiswert im Fachhandel zu erwerben. Sie bedienen die besonderen Bedürfnisse der Tomatenpflanzen nach Wuchshöhe, Wind- und Wetterschutz und sorgen so für eine reiche und gesunde Ernte.
Diese „Schutzhauben" bestehen meistens aus witterungsbeständigen Stahlrohren, die mit einer UV-stabilisierten Gartenbaufolie abgespannt werden. Zur Versorgung der Pflanzen kann diese stufenlos geöffnet werden. Der Aufbau dieser kleinen Gewächshäuser ist sehr. Sie sollten lediglich für einen festen, stabilen Stand in sonniger und windgeschützter Lage sorgen.

Tipp

Maschinen in Gewächshäusern
Stellen Sie keine Benzin- oder Elektrogeräte über den Winter ins Gewächshaus. Die starken Temperatur- und Luftfeuchtenschwankungen schaden ihnen.

Gewächshäuser

Gewächshäuser können Sie das ganze Jahr über nutzen, für die Jungpflanzenanzucht, für wärmeliebende Gemüsesorten, für Wintergemüse, exotische Pflanzen, zum Einstellen winterharter Kübelpflanzen oder auch als Überwinterungsort für Gartengeräte (nicht für Maschinen geeignet).
Die Auswahl reicht vom schnell aufgestellten Foliengewächshaus bis zum festen, beheizten Gewächshaus auf einem soliden Fundament. Den Eigenbau von soliden Gewächshäusern empfehlen wir nur wirklich begabten Hand- oder Heimwerkern. Der normale Hobbygärtner greift besser auf komplette Bausätze aus dem Fachhandel zurück, die zu zweit und mit ein wenig Geschick recht leicht aufgebaut werden können.

Die Suche nach dem richtigen Standort

Da Gewächshäuser von der Sonneneinstrahlung „leben", sollten Sie Ihres natürlich an einem sonnendurchfluteten, möglichst wind- und frostgeschützten Standort harmonisch in Ihren Garten integrieren.

Die größte Fläche des Hauses richtet man üblicherweise nach Süden hin aus, wenn sich das auf dem Grundstück machen lässt.

Schutz vor starkem Wind und Frost hilft, Schäden vorzubeugen. Der Standort sollte auch nicht sehr feucht sein, da die verdunstende Feuchtigkeit Kälte produziert.

Vor dem Auf- oder Zusammenbau müssen Sie jetzt nur noch für eine ordentliche „Erdung" sorgen. Das hoffentlich mitgelieferte Fertigfundament, heute meistens aus Aluminium oder Stahl, kann mit entsprechend dimensionierten **Erdankern** im Boden befestigt oder aber auf Platten oder Betonfundamente geschraubt werden.

Als besonders empfehlenswert haben sich **Streifenfundamente** herausgestellt, die zirka 10 Zentimeter breit und mindestens 80 Zentimeter tief, bis in den frostfreien Bereich des Bodens, hergestellt werden. Auf das Streifenfun-

Checkliste

Beim Kauf eines Bausatz-Gewächshauses sollten Sie folgende Punkte beachten:

Ist das Gewächshausmodell TÜV- und GS-geprüft? **Prüfsiegel** suchen.

Gewährt der Hersteller eine **lange Garantiezeit** auf Rahmen und Konstruktionsteile (eventuell bis zu 20 Jahre)?

Liegt dem Bausatz ein passendes **Fertigfundament** aus Aluminium oder Stahl bei, oder muss das zusätzlich gekauft werden?

Liegt eine verständliche und übersichtliche **Aufbauanleitung** bei?

Sind die Einzelteile **gut verarbeitet**? Schließen die Türen sauber und dicht?

Sind ausreichende **Lüftungsmöglichkeiten** vorhanden? Mindestens 10 Prozent der gesamten Glasfläche (Dach und Seitenwände) sollten im Dachbereich des Hauses als Fensterfläche zur Verfügung stehen, die manuell oder automatisch geöffnet werden kann.

Befinden sich ausreichend lange **Dachrinnen** bei dem Bausatz? Vielleicht auch ein **Regenablauf**?

Erlaubt die **Größe des Gewächshauses** ein komfortables Arbeiten? Ist der Innenweg breit genug? Kommen Sie mit Ihrer Schubkarre in das Gewächshaus?

dament werden die Gewächshauswände komplett aufgesetzt. Das sorgt für ausgezeichnete Standfestigkeit, gute Wärmedämmung von der Bodenseite her und verhindert sogar das Eindringen von Schädlingen. Zusätzlich können Sie außen und innen am Fundament Styrodurplatten aufbringen. Sie verbessern hierdurch erheblich die thermische Isolierung.
Aber auch schon einfache **Punktfundamente,** die nur unter die Eckpunkte des Gewächshauses gegossen werden, erhöhen die Stabilität und Standfestigkeit des Gewächshauses bereits ganz erheblich.

Baugenehmigung fürs Gewächshaus?

Für das Errichten von Hobby-Gewächshäusern auf Privatgrundstücken gibt es in Deutschland keine bundesweit einheitlichen Vorschriften. Das Bauordnungsrecht liegt in der Zuständigkeit der Bundesländer. Die entsprechenden Vorschriften stehen in den jeweiligen **Landesbauordnungen**.

In der Regel sind die im Handel angebotenen Kleingewächshäuser – im Gegensatz zu Wintergärten – nicht genehmigungspflichtig. Genaue Auskunft erhalten Sie bei der Landesbaubehörde.

Ob ein bestimmter **Abstand von der Grundstücksgrenze** eingehalten werden muss, hängt von der für das Baugebiet vorgeschriebenen Bauweise ab. Der Bebauungsplan Ihrer Stadtverwaltung kann Ihnen darüber Auskunft geben. Bei der **offenen Bauweise** ist grundsätzlich ein Grenzabstand einzuhalten. Dessen Größe ist in der Landesbauordnung geregelt. Bei **geschlossener Bauweise** müssen keine seitlichen Grenzabstände eingehalten werden. Ob für ein Gewächshaus vielleicht dennoch ein bestimmter Abstand zum Nachbarn eingehalten werden muss, lassen Sie sich im Zweifel vom Bauamt schriftlich geben (→ Service „Recht in Garten & Nachbarschaft", Schweizer & Schweizer, Seite 247).

Achtung: Anlehngewächshäuser, die direkt an ein Wohnhaus anschließen, müssen für einen ständigen Aufenthalt ungeeignet sein. Andernfalls kommen die Vorschriften für ständig bewohnbare Wintergärten zur Anwendung.

Foliengewächshäuser

Preiswerter können Sie nicht an ein freistehendes Gewächshaus kommen. Auch der Aufbau gelingt sicher jedem Hobbygärtner. Die Lichtdurchlässigkeit der hierfür verwendeten PE-Folien, besonders der UV-stabilisierten, kann im Vergleich zu Glas oder Plexiglas allerdings nur als „eingeschränkt" bewertet werden.

Die zumeist tunnelförmigen Foliengewächshäuser bestehen aus einem Stahlrohrgerüst, das mit PE-Folien (Polyethylen) bespannt wird. Die tragenden Stahlrohre werden im einfachsten Fall zirka 40 Zentimeter tief in den Boden gedrückt. Wenn Sie es langfristig stehen lassen wollen, sollten Sie das Foliengewächshaus aber in einem Betonfundament (Punktfundament) verankern.

Die PE-Folien sind UV-stabilisiert und halten Hitze und Kälte recht gut stand. Einige PE-Folien sind gegen die Widrigkeiten des Wetters zusätzlich mit einem stabilen Gittergewebe verstärkt und dadurch ausgesprochen haltbar. Achten Sie stets auf eine straffe Bespannung Ihres Foliengewächshauses, und vermeiden Sie unbedingt Scheuerstellen. Diese Stellen können nämlich schnell einreißen. Vorbeugend können Sie gefährdete Stellen mit einem zusätzlichen Stück Folie unterlegen oder durch breites Gewebeklebeband verstärken.

Vor- und Nachteile von Foliengewächshäusern

Vorteile: Leichtbauweise, preiswert, schnell und einfach aufgebaut, freistehend.

Nachteile: Begrenzte Haltbarkeit, Folien lassen weniger Licht durch als Glas und halten die Wärme nicht so gut.

Die leichten Foliengewächshäuser müssen gut gegen Wind und Sturm gesichert werden.

Leider ist die Lebensdauer von Foliengewächshäusern dennoch begrenzt. Viele Hersteller gewähren auf mit Gittergewebe verstärkte Folien zwar eine mindestens fünfjährige Haltbarkeitsgarantie, aber nach sechs bis acht Jahren werden Sie wahrscheinlich Ihre Altfolie entsorgen und das Stahlrohrgerüst mit einer neuen Folie bespannen müssen.

Feste Gewächshäuser

Die häufig farbigen Rahmen der meisten Gewächshäuser mit Scheibeneindeckung bestehen heute aus pulverbeschichtetem Aluminium. Die dekorativen Rahmenkonstruktionen aus Holz sind deutlich teurer und müssen häufig mit Holzschutzmitteln behandelt werden.
Als Dach- und Wandmaterial bieten sich Kunststoff oder Glas an. Abdeckungen aus **Glas** sind immer noch am häufigsten anzutreffen, allerdings ist dieses Material – je nach Konstruktionsweise und Wärmedämmung – recht teuer und vergleichsweise schwer, was eine stabile Rahmenkonstruktion voraussetzt.
Angeboten werden durchsichtiges Blankglas und genörpeltes Klarglas (2- oder 3-Scheiben-Isolierglas). Das einfache Blankglas ist nur für ungeheizte Gewächshäuser zu empfehlen. Scheiben aus doppelt oder dreifach isoliertem Glas sind zwar wesentlich teurer und schwerer, sparen im Warmgewächshaus aber kräftig Heizkosten.
Glas ist grundsätzlich lichtdurchlässiger als die gerne verwendeten Stegdoppelplatten aus **Kunststoff**. Dennoch finden die Kunststoffe in den letzten Jahren immer mehr Liebhaber. Sie sind günstiger und auch deutlich leichter. Ein Vorteil dieser Kunstoffprodukte ist die bessere Lichtstreuung, es kommt seltener zu Verbrennungen. Deshalb sind zusätzliche Schattierungsmaßnahmen oft überflüssig. Das Material ist weitgehend UV-beständig und altert nur sehr langsam.

Satteldachgewächshaus

Satteldachgewächshäuser haben einen rechteckigen Grundriss, vier Wände und zwei in einem Winkel von 24,5–30 Grad geneigte Dachhälften. Diese Neigung gewährleistet eine gute Lichtausbeute. Zur Standardausstattung gehören eine Dreh- oder Schiebetür und mindestens zwei aufklappbare Dachfenster zur Belüftung.
Die meisten Gärtner entscheiden sich heutzutage für ein freistehendes Satteldachgewächshaus. Es kann an jedem Punkt des Gartens aufgebaut werden und bietet eine gute Flächenausnutzung (Grenzabstände beachten!). Dank der unterschiedlichen lieferbaren Größen und Farben können Sie es nach Ihren Wünschen und Bedürfnissen kaufen. Manche Modelle können Sie sogar später noch erweitern.

Anlehngewächshäuser

Ein Anlehngewächshaus wird üblicherweise an einer sonnigen Hauswand angebaut. Sie können es natürlich auch an eine separate Mauer oder Garage anschließen. Dort profitiert es aber nicht von der winterlichen Wärme des Hauses. Wichtig ist in jedem Fall eine gute Besonnung des Gewächshauses, fehlt ihm doch im Vergleich zum Satteldachgewächshaus eine ganze transparente Seite.

Zur Verbesserung der Sonneneinstrahlung verfügen viele dieser Häuschen über eine schräge Vorderseite, entweder nur im oberen Bereich oder auch auf der gesamten Fläche.

Trotz des eingeschränkten Sonneneinfalls benötigen sie nur relativ wenig Energie, da sie die Wärmeabstrahlung der Hauswand nutzen können. Steigern können Sie diesen Effekt noch, indem Sie die innerhalb des Anlehnhauses liegende Hauswand dunkel streichen oder dunkel verkleiden.

Es besteht natürlich auch die Möglichkeit, das Anlehngewächshaus vor eine Terrassen- oder Kellertür zu montieren. Dies bietet sich besonders für Liebhaber exotischer Pflanzen (Orchideen, Kakteen etc.) an, die dann auch im Winter problemlos erreicht und versorgt werden können.

Info

Schutz vor Wasser für Elektrogeräte und -anschlüsse

- Ein Tropfen = tropfwassergeschützt
- Ein Tropfen in einem Quadrat = regengeschützt
- Ein Tropfen im Dreieck = spritzwassergeschützt

Rundgewächshaus/Pavillon

Grundformen sind 6-, 8-, 12- oder 16-eckige Häuser, da eine wirklich runde Bauweise extrem teuer wäre. Diese sehr dekorative Form wird vornehmlich für die Pflanzenanzucht und für anspruchsvolle Zierpflanzen benutzt. Für eine gute Platzausnutzung benötigen Sie für Rundgewächshäuser allerdings spezielle, der Form angepasste Tische und Regale.

Erdhaus

Bei Erdhäusern befinden sich die meist aus Ziegelsteinen gemauerten Seitenwände ganz oder zumindest teilweise unter der Erde. Auf die Mauern wird dann das Gerüst mit den transparenten Seitenwänden und dem Sattel- oder Pultdach aufgesetzt. Der Zugang zum Erdhaus führt über eine kleine Treppe. Der Vorteil besteht in der guten Wärmeisolierung durch das Erdreich und dem daraus resultierenden geringen Energiebedarf. In einem Erdhaus können Sie Gemüse schon sehr früh im Jahr anpflanzen.

Als nachteilig gilt, dass weniger Licht einfallen kann als in ein frei stehendes Gewächshaus. Je höher die Ziegelwände sind, desto weniger Licht kann eindringen. Die Pflanzenanzucht gelingt nur auf Tischen und Regalen, da die niedrigen Jungpflanzen nur so mit genügend Licht versorgt werden. Die darunter liegende Fläche kann dann nur als Abstellraum benutzt werden. Und: Die Errichtung eines Erdhauses ist mit einem größerem Arbeitsaufwand für die Erdarbeiten verbunden.

Ausstattung und Zubehör in Gewächshäusern

Bei etwas größeren festen Gewächshäusern empfehlen wir, vor der Montage des Hauses **Wasser- und Stromleitungen** verlegen zu lassen. Die Wasseranschlüsse und möglicherweise gewünschten Gasanschlüsse sollten Sie auf jeden Fall von einem Fachmann errichten lassen. Aber auch Elektroanschlüsse dürfen Sie in Gewächshäusern aus Sicherheitsgründen nicht selbst verlegen. Gewächshäuser gelten nämlich als Feuchträume. Fachleute werden die Anlage mit einem Fehlerstromschutzschalter (FI-Schutzschalter) absichern und die gesetzlichen Vorschriften für Feuchträume genau umsetzen. **Alle elektrischen Geräte**, die Sie im Gewächshaus benutzen wollen, müssen mindestens das Label „tropfwassergeschützt" aufweisen, Beleuchtungseinheiten müssen „regengeschützt" oder sogar „spritzwassergeschützt" gebaut sein, wenn sie von Spritzwasser erreicht werden können.
Wenn dies sichergestellt ist, ist noch die Art der Inneneinrichtung festzulegen, die Sie für Ihre Routinearbeiten im Gewächshaus brauchen.

Tipp

Anzucht in Jiffy Pots

Früh im Jahr bei sehr niedrigen Außentemperaturen kann es sinnvoll sein, Gemüse in der Wohnung vorzuziehen und erst später ins ungeheizte Gewächshaus oder unter eine Folie zu setzen. Anstelle von Töpfen können Sie dazu „Jiffy Pots" verwenden. Das sind kompostierbare Torftöpfe, die man mit Anzuchterde oder speziellen Substrattabletten füllen kann. In der Wohnung stellt man die Jiffy Pots in eine wasserundurchlässige, flache Schale, um das Gießwasser aufzufangen. Stärkere Wurzeln durchdringen während der Anzucht den Rand der Töpfe und sterben ab, was zur vorteilhaften Bildung vieler Seitenwurzeln führt und deshalb gewünscht ist. Später werden sie dann einfach mitsamt der Jungpflanze in die Erde gesetzt.

Tische und Regale

Zur bestmöglichen Ausnutzung der Gewächshausfläche kommen Sie um die Anschaffung von Tischen und Regalen nicht umhin. Beim Kauf sollten Sie immer stabile Ausführungen bevorzugen.

• Bei **Arbeitstischen** empfehlen wir Plattenauflagen aus wasserbeständigem Material, die möglichst mit einer niedrigen Umrandung versehen sind, damit bei der Arbeit nichts nach unten fällt.

• Bei den **Kulturtischen** haben Tische und Regale mit Gitterflächen einige Vorteile. Sie lassen Licht und abtropfendes Gießwasser in die unteren Ebenen des Gewächshauses durch. Die Gitterauflagen bestehen aus Stahl, Aluminium oder Holz.

• **Hängeregale** befinden sich stets im oberen Teil des Gewächshauses. Für sie sollte deshalb der Aspekt der Lichtdurchlässigkeit im Vordergrund stehen. Glas- oder Plexiglasregalböden lassen die Lichtstrahlen auch in die Tiefen durch.

Heizungen

Die aktive Nutzung eines **unbeheizten Gewächshauses** ist in unseren Breiten grundsätzlich auf die frostfreie Zeit des Jahres begrenzt. Nur ein paar robuste Salat- und Kohlarten können auch nach den ersten Frösten noch geerntet werden.

Ein **zeitweise beheiztes Gewächshaus** bietet erweiterte Anzuchtmöglichkeiten. Es wird ab März beheizt und bei Bedarf auch im späten Herbst. Bei

Gemüseanbau und -ernte im ungeheizten Gewächshaus

Gemüseart	Aussaat oder Anpflanzung	Erntezeit
Radieschen	Anfang März	April
Kopfsalat	Anfang März	Ende April bis Anfang Mai
Eissalat	Anfang März	Ende April bis Mitte Mai
Kohlrabi	Anfang März	Ende April bis Mitte Mai
Rettich	Anfang März	Ende April bis Ende Mai
Möhren/Karotten	Anfang März	Ende Mai bis Mitte Juni
Stangenbohnen	Mitte April bis Mitte Mai	Ende Juni bis Mitte August
Gurken	Mitte Mai	Ende Juni bis Mitte September
Paprika	Mitte Mai	Ende Juli bis Ende September
Tomaten	Mitte Mai	Ende Juli bis Mitte Oktober
Auberginen	Mitte Mai	Anfang August bis Ende September
Endivien	Ende Juli bis Ende August	Ende November
Kohlrabi	Mitte August	Mitte Oktober
Kopfsalat	Ende August	Anfang Oktober
Feldsalat	Mitte September	Anfang Dezember
Spinat	Ende September	Ende November
Feldsalat	Anfang Oktober	Mitte Februar bis Anfang März

diesem Haus benötigen Sie eigentlich noch keine Heizung, die mit teurer Energie gespeist werden muss. Eine Packung aus Mist oder Laub reicht bei einer guten thermischen Isolierung des Gewächshauses hierfür in aller Regel aus (→ „Warmer Kasten", Seite 216).

Kalthäuser werden auch während des Winters nur beheizt, um den Innenraum frostfrei zu halten. In ihnen können Sie die meisten Kübelpflanzen gut überwintern lassen.

Temperierte Häuser und **Warmhäuser** werden das ganze Jahr über auf wachstumsfreundlichen Temperaturen gehalten, für den Anbau von wärmeliebenden Dauerkulturen auf 12 bis 14 Grad, und in Warmhäusern für tropische Zierpflanzen und Gemüsespezialitäten sogar auf 18 bis 21 Grad, den ganzen Winter hindurch. Das wird dann aber schon sehr energieintensiv, umweltbelastend und teuer im Unterhalt.

Die bequemste Heizmöglichkeit ist natürlich der Anschluss an die **Hauszentralheizung.** Das Gewächshaus kann dann bequem mittels Thermostat auf die gewünschte Temperatur eingestellt werden. Bei Versorgung durch

die Zentralheizung können Sie das Gewächshaus auch ganz oder teilweise mit einer fest verlegten Bodenheizung temperieren. Vergleichsweise einfach funktioniert das natürlich bei den Anlehngewächshäusern, die unmittelbar an das Wohnhaus angebaut sind.

Elektrische Gebläseheizungen müssen für die Verwendung in Gewächshäusern geeignet sein, also den Sicherheitsvorschriften für Feuchträume entsprechen. Obwohl sie von der Anschaffung her relativ preiswert sind, lohnen sie sich bestenfalls zum kurzfristigen Beheizen in Übergangsperioden. Denken Sie an Ihre nächste Stromrechnung! Dies gilt natürlich genauso für spezielle Gewächshaus-Heizlösungen wie Bodenheizkabel und Heizplatten.

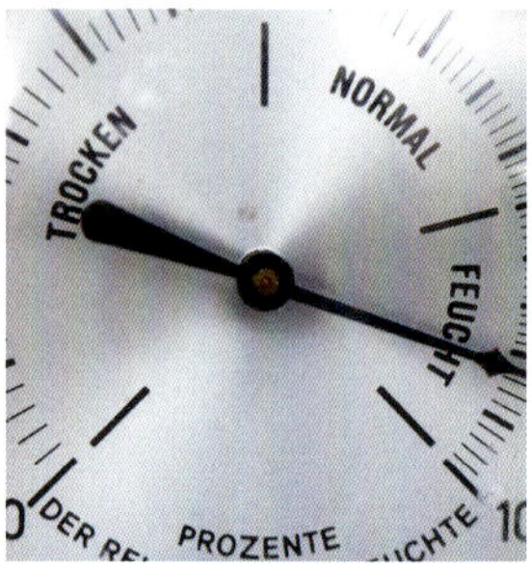

Der Einsatz von leistungsstarken **Propangas**- und **Petroleumheizungen** für Gewächshäuser erfordert, dass häufig gelüftet wird. Spezielle Petroleumheizungen werden auch für Frühbeete angeboten.

Öl-, Kohle- und **Holzöfen** haben heute nur noch geringe Bedeutung für die Gewächshauserwärmung. Sie können nur mit einer fest installierten, sicheren Abgasführung benutzt werden. Eine solche Anlage muss vor der Inbetriebnahme vom Schornsteinfeger abgenommen werden.

Tipp

Energieersparnis durch Scheibenputzen
Ein sehr preiswertes wie wirkungsvolles Mittel, die Erwärmung von Gewächshäusern zu unterstützen, besteht darin, spätestens im Herbst die transparenten Flächen sorgfältig zu putzen!

Schwarze, mit Wasser befüllte **Polyethylenschläuche,** die im Fachhandel in unterschiedlichen Längen preiswert zu beziehen sind, können Sie auf dem Gewächshausboden auslegen. Sie wandeln die Lichteinstrahlung in Wärmestrahlung um, werden nach Herstellerangaben selbst bei diffusem Licht aufgewärmt und setzen die Wärme ohne weitere Kosten im Gewächshaus frei. Die Schläuche haben einen Durchmesser von ungefähr 7 Zentimeter. Vor dem ersten Einsatz müssen Sie die Schläuche zu Hause nur mit Wasser befüllen und dicht verschließen.

Solarheizungen und Heizungen, die mit **Windenergie** gespeist werden, haben heute für die preiswerte und ökologische Erwärmung von Gewächshäusern leider noch keine große Bedeutung.

Zubehör

Zur Kontrolle des Lebensraums Ihrer Pflanzen sind **Thermometer** und **Hygrometer** durchaus ein sinnvolles Zubehör. Mit einem Minimum-Maximum-Thermometer können Sie die maximalen Temperaturextreme (nach unten und oben) verfolgen. Das Hygrometer hilft Ihnen, die Luftfeuchtigkeit im Gewächshaus zu kontrollieren.

Frostschutzwarner sind bei beheizten Gewächshäusern sehr hilfreich. Sie alarmieren Sie zum Beispiel bei Heizungsstörungen.

Neben der **Innenraumbeleuchtung** (meist energiesparende Leuchtstoffröhren), die Ihnen im Dunkeln oder Halbdunkeln das Arbeiten im Gewächshaus erst ermöglicht, können Sie im Gewächshaus spezielle **Pflanzenleuchten** installieren, die Pflanzen mit besonders großem Lichtbedarf versorgen oder sehr frühe Pflanzenanzucht und frühen Gemüseanbau ermöglichen.

Beschattung und Belüftung

Im Hochsommer kann es in Ihrem Gewächshaus durch die starke Sonneneinstrahlung leicht zu einem Hitzestau oder auch Sauerstoffmangel kommen, besonders dann, wenn Sie Glasfenster haben. Verhindern können Sie dies durch eine angepasste Beschattung und Belüftung.

Zur **Beschattung der Pflanzen** können Sie ohne großen Aufwand Schattiermatten oder -netze über das Gewächshaus ausbreiten. Einfache und sehr preiswerte Bastrollos erfüllen diesen Zweck auch sehr gut, halten aber nicht so lange.

Zur **Belüftung** sind die hochliegenden Fenster (besonders in der Dachfläche) besonders wirkungsvoll. Bei großer Hitze sollten sie stets weit geöffnet sein. Durch automatische Fensteröffner, die Sie auch nachträglich einbauen können, sind Sie immer auf der sicheren Seite. Unterstützen können Sie den Luftaustausch im Gewächshaus bei Spitzenbelastungen natürlich auch mit handelsüblichen **Ventilatoren** bei geöffneten Türen/Fenstern.

Bodenpflege im Garten

Kompost für den Nährstoffkreislauf

Was ist überhaupt Kompostierung?

Der richtige Platz für Ihren Kompost

Für das Grobe: Häcksler

Kompost: offen oder geschlossen?

Auf dem Weg zur optimalen Komposterde

Wurmkiste und Wurmkompost

Mulchen schützt den Boden

Gründüngung

Bodenpflege im Garten

Kompost für den Nährstoffkreislauf

Ihre Pflanzen entziehen dem Boden im Laufe des Jahres viele Nährstoffe, die Sie diesem mit ein wenig Aufwand zum „Nulltarif" durch selbst produzierten wertvollen Kompost (lateinisch: *componere* = zusammensetzen) wieder zurückgeben können.

Die Kompostierung im Garten orientiert sich am Vorbild der Stoffkreisläufe der Natur, dem organischen Recycling. Hier werden alle pflanzlichen und tierischen Überreste mineralisiert und wieder als Nährstoffe zur Verfügung gestellt.

Kompostieren gilt auch deshalb als ökologisch wertvoll, da Abfall, den die Natur eigentlich nicht kennt, vermieden wird und auf mineralische Dünger im Garten weitestgehend verzichtet werden kann. Durch regelmäßiges

Auftragen von kompostiertem Humus (lateinisch: *Erde*) werden die biologische Aktivität des Bodens und auch die Bodenstruktur deutlich verbessert. Humus schützt vor Verkrustung und Verschlämmung. Die Wasserhaltefähigkeit des Bodens und auch die Belüftung werden positiv beeinflusst. Pflanzen, die mit Humus gedüngt werden, gedeihen oft gesünder und kräftiger.

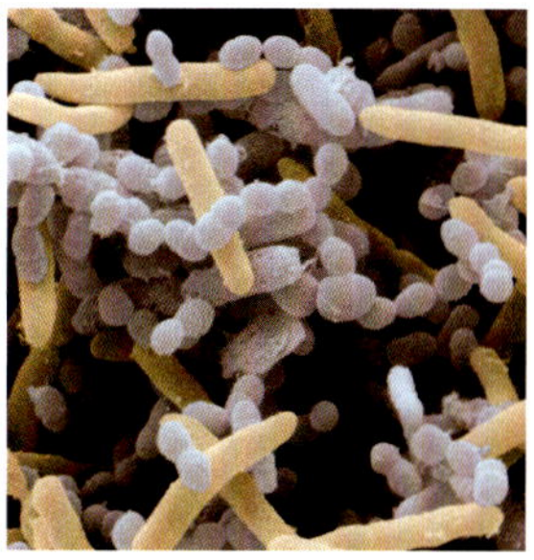

Was ist überhaupt Kompostierung?

Bei dem biologischen Vorgang der Kompostierung wandeln Kleinlebewesen wie Würmer und Asseln sowie zahllose Mikroorganismen (Bakterien, Pilze) die Garten- und Küchenabfälle in wertvollen Humus um. Das Verrotten (der biologische Abbau) hängt ab von der Aktivität dieser Lebewesen, die von der Temperatur, der Materialfeuchtigkeit sowie der Art und Menge der kompostierten Abfälle bestimmt wird.

Ein frisch errichteter Komposthaufen durchläuft zunächst eine **heiße Rottephase,** in der im Inneren Temperaturen bis etwa 50 °C erreicht werden können. Dabei findet zunächst der Abbau des organischen Materials statt. Ein Teil der Krankheitskeime und Unkrautsamen überlebt diese heiße Rotte nicht. Nach einer Übergangsphase, in der die Temperatur langsam sinkt, besiedeln weitere Mikroorganismen und Kleinlebewesen den Haufen. In der folgenden **kalten Rottephase** werden die verschiedenen Humusverbindungen aufgebaut.

In der Regel benötigt die Verrottung etwa ein Jahr, wobei der Haufen normalerweise ein bis zwei Mal umgesetzt und schließlich abgesiebt wird.

Tipp

Kompost spart Geld

In jeden noch so kleinen Garten kann und sollte eine Kompostanlage integriert werden, denn sie bietet die Entsorgung von Garten- und Küchenabfällen sowie Dünger zum Nulltarif.

Was gehört auf den Kompost – und was nicht?

Will man guten und gesunden Kompost herstellen, muss man die Ausgangsstoffe dafür sorgfältig auswählen. Die Zutaten für den Kompost-Mix sollen gut zerkleinert werden, das heißt einen maximalen Durchmesser von fünf Zentimeter aufweisen.

„Kompost", „Komposthaufen", „Kompostmiete" und „Komposter"

Diese Begriffe werden in der Literatur nicht immer einheitlich verwendet und sind nicht klar definiert.

Wir unterscheiden hier deshalb die **offene Kompostierung** in der Kompostmiete = Komposthaufen, die/der seitliche Begrenzungen oder Wände haben kann, von der **geschlossenen Kompostierung** im Komposter, der in der Regel aus Kunststoff besteht.

Als **„Kompost"** bezeichnen wir das Endergebnis des Kompostiervorgangs, die dunkle Komposterde.

Aus dem Garten auf den Kompost

Geeignet	Ungeeignet
Grasschnitt (nur dünne Schichten aufbringen)	Gejätete Kräuter, die sich über ihre Wurzeln vermehren oder über viele reife Samen verfügen
Pflanzenreste	Kranke Pflanzen
Gehäckselte Äste, Sägespäne	Straßenkehricht
Heckenschnitt	Asche vom Grillen
Laub in nicht zu großen Mengen (verklumpt sonst)	
Gemüse- und Obstabfälle, Fallobst	
Balkonpflanzenreste	
Verbrauchte Blumenerde	

Aus dem Haushalt auf den Kompost

Geeignet	Nur in geschlossenen Kompostern geeignet	Ungeeignet
Gemüse- und Obstreste	Verdorbene Lebensmittel	Glas
Zitrusfrüchte*	Trockenes Brot und harte Teigwaren	Metalle
Tee- und Kaffeesatz samt Beutel und/oder Filterpapier	Gekochte Essensreste	Kunststoffe
Zerkleinerte Eierschalen	Milchprodukte etc.	Farbig bedrucktes Papier**
Verwelkte Schnittblumen*	Kleintierstreu mit Futterresten	Asche aus Feuerungsanlagen
Schmutziges Küchen-/Haushaltspapier und zerkleinerte Pappe**	Aber: Auf Nagetiere achten!	Leder
Kleintierstreu ohne Futterreste		Windeln
Holzasche (in kleinen Mengen)		Haushaltschemikalien
		Öle
		Fleischreste, Fisch, Knochen
		Staubsaugerbeutel
		Konservierte Schalen von Südfrüchten
		Katzenstreu
		Verbundstoffe

* Schnittblumen und Zitrusfrüchte können mit bakterien- oder pilzbekämpfenden Chemikalien behandelt worden sein, deshalb dem Kompost nur kleine Mengen zufügen!

** Papierabfälle gehören eigentlich in die Altpapiersammlung! Küchen-/Haushaltspapier kann in kleinen Mengen kompostiert werden; ebenso Zeitungspapier, mit dem zum Beispiel der Bio-Mülleimer in der Küche ausgelegt worden ist, und unbedruckte, zerkleinerte Pappe.

Der richtige Platz für Ihren Kompost

Der Standort für den Kompost kann den Kompostierungsprozess sehr beeinflussen. Die besten Ergebnisse erzielen Sie, wenn der Kompost bei ausreichender Feuchtigkeit und Luftzufuhr hohe Temperaturen erreichen kann. Kompost in ungeschützter Position kann durch Einwirkung von Sonne und Wind im Sommer leicht austrocknen. Wir empfehlen deshalb einen halbschattigen, geschützten Standort.
Der Kompost sollte auf naturbelassenem und ebenem, aber nicht nassem Boden stehen. Um bei der Beschickung lange Wege zu vermeiden, sollten Sie ihn möglichst in Hausnähe anlegen. Auch der Zugang über einen festen Weg (Stein-, Holz- oder Kiesweg) erleichtert den Gang zum Komposthaufen besonders an verregneten Tagen sehr. Denken Sie auch daran, dass ein Kompostplatz mit dem Wasserschlauch und – für den Häcksler – mit einem Stromkabel erreichbar sein soll.
Was trotzdem für etwas Abstand vom Haus – auch von dem Ihres Nachbarn – spricht: Wegen der möglichen Geruchsentwicklung oder der Belästigung durch angelockte Insekten sollten Sie versuchen, den Standort für den Kompost in eine Ecke des Grundstücks zu legen, in Abstimmung mit angrenzenden Nachbarn, um späteren Streit zu vermeiden.

Tipp

Abstand schafft Frieden

Der Abstand des Komposthaufens zum Nachbargrundstück sollte mindestens einen halben Meter betragen. Weiterhin besteht die Verpflichtung, wirksame Gegenmaßnahmen zu ergreifen, falls sich die Nachbarn mit Recht über üble Gerüche oder zu viele Insekten beschweren.

Für das Grobe: Häcksler

Um die Kompostierung von Ästen und Reisig zu beschleunigen, müssen diese in kleine Stücke zerlegt werden, am einfachsten mit einem motorbetriebenen Häcksler. Das Material wird über eine Zuführöffnung und/oder einen Einfülltrichter eingeführt und, je nach System, durch rotierende Messer zerhäckselt oder durch Walzen beziehungsweise Wendel- und Schneckenschneidwerke in kleine Stücke zerrissen.

Von links nach rechts: Walzen-, Messer- und Schneckenhäcksler

Tipp

Sicherheit geht vor!
Arbeiten Sie am Häcksler immer mit Arbeitsschutz – festen Arbeitshandschuhen und einer Schutzbrille.
Bei sehr lauten Häckslern empfehlen wir, zusätzlich einen Gehörschutz zu tragen.

Tipp

Leihgeräte
Da Häcksler nur ein bis zwei Mal jährlich (im Herbst) eingesetzt werden, lohnt sich der Kauf dieser Geräte für viele Gartenbesitzer eigentlich nicht. Möglicherweise kommt eher ein Gemeinschaftskauf mit Freunden oder guten Nachbarn infrage, oder Sie leihen sich einen Häcksler bei einem Bau- oder Gartenmarkt aus. Achten Sie beim Ausleihen auf GS- oder andere Prüfzeichen, und lesen Sie sich vor der Benutzung die Gebrauchsanweisung gründlich durch.

Häcksler für den privaten Garten werden in aller Regel elektrisch angetrieben (230 Volt). Besondere Aufmerksamkeit sollten Sie bei der **Anschaffung eines Häckslers** folgenden Punkten schenken:

- Geräte **mit großen Rädern** (rollen besser auf unebenem Untergrund) und **weiten Trichteröffnungen** für Wurzelwerk bevorzugen.
- **Ein Auffangsack** für das Häckselgut sollte dabei sein, damit man es bequem abtransportieren kann.
- Wenn man das Gehäuse aufklappt, um eine Verstopfung zu beseitigen, müssen die **Messer** abrupt **automatisch gebremst** werden.

Vor- und Nachteile der Schneidsysteme bei Häckslern

	Messer	Walzen und Schnecken*
Vorteile	Preiswert	Vergleichsweise leise Häckselgut wird von selbst eingezogen. Geringer Wartungsaufwand Verstopfungen sind durch Rücklauf der Walzen meist leicht zu beheben.
Nachteile	In der Regel laut Äste müssen oft von Hand nachgeschoben werden. Verstopfungen kommen häufiger vor. Wartungsaufwand für die Messer	Erhöhte Gefahr von Verstopfungen bei nassem Material (können kompliziert werden, wenn sie sich nicht im Rückwärtsgang beheben lassen)

* Wendelhäcksler sind sehr leise; ansonsten haben sie die gleichen Vor- und Nachteile wie die Walzen- und Schneckenhäcksler.

• **Nach einem Stromausfall** darf sich das Gerät nicht wieder von allein einschalten.
• **Ein geöffnetes Gerät** darf nicht in Betrieb genommen werden können.

Kompost: offen oder geschlossen?

Die Qualität des Komposts hängt nicht davon ab, ob Sie eine offene **Miete** (Sammelstelle mit oder ohne seitliche Begrenzung) beziehungsweise Komposthaufen oder einen geschlossenen **Komposter** (Behälter mit Deckel) verwenden.

In **Thermokompostern** soll durch die Wärmeisolierung des Materials eine höhere Kompostiergeschwindigkeit erzeugt werden. Die Thermokomposter in unseren Untersuchungen im Jahr 2004 konnten aber nur mit unwesentlich kürzeren Kompostierzeiten aufwarten.
Die biologischen Abbauprozesse waren in den untersuchten Kompostern nicht übermäßig intensiv. Temperaturen über 50 °C konnten wir kaum beobachten. Die Thermoeigenschaften der (meist dünnen) Kunststoffwände sind in der Regel gering.Etwas stärker als die Konkurrenz erwärmten sich vor allem die relativ großen 600-Liter-Behälter. Grund: Dank ihrer Größe dämmen sie ihr Innerstes durch den eigenen dicken Außenbereich.
Die Qualität des Komposts aus den Schnell-, Thermo- oder Turbokompostern war fast immer gut. Nur in einem Fall war das Material im Außenbereich etwas ausgetrocknet. Ursache waren die großen Lüftungsschlitze. Gute Belüftung ist aber nicht nur eine Frage der Bauweise. Auch Kompostwürmer tragen mit ihren Gängen dazu bei. Und der richtige Mix beim Befüllen hilft ebenso. Skeptiker können wir jedenfalls beruhigen: Schlechte Gerüche infolge von Fäulnis traten beim Test in keinem der 13 getesteten Komposter auf.
Bei der Auswahl, ob Komposter oder Miete, können Sie sich also nach Ihrem persönlichen Geschmack und der zur Verfügung stehenden Grundstücksgröße richten. Da Komposter und Thermokomposter platzsparender sind als Kompostmieten, empfehlen sie sich besonders für kleinere Gärten. Zudem bieten sie besseren Schutz vor ungebetenen Nagetieren.

Die klassische Kompostmiete

Die Anlage von Komposthaufen ist bei großen Gärten sehr zu empfehlen, um eine ausreichende Humusversorgung des gesamten Gartens sicher zu stellen. Wenn Sie in jedem Jahr reifen Humus zur Verfügung haben wollen, können Sie gleich **zwei Mieten nebeneinander** anlegen.
Eine Kompostmiete braucht Zeit zum Reifen und sollte erst nach einem Jahr zur weiteren Verarbeitung geöffnet werden. Der Kompostiervorgang sollte bis dahin abgeschlossen sein. Frischkompost zur Einarbeitung in den Nutz- oder Ziergarten können Sie auch schon nach einem halben Jahr nutzen,

wenn die Verrottung gut verläuft (→ „Dauer der Kompostierung", Seite 243). Während des Jahres haben sich in der zweiten Grube sicherlich schon genügend kompostierbare Materialien angesammelt, die jetzt – wieder mit Erde und Blättern abgedeckt – einem Jahr der „Ruhe und Reife" (bei Bedarf zwischenzeitlich umsetzen) entgegensehen dürfen.
So verfügen Sie jährlich über eine Ladung frischen, wertvollen Komposthumus, der die Bodenqualität Ihres Gartens auf hohem Niveau hält.
Besonders dann, wenn Sie **nur eine Kompostmiete** angelegt haben, sollten Sie zur Verbesserung der Kompostierungsaktivität an warmen Herbsttagen (September/Oktober), aber auch im Frühjahr (März/April) den Kompost von unten nach oben umschichten bzw. den gesamten Komposthaufen **umsetzen**. Hierdurch wird der Kompost mit Sauerstoff angereichert. Den sehr nährstoffreichen „Kompostdünger" können Sie dann schon in der anlaufenden Gartensaison verwenden.
Gleichzeitig werden Sie beim Umschichten feststellen, ob Ihr Kompost einer **Nachbehandlung** bedarf (→ „Die richtige Feuchte", Seite 242): Ist das Innere des Komposts **sehr trocken** und kaum verrottet, gießen Sie den Komposthaufen mit Wasser.
Ist das Kompostmaterial im Inneren **nass und faulig**, heben Sie trockenes, saugfähiges und grobes Material wie Stroh und gehäckselten Strauchschnitt unter.

Moderne Kompostbehälter

Mit Gartenkompostern können Sie auf sehr bequeme Art Humus selbst herstellen. In Thermokompostern soll durch die Wärmeisolierung des Materials eine höhere Kompostiergeschwindigkeit erzeugt werden. In der Praxis ist dieser Vorteil aber nur gering. Die grün, braun und schwarz gehaltenen Behälter lassen sich in der Regel problemlos in den Garten integrieren, ohne als störender Blickfang besonders in Erscheinung zu treten.

4

5

6

7

8

Heben Sie am vorher festgelegten Standort **einen oder zwei flache Gruben** aus, die dann möglichst mit einer Umrandung versehen werden. Den Erdaushub bewahren Sie neben den Kompostmieten auf **(1** und **2)**.

Ihre **Kompostumrandungen** können Sie selbst bauen oder in einem Baumarkt preiswert erwerben. Sie bestehen zumeist aus unbehandelten Holzlatten, die dann nur noch übereinander gesteckt werden müssen **(3)**. Alternativ besteht die Möglichkeit, die Umrandung aus Steckgitterzäunen zu bauen.

Zwei Kompostplätze nebeneinander bieten Vorteile: Während der eine befüllt wird, kann der Kompost in der anderen Umrandung in Ruhe reifen.

Der Boden wird zuerst **mit grobem Astwerk ausgefüllt (3)**, um eine gute Durchlüftung von unten sicherzustellen und Fäulnisprozessen vorzubeugen.

Auf das Astwerk wird dann eine Lage **Gartenabfälle (3)** aufgetragen.

Als Starter (→ Seite 239), die den Verrottungsprozess beschleunigen, empfehlen wir eine natürliche, ausgewogene Mischung aus Garten- und

Schritt für Schritt: Kompoststelle anlegen

Küchenabfällen und **einige Schaufeln reifen Kompost (4)** von Nachbarn oder Freunden (enthält viele der erwünschten Mikroorganismen und Kompostwürmer).

Zur Freude Ihrer Kinder können Sie dem Kompost zusätzlich eine „Ladung" **Würmer zuführen (5)**, die Sie von einer Wurmfarm beziehen können. Aber auch die bei uns in jedem Garten lebenden Regenwürmer vermehren sich in gutem Kompost sehr schnell.

Anschließend wird die Miete allmählich **schichtweise mit geeigneten Garten- und Küchenabfällen aufgefüllt**. Nach Bedarf können Sie hin und wieder eine Schicht des aufbewahrten Erdaushubs aufstreuen, wenn zum Beispiel einmal zu viele Fluginsekten angelockt werden.

Wässern Sie, wenn der Komposthaufen schnell austrocknet. Sehr feste, nasse Haufen sollten Sie **umsetzen**, mit zusätzlichem groben Material und eventuell mit Stroh auflockern.

Ist der Komposthaufen fertig angelegt und soll nur noch reifen, wird eine **Schicht des aufbewahrten Erdaushubs** aufgetragen. Sie können auch noch **Blätter oder Stroh** über den Haufen streuen, um dem Austrocknen oder Abkühlen der Miete ent-gegenzuwirken **(6)**.

Wenn der Kompost reif ist, entfernen Sie die zusammengesteckte Lattenkonstruktion einfach an der Front **(7)**, **entnehmen den Humus** und werfen ihn durch ein grobes **Kompostsieb (8)**.

Beim **Kauf eines Komposters bzw. Thermokomposters** empfehlen wir, auf folgende Merkmale zu achten:

• Eine **Mindestgröße** von 400 Litern sollte der Kompostbehälter schon aufweisen (→ „Faustregel für die Kompostergröße", Seite 239). Größere Komposter haben – wie große Komposthaufen und -mieten auch – den Vorteil, dass im Winter der Außenbereich des Kompostmaterials wie eine dicke Isolierschicht wirkt, so dass es im Inneren vergleichsweise warm bleibt, was die Mikroorganismen schätzen.

• **Einwurf- und Entnahmeöffnungen:** Die Einwurföffnungen sind in der Regel richtig dimensioniert. Problematischer waren im Test die Entnahme-

Tipp

Schutz gegen Ratten und Mäuse

Schützen Sie Ihren Komposter vor Mäusen und Ratten, indem Sie ihn auf eine feinmaschige Unterlage stellen. Hierzu bietet sich feiner Maschendraht an, aber auch gelochte Ziegelsteine oder andere Materialien mit kleinen Löchern, die den ungehinderten Zugang für Würmer ermöglichen, können Sie verwenden.

öffnungen. Achten Sie deshalb darauf, dass diese Öffnungen bei Ihrem (Thermo-)Komposter genügend Platz bieten, um mit der Schaufel in den Kompost zu gelangen.

- Zudem soll der Komposter über **mindestens zwei Öffnungen** verfügen, damit Sie die Humuserde nicht nur von einer Seite entnehmen können.
- Verständliche und klare **Bedienungs- und Montageanleitung.**
- **Keine scharfen Kanten** wegen der sonst gegebenen Verletzungsgefahr.

Die Qualität des Kompostierens lässt sich leider nicht beim Kauf, sondern nur über den Praxisvergleich bewerten.

Faustregel für die Kompostergröße

Pro Person fallen jährlich etwa 150 Liter Küchenabfälle an sowie 5 Liter Gartenabfälle je Quadratmeter Gartenfläche. Bei einem 4-Personen-Haushalt mit 200 Quadratmetern Gartenfläche fallen somit 1 600 Liter kompostierbares Material an. Durch die Verrottung verringert sich die Kompostmenge ungefähr um die Hälfte; es fallen also ungefähr 800 Liter Komposterde jährlich an. Empfehlenswert ist für die genannte Beispielfamilie ein Komposter mit einer Mindestgröße von 400 Litern, da ja immer etwas hinzugefügt, aber auch ständig wieder entnommen wird.

Auf dem Weg zur optimalen Komposterde

Für eine optimale Anreicherung des Komposts mit Nährstoffen sollten Sie eine breit gefächerte Auswahl an Zutaten einmischen (→ Tabellen Seite 232) und niemals zu große Portionen von einem Material. Wenn Sie neben dem Kompost einen Vorrat an Pappe oder gehäckseltem Holz- und Astschnitt bereithalten, können Sie dem zugeführten Grünmaterial immer eine Schaufel Holzschnipsel beimischen.

Kompoststarter

Als Kompoststarter reichen im Grunde einige Schaufeln reifer Kompost (eventuell vom Nachbarn), der die nötigen Mikroorganismen enthält. Stimmt das „Futterangebot", vermehren diese sich in kürzester Zeit und durchdringen den gesamten Kompost. Zur Beschleunigung des Verrottungsprozesses können Sie Kompostwürmer hinzufügen.
Im Gartenhandel käufliche Bakterienpräparate, mit denen der Kompost „geimpft" werden soll, sind meist überflüssig. Auch andere „exotische" Startermischungen können Sie sich sparen.

Regen- und Kompostwurm

Neben den bekannten Regenwürmern *(Lumbricidae)*, die hoffentlich den Weg in den Komposthaufen von allein finden, können Sie im Fachhandel, in Angelgeschäften und auch im Internet spezielle Kompostwürmer *(Eisenia foetida* oder *Dendrobena veneta)* erwerben, auch Angel-, Mist- oder Dungwürmer genannt. Der Garten zählt leider nicht zu ihrem natürlichen Umfeld. 20 Würmer kosten im Angelgeschäft 1,50 bis 2,00 Euro.

Eisenia foetida ist ähnlich lang wie der Regenwurm (4–10 Zentimeter), rosa- bis rotfarben, mit gelben Ringen, an denen er sich leicht identifizieren lässt.

Dendrobena veneta ist 13–15 Zentimeter lang und hat eine braunrote Färbung. Alle diese Würmer, gleich welcher Art, lockern den Kompost auf und verbessern seine Durchlüftung, während sie den Humus produzieren. Die Kompostwürmer benötigen dabei sehr viel organische Nahrung, die ihnen ausreichend nur in Komposthaufen zu Verfügung steht. Sie wandern deshalb kaum aus. Bei günstigen Lebensbedingungen sorgen sie für erheblichen Nachwuchs:

Ein Kompostwurm kann bis zu 1 000 Nachfahren im Jahr erzeugen. Diese Würmer gelten deshalb als ideal für die Umwandlung von Bioabfällen in hochwertigen Wurmkompost.

Umsetzen

Kleine Kompostmengen brauchen nicht umgesetzt werden, wenn die Materialien zuvor gut zerkleinert zugeführt wurden. Bei großen Kompostmieten oder Kompostern besteht die Gefahr, dass zu wenig Sauerstoff und zu viel Feuchtigkeit den Kompost „faulen" lassen. Das Umsetzen und Wenden beugt dieser Gefahr vor.

Die Kompostqualität steuern

Das entscheidende Qualitätsmerkmal für den Kompost ist das **C/N-Verhältnis.** Es geht um das Verhältnis von Kohlenstoff „C" zu Stickstoff „N" im Kompost. Als optimal gilt ein ausgewogenes Verhältnis von kohlenstoffreichen und stickstoffreichen Materialien. Idealerweise soll Humus ein C/N-Verhältnis von etwa 25–30:1 aufweisen. Wir erinnern uns an die Bodenanalyse (→ „Gartenbodenanalysen", Seite 24), in der unter anderem auch das C/N-Verhältnis bestimmt wird.
Ein höherer Stickstoffanteil „N" beschleunigt den Verrottungsprozess, ein sehr kleiner Stickstoffanteil bei hohem Kohlenstoffanteil „C" hemmt den Verrottungsprozess. Allgemeiner gesagt gilt als **Faustregel**: Stickstoffreiche Komposte (Rasenschnitt, Gemüse, Küchenabfälle) verrotten schneller, kohlenstoffreiche Komposte (Rinde, Äste, Laub) eher langsamer.

Kohlenstoff- und Stickstofflieferanten für den Kompost

Kohlenstoffreich (C/N-Verhältnis)	Stickstoffreich (C/N-Verhältnis)
Baum- und Strauchschnitt (100:1 bis 150:1)	Gemüseabfall (15:1 bis 12:1)
Rinde (31:1 bis 100:1)	Küchenabfall (12:1 bis 20:1)
Laub (30:1 bis 60:1)	Rasenschnitt (12:1 bis 25:1)
Sägemehl (100:1 bis 500:1)	Leguminosen aus der Gründüngung (15:1 bis 25:1)
Papier (1 000:1)	

Die Reifeprüfung mit Kresse

Um den Reifegrad Ihres Komposts bewerten zu können, bietet sich der Kressetest an, den Sie preiswert und einfach durchführen können. Das Testergebnis können Sie später sogar mit Genuss essen, wenn es positiv ausfällt. Hierzu füllen Sie ein wenig Kompost in einen kleinen Behälter oder Tontopf und säen einfach Kressesamen darüber.

Der Kressetest zeigt in drei Tagen, ob der Kompost reif ist.

Bei **reifem Kompost** keimen die Samen innerhalb von drei Tagen und entwickeln grüne Blätter, es entstehen viele gesunde Kressepflanzen mit weißen Wurzeln.
Bei **unreifem Kompost** verzögert sich die Keimung der Kressepflanzen – oder kommt gar nicht zustande. Es entstehen gelbe Blätter, die Wurzeln und Stängelansätze werden leicht braun.

Düngen mit Komposterde

Nach der Entnahme sollten Sie den Kompost zunächst sieben, um unverrottete Teile auszusondern. Diese einfach wieder zurück auf den Kompost geben. Der gesiebte reife Kompost kann grundsätzlich während der gesamten Wachstumsphase der Pflanzen, also bis in den Herbst hinein, im Garten verteilt und eingearbeitet werden. In der Regel erfolgt die Düngung allerdings im Frühjahr oder bei einer Neuanpflanzung.

Grobe Richtwerte für die Kompostdüngung

Rasen: Im Frühjahr etwa zwei Liter pro Quadratmeter verteilen – zum Nachsäen direkt mit neuem Rasensamen vermischen und auftragen (→ „Wie entsteht ein schöner Rasen?", Seiten 115 f.).
Ziergarten: Bei stark wachsenden Stauden empfehlen wir ebenfalls zwei Liter pro Quadratmeter jährlich; bei schwach wachsenden Stauden, Zwiebeln und Knollengewächsen nur einen Liter pro Quadratmeter.
Sträucher und Bäume: Je nach Größe drei bis fünf Liter über den Wurzelballen verteilt.
Nutzgarten: Ein bis zwei Liter Komposterde je Quadratmeter im Jahr.

Spezialkomposte

Neben dem gewöhnlichen Mischkompost kann man spezielle Kompostarten ansetzen, die sich aus nur wenigen Zutaten zusammensetzen. In kleinen Gärten werden diese jedoch fast keine Rolle spielen, weswegen wir sie hier nur kurz vorstellen. Nach den dominierenden Inhaltsstoffen unterscheidet man:

Rasenschnittkompost: Rasenschnitt sollte mit Zweigen oder Stroh gemischt werden, um Fäulnis zu verhindern, sowie mit Kalk behandelt werden.

Laubkompost, der für die Verbesserung von Blumenerde benutzt wird. Er besteht aus zerkleinertem Laub möglichst unterschiedlicher Bäume und sollte mit Erde oder gewöhnlichem Kompost mindestens im Verhältnis 2:1 gemischt werden.

Astholzkompost sollte recht klein geschreddert sein und mit stickstoffhaltigen Düngemitteln angereichert werden. Astholzkompost können Sie im Garten wie Rindenmulch (→ Seiten 247/248) verwenden.

Wurmkiste und Wurmkompost

Bei Wurmkisten handelt es sich quasi um platzsparende Kleinstkomposter, in denen Sie zum Beispiel auch in Keller- oder Garagenräumen, auf Balkonen und Terrassen wertvollen Wurmhumus für Ihre Zimmerpflanzen und Küchenkräuter herstellen können. Gleichzeitig können Sie Ihren Kindern den Kreislauf der Natur nahebringen. Hierzu empfiehlt sich der Einbau eines Sichtfensters in die Seitenwand der Wurmkiste, um die Arbeit der kleinen Lebewesen besser beobachten zu können.

Bei einer Temperatur von 20 bis 22 Grad Celsius (also üblicher Wohnungstemperatur) erzielen Sie die optimale Aktivität Ihrer Wurmkistenbewohner.

Rindenmulch besteht aus zerkleinerten unbehandelten Rindenstückchen, meistens aus Fichtenrinde, und soll – zum Beispiel unter Büschen und auf Baumscheiben – in einer zirka fünf Zentimeter dicken Schicht auf den Boden aufgetragen werden. Sie können Rindenmulch im Herbst in Fach- und Baumärkten preiswert erwerben.

Gründüngung

Bei der Gründüngung werden bestimmte Pflanzen oder spezielle Samenmischungen (→ Tabelle „Gründüngungspflanzen", Seite 249) auf zeitweilig unbenutzte Gartenflächen gesät, um durch die tiefen Wurzeln den Boden aufzulockern und später die Humusbildung zu verbessern. Interessant für die Gründüngung sind besonders die Hülsenfrüchtler *(Fabaceae)*, die in ihren Wurzelknöllchen stickstoffbindende Bakterien „beherbergen". Die Bakterien bekommen von den Pflanzen Nährstoffe, die Pflanzen erhalten dafür organische Stickstoffverbindungen, die von den Bakterien ausgeschieden werden. Die Pflanzen gedeihen, vergehen und verrotten auf beziehungsweise im Boden. Sie werden so zu Nährstofflieferanten für die Folgebepflanzung.
Die Gründüngung empfiehlt sich insbesondere vor der Neuanlage eines Gartens wie auch bei abgeernteten Beeten, da der Erdboden nicht schutzlos der Witterung ausgesetzt werden soll.
Falls die Gründüngungspflanzen nicht im Winter von allein abfrieren, zerkleinern Sie die Pflanzen kurz vor der Blüte mit dem Rasenmäher und lassen sie einige Tage zum Trocknen liegen. Anschließend können Sie die Grünmasse durch Umgraben in den Boden einarbeiten. Natürlich können Sie auch zu ei-

Gündüngung mit Bitterlupinen

Eine Auswahl von Gründüngungspflanzen

Gründüngungspflanzen	Besonderheiten
Hülsenfrüchtler *(Leguminosae oder Fabaceae),* **Unterfamilie Schmetterlingsblütler** *(Faboideae):*	
Ackerbohne *(Vicia faba mino)*	Tief wurzelnd
Futtererbse *(Pisum sativum)*	Flach wurzelnd
Weißklee *(Trifolium repens)*	Flach wurzelnd
Bitterlupine *(Lupinus angustifolius)*	Friert im Winter ab.
Sommerwicke *(Vicia sativa)*	Friert im Winter ab.
Zottelwicke *(Vicia villosa)*	Winterharter Stickstoffsammler
Kreuzblütler *(Brassicaceae):*	
Winterraps *(Brassica napus)*	Winterhart, tief wurzelnd
Ölrettich *(Raphanus sativus)*	Friert im Winter ab.
Ackersenf *(Sinapis alba)*	Friert im Winter ab.
Raublattgewächse *(Boraginaceae):*	
Bienenfreund *(Phacelia)*	Friert im Winter ab.
Knöterichgewächse *(Polygonaceae):*	
Buchweizen *(Fagopyrum esculentum)*	Friert im Winter ab.

Weißklee für die Gründüngung

ner leichteren Methode greifen und die Grünmasse einfach als Mulchmaterial auf der Bodenoberfläche liegen lassen.
Bei der **Auswahl des Saatguts** sind die Nutzungsart des Gartens und die Bodenbeschaffenheit zu berücksichtigen. In Geschäften für Gartenbedarf werden Saatmischungen für die verschiedenen Verwendungen angeboten:

- Für Zier- und Gemüseflächen mit normalem Boden verwendet man Erbsen, Bohnen, Raps und Senf.
- Für Sandböden sind verschiedene Kleearten und Lupinen gut geeignet.
- Leichte Böden verbessert man mit der Aussaat von Wicken und Erbsen.
- Für Obstgärten werden Ölrettich und Kapuzinerkresse empfohlen.

Spezielle **Gründüngungs-Saatmischungen** sind im Fachhandel erhältlich, zum Beispiel „Gartendoktor" oder „Bodentherapie". Diese sollen bei ausgelaugten Böden helfen und gleichzeitig zur Bekämpfung von schädlichen Fadenwürmern (Nematoden) dienen, die sonst die Wurzeln anfressen und so zum Beispiel für verkrüppeltes Gemüse sorgen.

Schädlinge erkennen und bekämpfen

Schädlinge erkennen und bekämpfen

Hobbygärtners Feinde

Gärten sind Aufenthaltsräume für Erwachsene, Kinder und Haustiere, in denen Gifte grundsätzlich nichts zu suchen haben. Beim Bekämpfen von Schädlingen sollten Sie möglichst auf den Einsatz von Gift verzichten. Insektizide, die auf Grundlage natürlicher Wirkstoffe hergestellt werden (zum Beispiel „Neudosan" oder „Schädlingsfrei Neem"), können bei sehr starkem Befall von vielen oder besonders wertvollen Pflanzen ausnahmsweise als Erstmittel gespritzt werden. Auch bei diesen Mitteln müssen Sie die Sicherheitshinweise, Dosierungsangaben und Wartezeiten der Hersteller genau berücksichtigen, denn „natürlich" heißt nicht automatisch „harmlos". Die großen Vorteile der biologischen Schädlingsbekämpfung liegen darin, dass der Boden nicht mit giftigen Stoffen angereichert wird und dass Nützlinge nicht durch die chemische Keule mit ausgerottet werden oder vergiftete Insekten in den Nahrungskreislauf der Natur gelangen.

Wer gezielt gegen Schädlinge im Garten vorgehen will, muss sie zunächst eindeutig kennen. Auf den folgenden Seiten finden Sie eine kurze Beschreibung der häufigsten Plagegeister in unseren Gärten.

Insekten

Insekten sind in der Natur äußerst erfolgreich, weil sie sehr anpassungsfähig sind. Unter ihnen gibt es viele Vegetarier, die sich über Pflanzen hermachen, aber genauso zahlreiche Räuber, die man als „Nützlinge" zur Beseitigung von „Schädlingen" ansetzen kann, wobei diese Begriffe aus der Sicht des Hobbygärtners verwendet werden. Das eindeutige Kennzeichen von erwachsenen Insekten sind ihre sechs Beine.

Schädlingsbekämpfung mit pflanzlichen Wirkstoffen

Als Grundlage ist Regenwasser besonders gut geeignet. Auf 10 Liter Wasser kommen 1 Kilogramm frische oder 100 bis 200 Gramm getrocknete Pflanzen. Sprühen sollten Sie nicht in der prallen Sonne.

Die Herstellungsart bestimmt den Namen des Gebräus.

Auszug (Extrakt): Frische oder getrocknete Pflanzen werden 12 bis 24 Stunden in kaltem Wasser angesetzt, danach abgesiebt und die Flüssigkeit unverdünnt gespritzt. Beispiel: Algenextrakt zur Pflanzenstärkung, den es im Gartenfachhandel zu kaufen gibt, wenn man selbst keine Algen hat.

Brühe: Frische oder getrocknete Pflanzen werden 24 Stunden lang in kaltem Wasser eingeweicht. Anschließend müssen sie eine halbe Stunde kochen. Nach dem Abkühlen wird die Brühe abgesiebt und im Verhältnis 1:5 bis 1:10 verdünnt gespritzt. Beispiele: Quassiaholzbrühe gegen Blattläuse; Knoblauch- und Zwiebelbrühe gegen Möhrenfliegen.

Jauche: Frische Pflanzen werden in einem offenen Holz- oder Plastikgefäß mit kaltem Wasser angesetzt und vergären dort. Dazu sollte täglich umgerührt werden und gegen die unangenehme Geruchsbildung Steinmehl oder Baldrianextrakt beigegeben werden. Wenn die Jauche nach 1 bis 2 Wochen (je nach Witterung) nicht mehr schäumt, ist der Gärprozess abgeschlossen, und die Jauche kann 1:10 verdünnt an den Wurzelbereich der Pflanzen gegossen werden. Beispiele: Brennnesseljauche zur Pflanzenstärkung; Wermut- oder Rainfarnjauche, um Ameisen vorzubeugen.

Tee: Frische oder getrocknete Pflanzen werden mit kochendem Wasser übergossen und „ziehen" dann 10 bis 15 Minuten. Anschließend wird der Tee abgesiebt. Nach dem Abkühlen kann gespritzt werden. Beispiele: Kapuzinerkresse- und Rhabarbertee gegen Blattläuse; Rainfarntee zur Pflanzenstärkung und um Blattläusen, Kohlweißlingen und Zwiebelfliegen vorzubeugen.

Tipp

Fachwissen vom aid

Nützlich sind auch folgende Publikationen des Informationsdiensts „aid infodienst Verbraucherschutz, Ernährung, Landwirtschaft e.V.", die Sie auf der Homepage im aid-Medien-Shop www.aid.de/shop finden und dort als Broschüre bestellen oder als Download abrufen können:
„Nützlinge in Feld und Flur" (2004, 4 Euro)
„Biologischer Pflanzenschutz" (2007, 4 Euro)
„Pflanzenschutz im Garten" (2007, 3,50 Euro).

warmen Regenfällen, und ernähren sich von grünen Pflanzenteilen und Wurzelwerk. Die Schleimspuren am nächsten Morgen verraten die lichtscheuen Täter, die sich dann allerdings schon wieder gut im feuchten Boden versteckt haben.

Ackerschnecken

Infos: Die verschiedenen Ackerschneckenarten sind bis zu 6 Zentimeter lang, gelblich bis braun.
Schäden: Ausgewachsene Tiere fressen oberirdische Pflanzenteile, die Jungtiere vor allem die Wurzeln.
Natürliche Feinde: Schnecken verfügen über eine große Anzahl natürlicher Feinde. Hierzu zählen Amsel, Blindschleiche, Drossel, Elster, Igel, Maulwurf, Salamander, Spitzmaus, Star und Laufenten. Einige Käfer und Tausendfüßer fressen Eigelege und Jungtiere.
Vorbeugen und bekämpfen: wie bei „Spanische Wegschnecke", siehe unten.

Gartenwegschnecke

Infos: Gemeine Gartenwegschnecken sind bis zu 4 Zentimeter lang, von dunkelgrauer bis schwarzer Farbe und längsgestreift.
Schäden: Sie ernähren sich hauptsächlich von Wurzeln und Wurzelgemüse und sind deshalb nur selten auf den Pflanzen zu sehen.
Natürliche Feinde: Amsel, Blindschleiche, Drossel, Elster, Igel, Maulwurf, Salamander, Spitzmaus, Star und Laufenten. Einige Käfer und Tausendfüßer fressen Eigelege und Jungtiere. Auch die geschützten Weinbergschnecken (Gehäuseschnecke) fressen sehr gerne Nacktschneckengelege!
Vorbeugen und bekämpfen: wie bei „Spanische Wegschnecke".

Spanische Wegschnecke

Infos: Die Spanische Wegschnecke kann bis zu 12 cm lang werden, ist rot bis rotbraun. Sie ist höchst mobil und gegen Austrocknung und Lichteinfluss gut geschützt.
Natürliche Feinde: In einem intakten Biotop müssten sich Gärtner angesichts der vielen natürlichen Schneckenfeinde eigentlich keine großen

Gedanken wegen der Nacktschnecken machen, gäbe es eben nicht die Spanische Wegschnecke. Wegen ihrer Zähigkeit, des bitteren Geschmacks und der starken Schleimbildung hat sie nur wenige natürliche Feinde.

Vorbeugen: Mechanische Hilfsmittel wie Streusperren oder Schneckenzäune versperren den Schnecken den Weg, wenn auch nicht immer zuverlässig.

Streusperren bestehen entweder aus Kalkstickstoff oder Sägemehl/feine Holzspänen. Ein 30 Zentimeter breiter Streifen Kalkstickstoff um den gesamten Garten oder das Beet herum schreckt die nächtlichen Besucher sicher-lich ab. Auch Sägemehl und feine Holzspäne verhindern den Schnecken einmarsch, wenn Sie mindestens 5 Zentimeter hohe Wälle aufgeschichtet haben. Sehr wirksam, weil schnecken-, aber nicht umweltgiftig, ist auch der Einsatz von Kaffee und Kaffeesatz, weil die Nacktschnecken sehr empfindlich auf Koffein reagieren. Streusperren haben allerdings einen gravierenden Nachteil: Nach dem ersten kräftigen Regenguss oder Sturm haben diese umweltfreundlichen Festungsanlagen ihre strategische Wirkung häufig eingebüßt.

Netze halten Schnecken nicht immer auf.

Schwebfliege

Schwebfliegen verstecken sich unter Laub und im Boden, um sich vor Wind und Regen zu schützen. Die Larven der Schwebfliegen fressen Blattläuse. Auch der **Laufkäfer** benötigt zum Überwintern eine Laubschicht. Er lebt von Blattläusen, Würmern und Schnecken.

Für Igel legen Gärtner am besten **größere Laubhaufen** an. Eine kleine Höhle aus Steinen oder Holz im Inneren des Laubhügels (zum Beispiel eine auf dem Kopf stehende Obstkiste mit Eingang) wirkt besonders einladend für die Stacheltiere. Zweige können als seitliche Begrenzung dafür sorgen, dass das Igelheim durch die Winterwinde nicht weggeweht wird.

Laufkäfer

Hilfe kommt per Post

Bei diesen Nützlingen handelt es sich um spezielle Arten, die auf das Vertilgen der jeweiligen Pflanzenschädlinge spezialisiert sind. Sie können sie im Zimmer, im Wintergarten oder im Gewächshaus anwenden. Nur wenige Arten wie die Nematoden *(Steinernema carpocapsae, Heterorhabditis species)* und die Florfliegenlarven sind auch für den Freilandeinsatz geeignet.

Igel

Vor einer Bestellung von Nützlingen

Häufig kostet der Einsatz von Nutzorganismen mehr als herkömmliche Methoden. Schon allein deshalb ist es wichtig, sich über die Bedürfnisse der Nützlinge zu informieren.

- Viele Nützlinge wirken nur gegen eine Schädlingsart, weshalb die **Schädlinge vorher genau bestimmt** werden müssen (Schädlingsbestimmungen übernehmen häufig die Nützlingsfirmen). Oftmals sind Nützlingskombinationen sinnvoll.
- Möchte man **sehr spezielle Nützlinge**, so gibt es manchmal Probleme in der Beschaffung, und die Nutzorganismen treffen erst ein, wenn sich der Schädlingsbefall schon drastisch vergrößert hat. Hier ist auf Pflanzenkontrollen ein besonderes Augenmerk zu legen
- Nützlinge sind **nur kurze Zeit lagerfähig** und müssen am besten sofort nach Erhalt durch die Post auf den befallenen Pflanzen ausgebracht werden. Man kann sie zwar einige Stunden originalverpackt bei kühlen Temperaturen aufheben, muss sie aber vor Sonneneinstrahlung und Erwärmung schützen.
- Die meisten Nützlinge, besonders die fliegenden, haben **hohe Ansprüche an Tageslänge, Lichtstärke, Temperatur und Luftfeuchte**. Deshalb ist meist nur der Einsatz von März/April bis September/Oktober ratsam.
- Meist müssen **Nützlinge mehrmals** in etwa 7- bis 14-tägigem Abstand **ausgebracht werden**, um Erfolg zu erzielen. Bei sehr starkem Schädlingsbefall ist der alleinige Einsatz von Nützlingen meist auch nicht ausreichend. Dann muss man eventuell mit einem den Nützling verschonenden chemischen Präparat „nachhelfen".

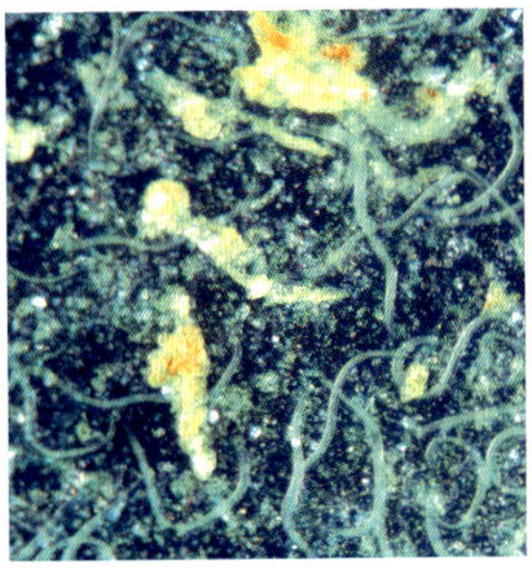
Fadenwürmer

Florfliege

Gallmücke

Marienkäfer

Fadenwürmer (Nematoden) der Gattung *Heterohabditis* gehören zu den wenigen natürlichen Feinden des Dickmaulrüsslers. Der Fadenwurm dringt in den Körper der unterirdisch lebenden Käferlarve ein und infiziert sie mit tödlichen Bakterien.

Florfliegenlarven – auch Blattlauslöwen genannt – helfen gegen Blattläuse und Thripse. In ihrer Entwicklungsphase (2 bis 3 Wochen) kann eine Florfliegenlarve bis zu 500 Läuse aussaugen.

Räuberische Gallmücken wirken auch gegen Blattläuse. Ein Gallmückenweibchen legt 100 bis 150 Eier. In den fünf bis sieben Tagen zwischen Schlüpfen der Larven und Verpuppung frisst jede Larve bis zu 80 Blattläuse.

Jede **Marienkäferlarve** frisst innerhalb von vier bis sechs Wochen etwa 800 Blattläuse. Vier bis neun Tage nach der Verpuppung werden sie zu Marienkäfern.

Raubmilben helfen gegen Spinnmilben und Thripse. Erwachsene Raubmilben saugen täglich bis zu 20 Eier beziehungsweise Larven oder fünf ausgewachsene Spinnmilben aus.

Raubmilben entwickeln sich schneller als Spinnmilben und können daher größere Kolonien bekämpfen. Ihre Ansiedlung lohnt sich vor allem in geschlossenen Räumen wie Gewächshäusern, Wintergärten und auch auf Zimmerpflanzen.

Larve eines Marienkäfers

Raubmilbe

Nützlinge per Post

Hobbygärtner sollten auf die Bestellung von **heimischen Nützlingen** achten, die sich womöglich sprunghaft in ihrem Garten und Haus vermehren. Exotische Nützlinge stören die natürliche Artenzusammensetzung im Garten. Nach Erhalt der bestellten Nutztiere müssen diese sofort an ihrem „Arbeitsplatz" freigelassen werden. Häufig gelingt es aber nicht, mit einer einmaligen Freisetzung Nützlinge dauerhaft anzusiedeln.

Schlupfwespe

Schlupfwespen bekämpfen Apfelwickler, Blattläuse, Schildläuse und Weiße Fliegen. *Encarsia formosa* zum Beispiel wird gegen Weiße Fliegen im Gewächshaus und Wintergarten eingesetzt. Die Schlupfwespen legen ihre Eier in die Larven der Weißen Fliege. Daraus schlüpfen Larven, die die Larven der Weißen Fliege von innen her auffressen. Eine Schlupfwespe kann so etwa 100 bis 300 Larven der Weißen Fliege abtöten.
Eine Adressenliste von Anbietern, die Nützlinge wie Florfliegenlarven, Fadenwürmer, Gallmücken, Marienkäfer, Raubmilben und Schlupfwespen „herstellen" und vertreiben, finden Sie zum Beispiel online beim Julius Kühn-Institut **www.jki.bund.de** in der Rubrik „Pflanzen schützen / Biologisch und alternativ / Nützlinge und Anbieter".

Rezepte gegen fliegende Quälgeister

Die Entspannung im Garten kann gerade im Spätsommer jäh unterbrochen werden, wenn sich Wespen auf Kuchen und Getränke stürzen oder Stechmücken sich über die Menschen hermachen.
Wenn Sie Bienen- und Wespenstiche vermeiden wollen, sollten Sie den Kaffeetisch nicht unmittelbar unter einem Pflaumen- oder Kirschbaum decken und möglichst nicht direkt neben Blumenbeeten. Auch bunte Kleidung hat auf manche Insekten eine sehr anziehende Wirkung.
Und: Bienen, Wespen, Hummeln und Hornissen sind nicht darauf aus, Menschen anzugreifen, sie suchen Futter. Deshalb sollten Sie ruhig bleiben, wenn Sie umschwirrt werden, und vor allem niemals nach den Insekten schlagen. Sie empfinden das mit Sicherheit als Bedrohung und werden dadurch erst angriffslustig.

Tipp

Zuckerwasser-Essig-Lösung für Fluginsekten
Oft gelingt es, neugierige Insekten vom süßen Kuchen abzulenken, indem Sie eine halb gefüllte Flasche mit Zuckerwasser-Essig-Gemisch in einigem Abstand aufstellen oder aufhängen. Bereiten Sie dazu ein Gemisch aus einem halben Liter Wasser, einem Schuss Balsamico- oder Apfelessig und 3 Esslöffeln Zucker. Gut schütteln, dann in offene Behälter gießen.

Was tun bei Bienen- und Wespenstichen?

Nach dem Stich einer Biene müssen Sie zuerst vorsichtig den Stachel aus der Haut entfernen.
Bienen- und Wespenstiche können Sie dann sehr gut mit einer halbierten Zwiebel behandeln. Die Schmerzen werden gelindert, indem Sie die flache Zwiebelseite auf die Einstichstelle pressen. So bleibt die sonst übliche Schwellung aus.

Vorsicht: Manche Menschen reagieren allergisch auf Insektenstiche. Die Folgen nach einem Stich sind dann oft Kreislaufstörungen und eine bedrohliche Atemnot. Bei derartigen Anzeichen sollten Sie ohne zu zögern sofort einen Arzt oder das Krankenhaus aufzusuchen, um wirkungsvolle Hilfe zu erhalten. Repellents, also insektenabwehrende Präparate, die auf die Haut aufgetragen werden, irritieren die Riechorgane der Insekten und schützen so zwei bis vier Stunden lang.

Mittel zum Einreiben

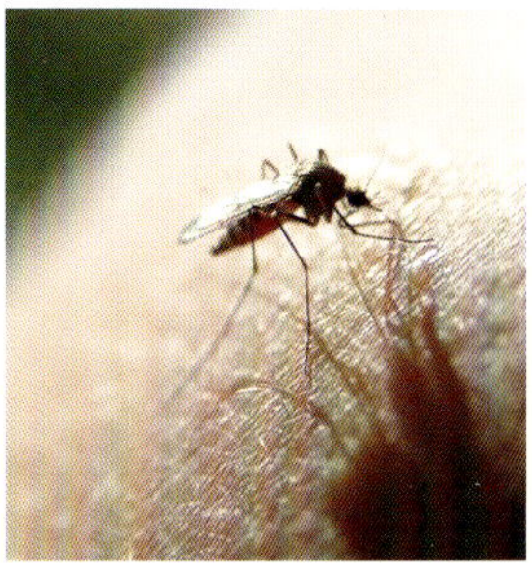

Sie schützen am besten vor Stechattacken von Mücken. Testsieger waren Lotionen mit den synthetischen Wirkstoffen Bayrepel (zum Beispiel in der „Autan Active Lotion"), das gesundheitlich unbedenklicher ist als das ebenfalls wirksame DEET (zum Beispiel in „Azaron before" und „Anti Brumm forte"). Für Säuglinge und Kleinkinder sind diese Wirkstoffe eher problematisch. Aber auch Erwachsene sollten sich nicht großflächig und häufig damit eincremen.
Wenn die fliegenden Plagegeister bei Ihnen oft und über längere Zeiträume vorkommen, warum nicht den Sitzplatz mit einem Moskitonetz schützen?

… und was draußen nicht hilft

- Alle Produkte, die als Wirkstoff **ätherische Öle** oder einen Auszug davon enthielten, erwiesen sich als wirkungslos (test 6/2004). Darunter waren Gartenfackeln, Teelichter, Armbänder für Jogger, Wirkstoffverdampfer und eine Lampe mit Citronella-Öl. Sie erhielten allesamt das Urteil „mangelhaft".
- Genauso nutzlos waren die **Ultraschallgeräte.** Sie sollen die Mücken durch hochfrequente Töne vom Stechen abhalten. Die Mücken ließen sich von den Geräuschen aber nicht ablenken. Teilweise landeten sie in unmittelbarer Nähe der Geräte oder sogar direkt darauf. Von „Mückenscheuche" oder „Ultra-Stichfrei", wie es die Hersteller angeben, konnte hier keine Rede sein.
- Die häufig angebotenen **Insektensprays** eignen sich nur für geschlossene Räume, die damit für einige Zeit eingenebelt werden und jedes Insekt vernichten. Achten Sie bei Anwendung von Insektensprays dringend auf eine ausreichende Lüftung nach der Sprayaktion. Dass sich die Gifte auf sämtlichen Oberflächen niederschlagen, kann dadurch aber auch nicht verhindert werden. Im Garten oder auf Terrasse und Balkon können Sie mit einem Spray nur gezielt und nicht sehr effektiv auf einen oder nur wenige Störenfriede einwirken. Da ist eine Fliegenklatsche genauso effektiv.
- Auch **Strips,** an denen Insekten kleben bleiben sollen, oder **Elektroverdampfer,** die ein Insektengift abgeben, eignen sich bestenfalls in Räumen, aber nicht für den Außenbetrieb.
- **UV-Insektenfallen** locken durch ihr UV-Licht viele Insekten an. Wenn die Tiere versuchen, die Lampe zu erreichen, fliegen sie gegen ein unter Hochspannung stehendes Gitter und werden getötet. Diese Fallen verfügen allerdings auch über einen gravierenden Nachteil: Sie locken kaum Stechmücken, dafür aber viele andere Insekten an. So sterben leider auch viele nützliche Insekten. Schutzeffekt gegen Stechmücken gleich null.

Service

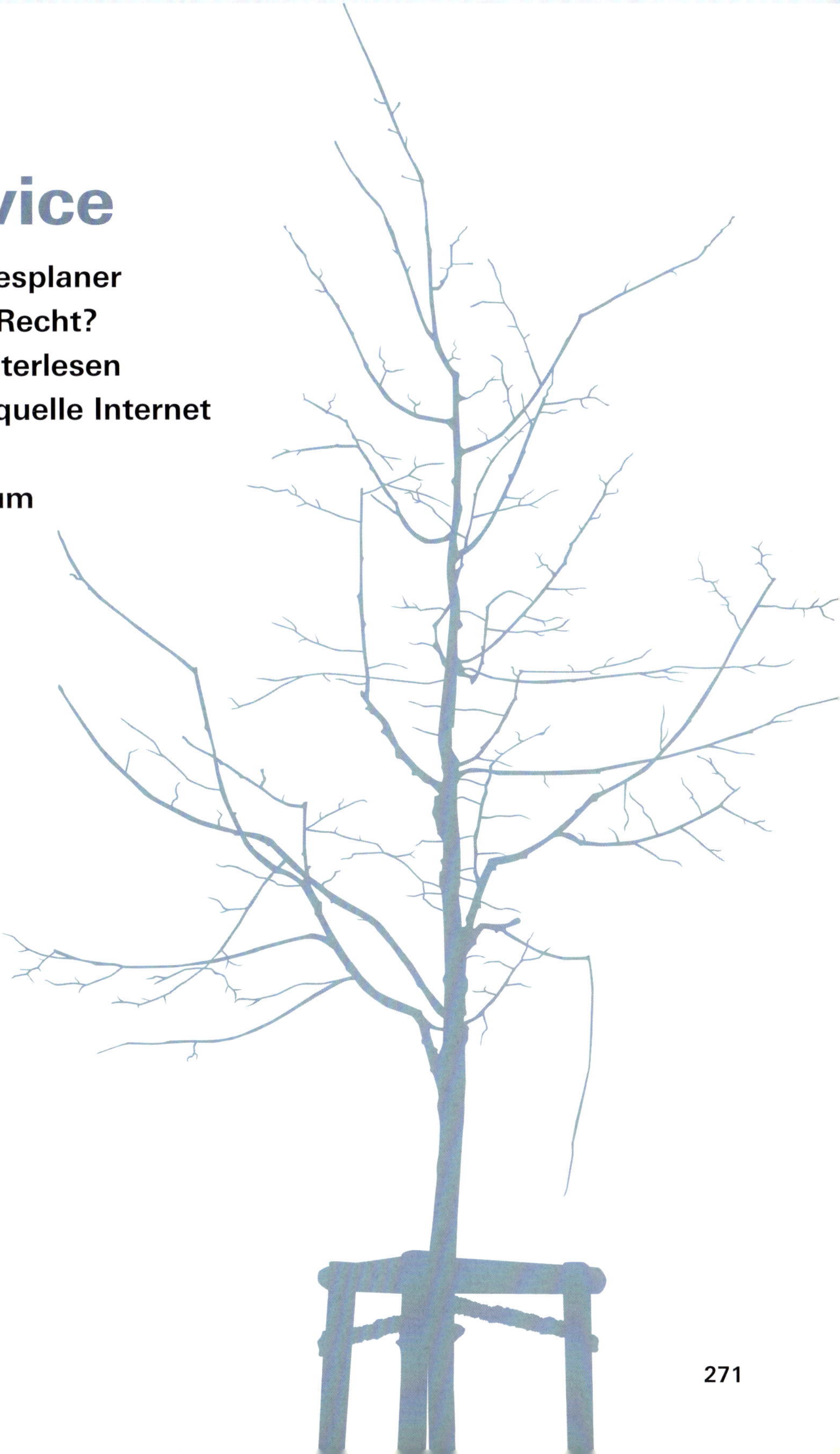

Januar

Allgemeine Arbeiten

Die **Gartenveränderungen planen** (Gartenskizze).
Singvögel füttern – aber nur bei Schnee, Eis und niedrigen Temperaturen.
Kaltkeimer auf der Fensterbank vorziehen.
Kaltkeimer sind zum Beispiel: Akelei, Anemonenarten, Arnika, Asternarten, Altilbe, Bergenie, Blaudistel, Buschwindröschen, Christrose, Eisenhut, Frauenmantel, Glockenblume, Herbstzeitlose, Himmelschlüssel, Iris, Kuhschelle, Lampionblume, Lilien, Lungenkraut, Mohn, Nieswurz, Pfingstrose, Phlox, Silberdistel, Silberkerze, Schleifenblume, Steinbrech, Tränendes Herz, Trollblume, Veilchen, Wolfsmilch
Werkzeuge und Geräte überprüfen, schärfen.
Teiche offen halten.

Pflanzenpflege allgemein

Winterschutz der Pflanzen bei Frost.
Winterquartier der **Kübelpflanzen** kontrollieren (gießen).

Gehölze (Sträucher, Bäume, Hecken)

Immergrüne Pflanzen gießen, möglichst in frostfreier Zeit.

Nutzgarten (Obst, Gemüse, Kräuter)

Obstgehölze schneiden, mit Kalkanstrich versehen.
Beerensträucher an warmen Tagen rückschneiden.
Aussaatpläne machen.

Februar

Allgemeine Arbeiten

Noch ist **Planungszeit** (Gartenskizze).
Wenn der Frost aus dem Boden ist: **Boden lockern** oder umgraben, harken, mit Kompost oder Stallmist düngen.
Bei Bedarf den **Boden verbessern** durch Gründüngung, Kalken und/oder Mulchen.
Schnecken finden jetzt noch nicht viel Nahrung und sind deshalb relativ leicht mit Bierfallen zu bekämpfen.
Kompost umsetzen, durchsieben.

Pflanzenpflege allgemein

Die **immergrünen Pflanzen** gießen.
Überwinterung der **Kübelpflanzen** kontrollieren.
Fuchsien, Geranien usw. schneiden, umtopfen und bei 15 °C heranziehen.
Kaltkeimer (→ Januar) in Schalen aussäen – letzte Möglichkeit.

Gehölze (Sträucher, Bäume, Hecken)

Ziergehölze schneiden.
Dichte Hecken schneiden, um die Vogelnester ab März nicht zu gefährden.
Immergrüne Pflanzen gießen.

Nutzgarten (Obst, Gemüse, Kräuter)

Obstbaumschnitt nur in der Saftruhe; wenn Schnittwunden bluten, ist die Schnittzeit vorbei.
Obstbäume düngen.
Kompost verteilen, einharken.
Ende Februar kann die frühe **Gemüsesaat** beginnen (unter Vlies).

März

Allgemeine Arbeiten

Hochbeet anlegen.
Vor der Aussaat und dem Auspflanzen den **Boden** tiefgründig lockern und eventuell mit Kompost düngen.
Frühjahrsputz im Blumenbeet, **Wildwuchs** jäten.
Kästen und **Schalen** bepflanzen.
Ameisen vertreiben und **Schnecken** bekämpfen.

Rasen

Rasen von Laub und Stöcken **säubern**.
Die **oberste Bodenschicht** aufkratzen (Moos und Grasreste entfernen).
Mit **Kompost** düngen = auftragen und vom Regen „einspülen" lassen.
Neueinsaat auf Kahlstellen.

Ein- und zweijährige Zierpflanzen, Zwiebelpflanzen

Sommerblumen in Anzuchtschalen säen.

Stauden

Ist der Boden aufgetaut, kann man Stauden (und Gräser) **pflanzen**.

Gehölze (Sträucher, Bäume, Hecken)

Neuanpflanzungen, wenn der Boden aufgetaut ist.
Abdeckung der **Rosen** entfernen, wenn es mild und frostfrei ist.
Kletterrosen pflanzen.
Rosen mit verrottetem Kuhmist, normalem Kompost und/oder speziellem Rosendünger **düngen**.
Rosen (nach kurzer Gewöhnungsphase) **schneiden**.
Bei **blühenden Sträuchern** das erfrorene Holz entfernen.
Verholzende Zier- und Nutzpflanzen, wie zum Beispiel Lavendel, können im Frühjahr, wenn keine Nachtfröste mehr zu erwarten sind, um ein Drittel gekürzt werden.
Winterharte Kübelpflanzen schneiden und düngen.
Beachte: 1. März = Beginn der Vogelschutzzeit.

Nutzgarten (Obst, Gemüse, Kräuter)

Bei **Stachelbeersträuchern** mit Mehltau infizierte Triebspitzen entfernen.
Schädlingsbekämpfung an Obstgehölzen.
Schalotten und **Steckzwiebeln** setzen.
Pflanzkartoffeln vortreiben.
Gemüse in Anzuchtschalen säen.
Kompost verteilen, einharken.
Kräuter anpflanzen und zurückschneiden: Bohnenkraut, Salbei, Thymian, Lavendel usw.

April

Allgemeine Arbeiten

Gartenböden testen (pH-Test, Kressetest).
Teich reinigen, Teichpumpe(n) installieren, Abgestorbenes abschneiden, Pflanzkörbe einsetzen.
Schnecken bekämpfen.

Pflanzenpflege allgemein

Topfpflanzen bei Bedarf umtopfen und Frühlingsrückschnitt (zum Beispiel bei Pelargonien und Fuchsien).
Kübelpflanzen ins Freie stellen, aber vor Spätfrost schützen. Erst an Schattenplätze stellen, sie müssen sich an die Sonnenstrahlen gewöhnen, weil sonst die Blätter verbrennen.

Rasen

Rasen düngen, mähen, bei Bedarf lüften.
Beginn des **regelmäßigen Rasenschnitts**.

Ein- und zweijährige Zierpflanzen, Zwiebelpflanzen

Einjährige Blumen im Blumenbeet ansäen.

Stauden

Die Neuanlage des **Steingartens** oder von **Staudenbeeten** ist auch noch im April möglich.
Stauden auspflanzen.
Vorhandene Anlagen düngen und nachpflanzen; Schneeheide nach der Blüte stark zurückschneiden.

Gehölze (Sträucher, Bäume, Hecken)

Rosen schneiden (falls noch nicht im März geschehen), überflüssige Zweige entfernen.
Junge Rosenbüsche pflanzen.
Pflanzzeit für **Heckengehölze** (Frühling wie auch der Herbst).
Pflanzen mit Sonderwünschen:
Clematis – schwache Triebe, erfrorene Spitzen entfernen.
Rhododendren und Azaleen düngen (aber – humusreich und kalkfrei, Rhododendren benötigen Torf oder Ersatzsubstrat).

Nutzgarten (Obst, Gemüse, Kräuter)

Beerenobst und **Rhabarber** pflanzen (Erdbeere, Himbeere, Johannisbeere, Stachelbeere, Rhabarber).
Pfirsichbäume anpflanzen.
Gemüse und **Salate** säen oder auspflanzen: Erbsen, Kohl, Kohlrabi, Kresse, Radieschen, Rettich, Kopfsalat.
Gurken, Zucchini, Kürbisse vorziehen.
Kompost verteilen, einharken.
Kräuter pflanzen.
Winterschutz entfernen.

Mai

Pflanzenpflege allgemein

Wildwuchs aus den Beeten entfernen (immer!).
Frühjahrsblüher zurückschneiden.
Im **Gartenteich** Seerosen und andere Wasserpflanzen anpflanzen.
Wenn nötig, die Pflanzen im Garten **gießen**.

Rasen

Rasennachsaat/-aussaat,
Neuanlage von Rasen.

Ein- und zweijährige Zierpflanzen, Zwiebelpflanzen

Halbschatten-Sommerblumen aussäen (zum Beispiel Fuchsien, Männertreu, Margeriten, Tausendschön, Vergissmeinnicht, Schleifenblumen, Pantoffelblumen, Löwenmäulchen, Fleißiges Lieschen, Tausendschön etc..)

Stauden

Blumenbeete weiter auch mit frostempfindlichen Stauden bepflanzen.

Gehölze (Sträucher, Bäume, Hecken)

Bei den **Rosen** auf Schädlinge achten und ggfs. bekämpfen, nachdüngen, gießen.
Rückschnitt bei den Rosen.
Hecken aus Laubgehölzen sollten im Mai geschnitten werden – **Aber**: Bei dichten Hecken und Klettergehölzen von März bis September nicht schneiden, um Vögel nicht beim Brutgeschäft zu stören.

Nutzgarten (Obst, Gemüse, Kräuter)

Obstbaumpflege: Baumscheibe freihalten, Mulch gegen Austrocknung des Bodens aufbringen.
Verblühtes entfernen.
Apfelwickler bekämpfen.
Erdbeeren pflegen.
Gemüse pflanzen: Buschbohne, Stangenbohnen, dicke Bohnen, Erbsen, Gurken, Kohlrabi, Rosenkohl, Grünkohl, Wirsing, Mangold, Karotten und Möhren, Radieschen, Sommerrettich, rote Rüben, Kopfsalat, Sellerie, Spinat, Tomaten.
Bei **Rhabarber** nach der Ernte Blütenstängel ausbrechen; 1/3 der Blätter stehen lassen.
Kräuter anpflanzen: Basilikum, Bohnenkraut, Dill, Majoran, Petersilie, Rosmarin, Schnittlauch.

Juni

Allgemeine Arbeiten

Spinnmilben bekämpfen.
Bei Bedarf **Blattläuse** bekämpfen: Befallene Pflanzenteile mit Seifenlauge besprühen; bei starkem Befall Einsatz von Niem-Präparaten.

Pflanzenpflege allgemein

Blumenbeete pflegen, verwelkte Blüten abknipsen oder abschneiden, bei Bedarf gießen, Wildwuchs entfernen.
Zwei- und mehrjährige Blumenpflanzen auspflanzen.
Im Steingarten:
Pflanzenvermehrung möglich (durch Stecklinge, Teilung, Ableger).

Rasen

Rasen schneiden und bei Trockenheit wässern, nach Bedarf nachsäen.

Gehölze (Sträucher, Bäume, Hecken)

Verblühte Sträucher (Frühlingsblüher wie die Forsythie) schneiden.
Sommer-/ Verjüngungsschnitt bei Hecken und Buchsbaum (kein starker Rückschnitt wegen des Vogelschutzes in der Zeit 1. März bis 30. September).

Nutzgarten (Obst, Gemüse, Kräuter)

Beerenobst und **Rhabarber** pflegen, bewässern, ernten.
Obstbaumschutz: Wickler-Schmetterlinge (Apfel- und Pflaumenwickler) bekämpfen: Lockstofffallen aufhängen.
Stecklingsvermehrung möglich.
Gemüse pflegen, bewässern, ernten: Busch- und Stangenbohnen, dicke Bohnen, Porree, rote Rüben, Endiviensalat, Tomaten, Zwiebeln.
Möhren säen.
Kräuter pflanzen, pflegen, bewässern, ernten.
Wildwuchs richtig jäten.

Juli

Allgemeine Arbeiten

Böden bei Hitze feucht halten, bewässern.
Kompostmiete anlegen.
Teichwasser kontrollieren, eventuell Schlamm entfernen, Abgestorbenes entfernen, Fische nicht oder nur wenig füttern.

Pflanzenpflege allgemein

Blumenbeete pflegen, bei Bedarf gießen, Wildwuchs entfernen.
Im Steingarten:
Pflanzen schneiden,
Vermehrung möglich durch Ableger und Teilung.

Rasen

Rasen schneiden, bei Hitze bewässern.

Stauden

Frühblühende Stauden stark zurückschneiden, damit sie später nochmals blühen.

Gehölze (Sträucher, Bäume, Hecken)

Rosen sparsam nachdüngen; Rosen sollen jetzt nicht mehr zum Treiben angeregt werden, eher soll das Holz ausreifen (artenspezifischer Schnitt bei Edel-/Polyantha-/ Kletter-/Strauchrosen).
Heckenschnitt beim **Kirschlorbeer**.
Pflanzen mit Sonderwünschen
Bei Rhododendren und Azaleen vorsichtig die Rückstände der Blüten entfernen, da an diesen Stellen wieder Knospen entstehen, die jetzt schon in Vorbereitung sind.
Blühende Sträucher:
Hortensien feucht halten, Nachdüngung.
Beim falschen Jasmin nach der Blüte ältere Astpartien herausschneiden.

Nutzgarten (Obst, Gemüse, Kräuter)

Beerenobst pflegen, ernten.
Gemüse pflegen, ernten. Bei Bedarf **Möhrenfliegen** bekämpfen.
Heil- und Küchenkräuter pflegen, ernten.

August

Allgemeine Arbeiten
Ameisen im Garten bekämpfen.
Gründüngung für abgeräumte Beete anlegen, säen.

Pflanzenpflege allgemein
Blumenbeete pflegen.
Im Steingarten:
Pflanzen teilen, Ableger nehmen.
Lavendel für den Kleiderschrank ernten und trocknen (wegen des Geruchs und als Mottenschutz). Schneeheide pflanzen: blüht gegen Ende des Winters.

Rasen
Rasen schneiden, wässern, düngen.

Ein- und zweijährige Zierpflanzen, Zwiebelpflanzen
Zweijährige Pflanzen werden im August direkt ins Freiland ausgesät. Das sind die Pflanzen, die im ersten Jahr keimen, heranwachsen, eine Grundrosette oder einen Horst bilden – aber erst im zweiten Jahr blühen und Samen bilden.
Zweijährige Pflanzen sind zum Beispiel Stiefmütterchen, Maßliebchen (Bellis), Topfprimeln, Vergissmeinnicht, auch Pflanzen mit hohen Blütenständen wie Marienglöckchen, Stockrose, Königskerze.
Schöterich, Bartnelken und auch Stiefmütterchen werden zumeist in eigenen Beeten herangezogen.
Zwiebeln für herbstblühende Pflanzen setzen (Herbstzeitlose, Herbstkrokusse etc.).

Gehölze (Sträucher, Bäume, Hecken)
Rosen nicht mehr düngen, aber den Boden auflockern, Mehltau bekämpfen.
Pflanzen mit Sonderwünschen:
Heidekraut zurückschneiden.

Nutzgarten (Obst, Gemüse, Kräuter)
Gemüse, Obst und **Kräuter** pflegen und ernten.
Zweijährige Küchenkräuter aussäen (z. B. Winterkresse, Blattpetersilie, Löffelkraut, Kümmel).

September

Allgemeine Arbeiten
Kompost umsetzen.

Pflanzenpflege allgemein
Blumenbeete pflegen.
Pflanzen vermehren: Johannisbeere, Efeu, Rhabarber.
Mulchen, für den „faulen Gärtner": Laub (eventuell zerkleinert mit dem Rasenmäher) einfach liegen lassen.
Im Steingarten: Aubrietie (Blaukissen) – alte Polster nach der zweiten Blüte am Außenrand zurückschneiden.

Rasen
Rasen nur noch selten schneiden und nicht zu tief!
Rasen aussäen bzw. nachsäen; da die Pflanzen noch vor dem ersten Frost anwachsen müssen.

Ein- und zweijährige Zierpflanzen, Zwiebelpflanzen
Erste **Blumenzwiebeln** setzen (Narzissen).

Stauden
Stauden **pflanzen**.

Gehölze (Sträucher, Bäume, Hecken)
Heidekraut (Calluna) anpflanzen.
Hecke: Im September können gut Hecken und andere Gehölze angepflanzt werden (immergrüne Gehölze können dann noch vor dem Winter fest anwurzeln).
Nadelgehölzhecken schneiden.

Nutzgarten (Obst, Gemüse, Kräuter)
Obstbäume vor Schädlingen schützen.
Gemüse ernten.
Gurken und **Tomaten** wegen ihrer Frostempfindlichkeit mit Tüchern oder anderen Materialien vor Nachtfrost schützen.
Vorgezogenes Gemüse pflanzen.
Nussernte: Haselnüsse

Oktober

Allgemeine Arbeiten
Frostschutz anlegen: Kübelpflanzen frostfrei lagern oder mit organischem Material schützen.
Kompost neu ansetzen oder umsetzen.
Im Herbst schwere, verdichtete **Böden** umgraben und lockern.
Gartenteich: Fallendes Laub abhalten bzw. entfernen.

Pflanzenpflege allgemein
Winterquartiere für Kübelpflanzen herrichten. Bei Bedarf bei Gärtnereien Winterquartier zur Miete anfragen.
Nicht winterharte Wasserpflanzen in Gefäße mit Wasser umbetten und hell überwintern bei 10–18 °C.
Im Steingarten: Steingartenpflanzen benötigen keinen besonderen Winterschutz; jetzt aber nicht mehr verpflanzen oder versetzen.
Wildwuchs entfernen.

Rasen
Letzter „kurzer" Schnitt vor dem Winter.
Laub abharken.

Ein- und zweijährige Zierpflanzen, Zwiebelpflanzen
Tulpen- und andere **Zwiebeln** setzen.
Knollen von Dahlien, Gladiolen und Knollenbegonien herausnehmen, dunkel und trocken über den Winter lagern.

Gehölze (Sträucher, Bäume, Hecken)
Rosen pflanzen (Edelrosen).
Sträucher anpflanzen bzw. zurückschneiden.
Schnitthecken verjüngen.
Freiwachsende Heckensträucher und andere Gehölze pflanzen.

Nutzgarten (Obst, Gemüse, Kräuter)
Kernobst pflanzen.
Gemüse ernten, schützen, teilen, vermehren.
Frostschutz anlegen: Vor den ersten Nachtfrösten den Nutzgarten mit Folien oder Vliesen abdecken. Vor stärkerem Nachtfrost (wenn die Abdeckung nicht mehr ausreicht) die grünen **Tomaten ernten,** als ganze Trauben abschneiden und zum Nachreifen im Haus aufhängen.
Beim **Endiviensalat** „Köpfe" der Salate zusammenbinden, die in den nächsten zwei Wochen verbraucht werden sollen (Kälteschutz).
Spinat, der überwintern soll, darf nicht mehr geerntet werden.
Nussernte: Walnüsse

Hilfe von der Verwandtschaft

Seit mehreren Jahren machen die Vogelgrippe und ihr Erreger, da: H5N1-Virus (als runde Partikel im Bild zu sehen), Schlagzeilen. Di Vogelgrippe ist eine Viruserkrankung von Vögeln, die in den ver gangenen Jahren in Einzelfällen auch auf den Menschen übertra gen wurde. Dabei wurden immer wieder Schreckensszenarien vo einer weltweiten Infektionswelle entworfen, vergleichbar etwa de Spanischen Grippe, die sich vor dem Ende des Ersten Weltkrieg bis in die entlegensten Regionen der Erde ausgebreitet und Millio nen Menschen getötet hat.

Aber auch wenn die beiden Virustypen miteinander verwandt sind sind derartige Parallelen weit hergeholt. Denn erstens war da damalige Virus leicht von Mensch zu Mensch übertragbar – dies is beim aktuellen Vogelgrippevirus H5N1 nicht der Fall – und zweitens sind die medizinischen und hygienischen Bedingungen nich vergleichbar: Bei der Spanischen Grippe wussten die Medizine nicht einmal, dass sie es mit einem Virus zu tun hatten.

Der Erreger der Spanischen Grippe konnte kürzlich mithilfe vo Gewebeproben einer Frau in Alaska, die an der Krankheit gestorben und im ewigen Eis beigesetzt worden war, rekonstruiert werden. Forscher erhoffen sich aus den Untersuchungen weitere Hinweise für die baldige Entwicklung eines Impfstoffs gegen die Vogelgrippe.

Vogelgrippe beunruhigt Menschen

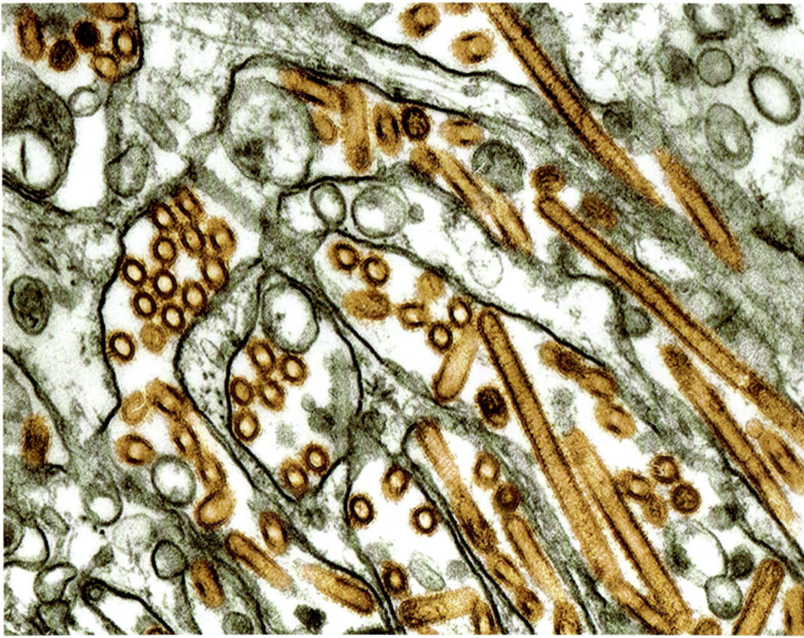

November 2009 45. Woche

BROCKHAUS

Skorpion 23.10. bis 21.11.

07:24 ☉ 16:47 19:26 ☾ 11:5

Wo	Mo	Di	Mi	Do	Fr	Sa	So
44							1
45	2	3	4	5	6	7	8
46	9	10	11	12	13	14	15
47	16	17	**18**	19	20	21	22
48	23	24	25	26	27	28	29
49	30						

6

Freitag

November

Allgemeine Arbeiten

Eventuell **Gemüsebeete** grobschollig umgraben (sehr leichte Böden nur auflockern).
Laub von den Beeten entfernen. Besser: Laub liegen lassen zur Abdeckung und als Schutz/Lebensraum für Kleinstlebewesen. Im Frühjahr finden dann auch die Vögel unter dem Laub ihr Futter!
Gartenteiche winterfest machen: Eisfreihalter ins Wasser setzen, Pumpe und Filter abbauen und ins Wasser stellen. Wasser und Teichböden säubern, Teich vor Laubfall schützen. Schwimm-/Unterwasserpflanzen auslichten. Unter 12 °C Wassertemperatur Fische im Teich nicht mehr füttern.
Gartenbewässerung gegen Frost sichern.
Wühlmäuse bekämpfen.
Die weitere **Gartenentwicklung planen.**

Pflanzenpflege allgemein

Blumenbeete aufhacken und säubern.
Laub eventuell kompostieren oder zerkleinert liegen lassen.
Baumstämme säubern und kalken.
Winterschutz bereitstellen und zum Beispiel bei „Pampasgras“ anlegen.
Pflanzen mit Sonderwünschen:
Bei Clematis den Wurzelstock abdecken (Mulch).
Bei Glyzinie Frostschutz auch für die Stämme anlegen.

Rasen

In warmen Jahren jetzt letzter Rasenschnitt.

Ein- und zweijährige Zierpflanzen, Zwiebelpflanzen

Zweijährige Blumen **nicht mehr verpflanzen.**
Zwiebelblumen pflanzen.
Seerosen im Teich vor dem Erfrieren sicher schützen.

Stauden

Stauden **nicht mehr verpflanzen.**
Oberirdische Teile der sommergrünen Stauden abschneiden. Auch noch im Frühjahr möglich, dann haben Insekten und die Pflanze mehr Schutz. Man sollte dann aber vor dem Austrieb abschneiden.
Frostschutz für empfindliche Stauden.

Gehölze (Sträucher, Bäume, Hecken)

Gehölze **pflanzen, umpflanzen.**
Neue **Rosen** anpflanzen,
Erde um Rosen anhäufeln (Winterschutz).
Laubabwerfende Hecken und Hecken mit dürrem Laub schneidet man während der Saftruhe in jedem Wintermonat. Das Holz darf aber nicht gefroren sein!
Nadelholzhecken sollten mit gut/tief durchfeuchteter Erde überwintern – also eventuell wässern.
Ziergehölze und Beerensträucher: Vermehrung durch Winterstecklinge.
Gehölze mit Sonderwünschen:
Buddleien im Wurzelbereich aufschütten.
Forsythien nicht mehr schneiden (es sei denn für die Vase im Haus).
Bei Weigelien zum Stutzen nur ganze Astpartien herausschneiden.
Rhododendren (und Azaleenarten) nicht schneiden, aber vor dem Winter wässern, weil sie sonst im Winter leicht vertrocknen!

Nutzgarten (Obst, Gemüse, Kräuter)

Apfelschorf bekämpfen.
Beerensträucher (Stachelbeeren, Himbeeren etc.) pflanzen und herbstliche Pflege. Vermehrung durch Winterstecklinge möglich.
Gemüse: Endiviensalat und Feldsalat ernten.

Dezember

Allgemeine Arbeiten

Bodenanalyse nach Bedarf.
Schadstoffanalyse nach Bedarf.
Winterhilfe für Singvögel (nur falls notwendig).
Die **Gartengeräte** pflegen, ausbessern.
Rasenmäher: Benzin ablassen, restliches Benzin durch Anwerfen des Motors verbrauchen. Danach Motorenöl ablassen.

Gehölze (Sträucher, Bäume, Hecken)

Gehölze **pflanzen.**
Frostschutz für Gehölze anlegen.
Immergrüne Pflanzen gießen.

Nutzgarten (Obst, Gemüse, Kräuter)

Aussaatpläne fürs nächste Jahr machen.

Service

Wer hat Recht?

Grundsätzlich richtet sich die Rechtsprechung nach den Vorgaben des bundesweit gültigen Bürgerlichen Gesetzbuchs (BGB). Gleichzeitig existieren aber auch Regelungen, Vorschriften und Rechtsurteile der Bundesländer, die verbindliche Vorgaben darstellen. Einige typische und häufige Streitfälle stellen wir hier kurz vor.

Zu laut im Garten?

Immer wieder umstritten ist die Frage, wann man mit welchen Geräten im Garten Krach machen darf. Wenn zum Beispiel ein alter Rasentrimmer **nicht** das EU-Umweltzeichen trägt, darf man ihn nur an Werktagen zwischen 9 und 13 Uhr sowie zwischen 15 und 17 Uhr benutzen, nicht nachts und nicht an Sonn- und Feiertagen. Dasselbe gilt für Graskantenschneider, Laubsauger und Laubbläser. So legt es die 32. Verordnung zur Durchführung des Bundes-Immissionsschutzgesetzes (Geräte- und Maschinenlärmschutzverordnung – 32. BImSchV) fest. Sie gilt schon seit Sommer 2002, ist aber noch kaum bekannt.

Für andere Gartengeräte gilt: Sie dürfen an Werktagen von 7 bis 20 Uhr eingeschaltet werden. Gemeint sind Rasenmäher, Heckenscheren, Vertikutierer, Schredder und Häcksler – egal ob mit Elektro- oder Benzinmotor, ebenso Baumaschinen wie Kreissägen, Förderbänder, Beton- und Mörtelmischer. In diesem Zeitrahmen ist auch der Rasentrimmer erlaubt, wenn er das Umweltzeichen trägt.

Die 32. BImSchV
Nachzulesen ist der Wortlaut hier: **www.gesetze-im-internet.de/bimschv_32/ index.html**

Tipp

Gemeindevorschriften zur Lärmordnung erfragen
Bevor Sie sich mit Ihrem Nachbarn anlegen, sollten Sie vorsichtshalber in Ihrer Kommunalverwaltung nachfragen. Städte und Gemeinden sind nämlich berechtigt, zusätzliche Ruhezeiten zu bestimmen.

Krachmacher im Garten

Nervtötende Häcksler, Motorsägen oder Laubblasgeräte – seit Jahren schon müssen sie in Sachen Lärm eigentlich Farbe bekennen. Denn auf allen neuen Garten- und Hobbygeräten haben die Hersteller deutlich sichtbar den **garantierten Schallleistungspegel** anzugeben. Doch in der Praxis war noch im Jahr 2004 etwa jedes dritte Gerät nicht gekennzeichnet, wie eine Stichprobe des Umweltbundesamts (UBA) von 200 Gartengeräten und kleinen Baumaschinen ergab. Das UBA verlangte deshalb damals mehr Kontrollen.

Bodenerhöhungen

Als Beispiel zitieren wir hier Landesvorschriften für Nordrhein-Westfalen: Nach den §§ 30 und 31 des Nachbarrechtsgesetzes NRW ist jeder Grundeigentümer berechtigt, das **Niveau der Erdoberfläche** auf seinem Grundstück bis zur Grenze zu erhöhen, soweit durch die Art und Weise der Bodenerhöhung ausgeschlossen ist, dass das Nachbargrundstück dadurch geschädigt wird – insbesondere durch Abstürzen oder Abschwemmen. Notfalls ist an der Grundstücksgrenze eine Stützmauer zu setzen.

Stapelware an der Grenze

Grenzabstände gelten nach den Landesvorschriften für Nordrhein-Westfalen (NRW) für die Aufschichtung von Holz, Steinen und dergleichen sowie sonstige nicht fest mit dem Boden verbundene Anlagen. Hier ist ein Abstand von 0,5 Metern zu wahren, wenn die Aufschichtung oder Anlage bis zu 2 Meter hoch ist. Ist sie höher, muss der Abstand um so viel mehr als 0,5 Meter betragen, als die Höhe 2 Meter übersteigt. Beispiel: Mit einem 2,50 Meter hohen Holzstapel auf dem eigenen Grundstück muss ein Abstand von einem Meter zum Nachbargrundstück eingehalten werden.

Ausnahmen sind zulässig, wenn die Aufschichtung oder Anlage eine Wand oder geschlossene Einfriedung nicht überragt oder wenn sie als Stützwand oder Einfriedung dient (zum Beispiel ein Steinlager als Stützwand).

Zu beachten ist, dass sich Einschränkungen aus öffentlich-rechtlichen Bestimmungen ergeben können, insbesondere aus dem Baurecht, dem Straßen- und Wegerecht sowie dem Wasserrecht.

Nach Bundesrecht (§ 903 BGB) darf jeder Eigentümer entlang der Grenze **auf seinem eigenen Grundstück** Eingrenzungen nach seinen eigenen Vorstellungen errichten. Dies gilt jedoch nur, soweit er dabei nicht das Gebot der nachbarlichen Rücksichtnahme verletzt. Hat der Eigentümer zum Beispiel sein Grundstück stärker gegen Einblicke geschützt, als dies eine ortsübliche Einfriedung zulassen würde (hohe Sichtblenden oder ähnliches), so stellt diese Baumaßnahme einen Verstoß gegen die Vorschriften des Nachbarrechtgesetzes für NRW dar, den der Nachbar nicht hinnehmen muss.

Tipp

So lassen sich die schlimmsten Krachmacher vermeiden. Kein Gartengerät sollte lauter als 100 dB(A) sein.

Nur mit Kennzeichnung. Geiz ist nur so lange toll, bis der Nachbar wegen des dröhnenden Billigheimers mit dem Gericht droht. Also lieber ein paar Euro mehr anlegen und haltbarere, leisere und deutlich gekennzeichnete Gartengeräte kaufen.

Elektrogeräte statt Benziner kaufen: Die erzeugen in der Regel weniger Lärm als Benziner, von den Abgasen ganz zu schweigen.
Fast alle benzingetriebenen Motorgeräte im Garten sind ein probates Mittel, um Nachbarn zu nerven. Lieber nicht.
Es gibt Alternativen, zum Beispiel langsam laufende Elektrohäcksler. Und gute Elektromäher bringen es heute auf 88 bis 94 dB(A).

Grenzkonflikte zwischen Nachbarn

Die §§ 32 bis 39 des Nachbarrechtsgesetzes für das Land Nordrhein-Westfalen regeln die **Pflicht zur Einfriedung,** die Beschaffenheit, den Standort, die Kosten der Errichtung und die Kosten der Unterhaltung der Einfriedung unter Normierung verschiedener Ausnahmen.
Grundsätzlich gilt: Verlangt auch nur ein Nachbar eine Einfriedung, so ist der andere verpflichtet, zusammen mit ihm eine Einfriedung zu schaffen. Das kann ein Zaun, eine Mauer oder eine Hecke sein. Die Einfriedung ist auf der Grundstücksgrenze zu errichten.
Wirkt die Nachbarpartei nicht innerhalb von zwei Monaten nach schriftlicher Aufforderung an der Errichtung der Einfriedung mit, so kann der die Einfriedung verlangende Nachbar die Einfriedung allein errichten und von der Nachbarpartei anteilige Kostenerstattung verlangen. Dies gilt für Einfriedungen, die unmittelbar auf der Grenze stehen und zwei Grundstücke teilen. Nicht betroffen sind hier Abgrenzungen, die Grundstückseigentümer entlang der Grundstücksgrenze, aber noch auf dem eigenen Grundstück errichten.
Ausnahmen regelt § 34 Nachbarrechtsgesetz NRW: Ein Anspruch auf Einfriedung besteht nicht, falls Gebäude entlang der Grundstücksgrenze stehen, wenn dies nach Bebauungsplänen oder Ortsatzungen unzulässig oder in der Nachbarschaft nicht üblich ist.
Für die **Art und Weise der Ausführungen der Einfriedung** sind zunächst die öffentlich rechtlichen Vorschriften (Bebauungspläne oder Ortsatzungen)

zu beachten, falls solche bestehen. Können sich die Nachbarn ansonsten auf eine bestimmte Ausführung nicht einigen, so kann jeder vom anderen die ortsübliche Einfriedung oder, wenn eine solche nicht festzustellen ist, eine 1,20 m hohe Einfriedung verlangen. Die Bauweise schreibt das Gesetz nicht vor. Die Kosten tragen beide Eigentümer zu gleichen Teilen.

Pflanzabstände für Bäume und Sträucher

Hier bestimmt das Nachbarrecht des Landes NRW Folgendes:
Mit Bäumen außerhalb des Waldes, Sträuchern und Rebstöcken sind von den Nachbargrundstücken folgende Abstände einzuhalten:

Pflanzabstände* für Bäume und Sträucher

Vorgaben in NRW für die verschiedenen Gehölzarten	Abstand
Mit Bäumen außer den Obstgehölzen und zwar **stark wachsenden Bäumen****, insbesondere der Rotbuche und sämtlichen Arten der Linde, der Platane, der Rosskastanie, der Eiche und der Pappel	4,00 m
Mit allen übrigen Bäumen	2,00 m
Mit Ziersträuchern und zwar **stark wachsenden Ziersträuchern****, insbesondere dem Feldahorn, dem Flieder, dem Goldglöckchen, der Haselnuss, den Pfeifensträuchern (falscher Jasmin)	1,00 m
Mit allen übrigen Ziersträuchern	0,50 m
Mit Obstgehölzen und zwar	
Kernobstbäumen, soweit sie **auf stark wachsender Unterlage** veredelt sind, sowie Süßkirschbäumen, Walnussbäumen und Esskastanienbäumen	2,00 m
Kernobstbäumen, soweit sie **auf mittelstark wachsender Unterlage** veredelt sind, sowie Steinobstbäumen, ausgenommen die Süßkirschbäume	1,50 m
Kernobstbäumen, soweit sie **auf schwach wachsender** Unterlage veredelt sind	1,00 m
Mit **Brombeersträuchern**	1,00 m
Mit allen übrigen Beerenobststräuchern	0,50 m
Mit **Rebstöcken** und zwar	
in geschlossenen Rebanlagen, deren Gesamthöhe 1,80 Meter übersteigt	1,50 m
in allen übrigen geschlossenen Rebanlagen	0,75 m
in einzelnen Rebstöcken	0,50 m

Für **Zier- und Beerensträucher** gilt, dass sie in ihrer Höhe das Dreifache ihres Abstands zum Nachbargrundstück nicht überschreiten dürfen. Strauchtriebe, die an einen geringeren als der Hälfte des vorgeschriebenen Abstands aus der Erde treten, sind zu entfernen. Ein Fliederbusch, der einen Abstand von 1,00 Meter hält, darf daher nicht höher als 3,00 Meter werden.
Ein Beerenstrauch, der in einem Abstand von 0,50 Meter von der Grenze gepflanzt ist, darf nicht höher als 1,50 Meter werden.

* Die genannten Abstände werden von der Mitte des Baumstamms oder des Strauches waagerecht und rechtwinklig zur Grenze gemessen, und zwar an der Stelle, an der der Baum oder der Strauch aus dem Boden austritt.

** Die Aufzählung der stark wachsenden Bäume und der stark wachsenden Ziersträucher ist nur beispielhaft und nicht abschließend. Die Frage, welche anderen Bäume oder Ziersträucher ebenfalls zu den stark wachsenden zählen, ist eine botanische Frage. Notfalls muss hier sachverständiger Rat eingeholt werden unter Berücksichtigung des jeweiligen Standorts des Baumes oder Strauches. Es ist Sache der Gerichte, im Streitfall Bäume und Ziersträucher jeweils sachgerecht nach den individuellen Gegebenheiten einzuordnen.

Grenzabstände* für Hecken

Vorgaben in NRW für Hecken	Abstand
Hecken über 2 Meter Höhe	mind. 1,00 m
Hecken bis zu 2 Meter Höhe	0,50 m

* Der Abstand wird hier nicht von der Mitte des Stammes, sondern von der dem Nachbarn zugekehrten Seitenfläche der Hecke ausgemessen. Die spätere Seitenausdehnung der Heckenpflanzen ist schon beim Setzen zu berücksichtigen.

Die verringerten **Grenzabstände für Hecken** können Eigentümer nur dann in Anspruch nehmen, wenn sie die Anpflanzung auch als Hecke halten. In Reihe stehende Bäume und Sträucher, die nicht beschnitten werden, können nicht als Hecken angesehen werden. Mit ihnen ist der für Bäume bzw. Sträucher vorgesehene Abstand einzuhalten.

Diese Abstandsregeln für Hecken **gelten nicht**, wenn diese als Einfriedung **auf die Grundstücksgrenze** gesetzt worden ist.

Sie gelten auch nicht für **Anpflanzungen,** die **hinter einer geschlossenen Einfriedung** vorgenommen werden und diese nicht überragen; als geschlossen gilt eine Einfriedung, deren Bauteile breiter sind als die Zwischenräume.

Eine bestimmte **Höhenbegrenzung** schreibt das Nachbarrechtsgesetz nicht vor. Im Streitfall entscheiden die Gerichte unter Berücksichtigung der örtlichen Gegebenheiten, ob die über 2 Meter Höhe hinausgehende Anpflanzung noch den Charakter einer Hecke erfüllt.

Jeder Nachbar kann vom anderen verlangen, dass Anpflanzungen, die die erforderlichen Abstände nicht einhalten, zu beseitigen beziehungsweise Hecken zurückzuschneiden sind.

Streit unter Nachbarn: Früchte des Zorns

Im Herbst hängen Zankäpfel oft an Ästen, die vom Nachbargrundstück in den Garten ragen. Die Streitfrage: **Wer darf Früchte von den Zweigen ernten?** Die Antwort gibt das Bürgerliche Gesetzbuch (BGB) für ganz Deutschland: Solange Obst am Baum hängt, gehört es dem Baumbesitzer. Er darf es selbst pflücken, muss sich das Betreten des Nachbargrundstücks aber von dessen Besitzer genehmigen lassen. Der kann das Obst indes verzehren, sobald es auf seinem Boden landet. Nachhelfen, etwa durch Schütteln der Zweige, darf er allerdings nicht (§ 911 BGB).

Äste und Wurzeln aus Nachbars Garten

Nicht hinzunehmen braucht ein Gartenbesitzer, dass Zweige von nebenan seine eigenen Pflanzen zu sehr **verschatten.** In einem solchen Fall hat das Amtsgericht Königstein entschieden: Ein Grundstückseigentümer kann vom Nachbarn die Entfernung überhängender Zweige fordern, die das Pflanzenwachstum auf dem Grundstück beeinträchtigen. Die Kosten für das Stutzen der Äste musste der Besitzer des Baumes übernehmen (Az. 21 C 113/00). Grundsätzlich muss der Nachbar weder Zweige noch unterirdisch hinüberwachsende Wurzeln dulden. Er darf Zweige aber nur abschneiden, wenn der Baumbesitzer Gelegenheit hatte, sie innerhalb einer angemessenen Frist selbst zu beseitigen. Unter Berücksichtigung der Wachstums- und Obsternteteit ist es am sinnvollsten, **eine Frist** von etwa drei Wochen im Spätherbst oder Winter zu setzen.

Wenn Pflanzen vom Nachbarn über die heilige Grundstücksgrenze wachsen und der trotz Aufforderung nichts tut, dürfen Gartenfreunde sie also abschneiden oder eine Firma beauftragen und die Kosten dem Nachbarn in Rechnung stellen.

Bedingung ist aber, dass der **Rückschnitt fachgerecht** durchgeführt wird. Ein Hobbygärtner, der selbst zur Kettensäge gegriffen hatte, musste später 750 Euro Schadenersatz zahlen. Denn vier Wochen nach seiner Aktion waren einige Pflanzen abgestorben. Der Nachbar wollte 900 Euro, davon zog das

Wissensquelle Internet

Die Informationsseiten im Internet rund um wirklich alle Fragen des privaten Gartens sind endlos. Wir können hier nur eine kleine (alphabetisch sortierte) Auswahl von interessanten und hilfreichen Adressen vorstellen, die uns bei den Recherchen und bei der Arbeit an diesem Buch behilflich waren und die wir als seriös einstufen. Die Nennung stellt keine Form der Bewertung aufgrund einer test-Untersuchung dar. Wir wünschen viel Spaß im Internet, aber vergessen Sie nicht: Der echte Garten wartet draußen vor der Tür auf Sie.

Bauanleitungen

www.kraeuterei.de
Ökologisch ausgerichtete Kräuter- und Staudengärtnerei, die eine ausführliche **Bauanleitung für Kräuterspiralen** anbietet.
www.gwa-online.de
Homepage der GWA – Gesellschaft für Wertstoff- und Abfallwirtschaft Kreis Unna mbH. Im Bereich „Publikationen" gibt es unter anderem die **Bauanleitung für eine Wurmkiste** gratis zum Download.

Energie im Garten

www.solarteam-hacker.de und **www.wind-mobil.de**
Das **Solar-Wind-Team in St. Georgen** mit interessanten Informationen über Kleinwindräder zur Stromerzeugung und Solaranlagen

Fernseh- und Radiosender

www.br-online.de/ratgeber/garten/index.xml
Der Gartenratgeber des Bayerischen Rundfunks
www.mdr.de/mdr-garten
Archiv der Sendereihe „MDR Garten" des Mitteldeutschen Rundfunks.
www.swr.de/swr4/rp/ratgeber/haus
Bereich „Haus und Garten" des Südwestrundfunks SWR4 mit vielen gesammelten Gartentipps
www.wdr.de/tv/ardheim/tipps
ARD Ratgeber „Heim & Garten" mit Gärtnertipps für den jeweils aktuellen Monat.

Öffentliche Institutionen

www.fh-weihenstephan.de
Informative Homepage der **Fachhochschule Weihenstephan** mit der Forschungsanstalt für Gartenbau
www.lwg.bayern.de
Die **Bayerische Landesanstalt für Weinbau und Gartenbau** bietet ein

reichhaltiges Informationsangebot für Freizeitgarten und Gartenbau sowie Broschüren zu speziellen Themen zum Download.

www.test.de

Die Stiftung Warentest online: Alle Tests und hilfreiche Informationen für Haus und Garten.

www.test.de/analysen

In der Rubrik „Haus + Garten“ finden Sie hier zum Beispiel die Gartenboden- und die Schadstoffanalyse der Stiftung Warentest.

Recht zwischen Nachbarn

www.baeumeundrecht.de

Helge Breloer ist Juristin und gleichzeitig öffentlich bestellte und vereidigte Sachverständige für Baumpflege, Verkehrssicherheit von Bäumen und Gehölzwertermittlung. Sie ist zudem Lehrbeauftragte für Gutachterwesen und Gehölzwertermittlung an der Fachhochschule Osnabrück und gibt auf ihrer Homepage viele Informationen zum Thema.

www.justiz.nrw.de/BS/Gerichte/Zivilgericht/Einzelverfahren/miete/Nachbarrecht.pdf
Das **Nachbarrecht im Überblick.** Mnich, Herbert, (Richter am Amtsgericht Krefeld), Stand 01.05.2005
www.wdr.de
Die Suche nach **„Nachbarrecht“** auf der Homepage des Westdeutschen Rundfunks bringt interessante Beispielfälle aus der Rechtsprechung.

Vereine und private Gruppen

www.aid.de
Der Auswertungs- und Informationsdienst für Ernährung, Landwirtschaft und Forsten (aid) e.V. macht seinem Namen mit diesem Onlineangebot alle Ehre.
www.bio-gaertner.de
Sehr umfangreiche private Homepage von „Bio-Gärtner“ Karl-Heinz Baake. Seine Erfahrungen und Ergebnisse aus eigenen Experimenten sind in die Webseite eingeflossen. Thematischer Schwerpunkt: Medizin (vor allem Naturheilkunde) und die Wechselbeziehungen zwischen sogenannter „moderner Lebensweise“, Umwelteinflüssen, Nahrung, Chemikalien und Gesundheit.

www.bio-gaertner.de/Articles/II.Pflanzen-allgemeineHinweise/ Bezugsquellen-Adressen/index.html
Hier finden Sie eine sehr umfangreiche **Liste von Bezugsquellen** für fast alles, was im Garten vorkommt – alphabetisch sortiert nach Schlagworten.
www.gartenakademie.de
Die **Gartenakademie Baden-Württemberg e.V.** hat die Aufgabe, den Freizeitgartenbau und die Garten- und Landschaftskultur zu fördern.
Die Gartenakademie bietet online viele Tipps und Informationen zu Pflanzenbau und Pflanzenschutz für Hobby- und Freizeitgärtner und berät bei konkreten Fragestellungen.
www.kleingarten-bund.de
Aktuelle Informationen des **Bundesverbands deutscher Gartenfreunde e.V.** und Informationsbroschüren zum Download.
www.NABU.de
NABU – **Der Naturschutzbund Deutschland e.V.** im Internet. Für Gartenfreunde interessant ist vor allem die Rubrik „Ökologisch leben" – „Balkon und Garten".
www.wildvogelhilfe.de
Bei dem **Projekt Wildvogelhilfe** handelt es sich um einen Zusammenschluss dreier Vogelfreundinnen, die versuchen, den Tieren so gut wie möglich zu helfen. Schön und nützlich ist die Liste vogelfreundlicher Heckenpflanzen.

Zeitschriften online

www.haus.de
Haus und Garten, der Onlinedienst der Zeitschrift „Das Haus"
www.mein-schoener-garten.de
Internetangebot der Zeitschrift „Mein schöner Garten"

R

S

Bildnachweis

Titel: **Istockphoto / V. Vladimirov**

Rücktitel: **W. Redeleit, Getty / Stockbyte / G. Doyle, U. Nusko**

Innenteil:
Wolfgang Redeleit: (S. 12, 15, 17, 21, 22, 23, 27, 29, 36, 39, 40, 41, 42,43, 46, 56, 58, 59, 60, 61, 62, 63, 64, 69, 88, 89, 90, 91, 92, 93, 94, 95, 96, 97, 99, 103, 104, 105, 111, 116, 117, 118, 119,120, 121,122,123, 124, 125, 129, 130, 131, 134, 136, 135, 137, 142,143, 146, 147, 167,195, 200, 201, 202, 203, 210, 212, 214, 216, 217, 218, 219, 220, 221, 222, 225, 227, 228, 230, 232, 233, 235, 236, 237, 238, 239, 241, 243, 244, 245)
A1Pix: EAB (S. 249)
alimdi.net: U. Niehoff (S. 167)
allover: (S. 81)
Angeli F. / www.gartentagebuch.de: (S. 257)
Arco Images: J. Meul (S. 260), **NPL** (S. 240), **O. Diez** (S. 38, 55, 202, 261, 262)
BA-Geduldig: (S. 34, 166, 257)
bilderbox.com: (S. 260)
bildmaschine.de: manue (S. 169)
Blackstein H. J.: (S. 148, 156)
Biosphoto: Bios (S. 53)
Blickwinkel: A. Jagel (S. 256), **F. Hecker** (S. 234), **Fotototo** (S. 252), **Hecker/Sauer** (S. 255), **J. Kottmann** (S. 252, 254)
Breukel H. / www.seerosenforum.de: (S. 71)
Brocke B. / www.naturweg.de: (S. 160)
Caro: S. Hoffmann (S. 226)
DJV: H. Reinhard (S. 10, 28)
Angeli F. / www.gartentagebuch.de: (S. 257)
Fa. Einhell: (S. 48)
Fa. Gardena: (S. 50, 51, 52)
Fa. Honda: (S. 30, 84, 124, 127, 128)
Fa. Kärcher: (S. 82)
Fa. Stihl: (S. 133)
Fa. Wolf Garten: (S. 30, 125, 131, 132)
F1online: SoFood (S. 166, 290)
flora press: O. Diez (S. 169)
Florafoto: (S. 148, 150, 155, 156, 157, 158, 159, 160, 176, 177, 178, 179)
Fotoagentur Magics: (S. 280)
Fotolia: Lianem (S. 110), **M. Lassaud** (S. 74), **A. Tokarski** (S. 162, 163), **B. Van Trees** (S. 278), **C. Pithart** (S. 54), **Emer** (S. 276), **Food** (S. 292), **H. Slegers** (S. 132), **J. Daub** (S. 154), **J. Lye** (S. 289), **July** (S. 272), **K. Henk** (S. 80), **Lianem** (S. 110), **Moremi** (S. 287), **O. van de Veer** (S. 54), **O.M. Steffen** (S. 138), **P. Boegner** (S. 138), **S. Mihai** (S. 274), **Schweitzer** (S. 31), **Th. Nentwich** (S. 284), **U. Hering** (S. 145), **W. Luger** (S. 286), **Horticulture** (S. 126)
FU Tielmann: (S. 282)
Getty: DK (S. 269), **DK / Dave King** (S. 10), **DV / M. Blann** (S. 223), **GAP Photo/J. Buckley** (S. 86, 250), **Riser / St. O'Sullivan** (S. 140), **Stone / A. McPhail** (S. 294), **Stone / St. Swintek** (S. 44), **Taxi, J. Hirasawa** (S. 114)
H. Breukel / www.seerosenforum.de: (S. 71)
Hense R. / www.kleinsthof.de: (S. 169)
Imago: B. Koch (S. 285), **W. Redeleit** (S. 13, 18, 19, 24, 31, 92,151, 161, 191, 193, 194, 198, 199, 205, 206, 207, 214, 242, 258, 261), **Action Picture** (S. 33), **biky** (S. 226), **Döhrn** (S. 197), **imagebroker/Cölfen** (S. 244), **Imagebroker/de Cuveland** (S. 266), **Imagebroker/Schreiter** (S. 192, 206), **Imagebroker/Theissen** (S. 205), **M. Brettmann** (S. 242), **Mc Photo** (S. 140, 189), **Mc Photo / Diez** (S. 262, 151), **Niehoff** (S. 191), **O. Döring** (S. 193), **P. Widmann** (S. 205), **S. Müller** (S. 93), **Scherf** (S. 209), **W. Bögel** (S. 100, 192), **U. Kröner** (S. 96)
Insektenbox: Dr. W. Funk (S. 254, 255, 256, 259, 266, 267, 268), **W. Müller** (S. 255)
IPN: L. A. White (S. 98, 291)
Istockphoto: L. Fus (S. 80), **K. Brynildsen** (S. 153)
Jahreszeitenverlag: J. Holzenleuchter (S. 26)
joker: J. Loeffke (S. 70)
Lavendelfoto: Ch. Eberle (S. 182, 183, 194), **Ch. Palma** (S. 22, 66, 67, 145, 147, 148, 150, 152, 153, 155, 156, 158, 186, 187, 188, 189, 190), **G. Höfer** (S. 22, 28, 66, 67, 68, 99, 100, 101, 102, 103, 104, 109, 144, 145, 148, 149, 150, 152, 153, 155, 156, 157, 158, 159, 160, 170, 171, 174, 175, 176, 177, 248, 172, 173, 178, 179, 192, 194, 204, 208), **Dr. H. H. Müller** (S. 68, 100, 101, 159, 175), **J. de Cuveland** (S. 68, 100, 101, 148, 153), **R. Oster** (S. 148), **M. Müller** (S. 185), **A. Bock** (S. 144, 184, 205), **B. Deller-Leppert** (S. 207), **R. Rebmann** (S. 160, 190), **H. Müller** (S. 155, 208), **Th. Grimm** (S. 100, 101)
Look-Foto: Millennium Images (S. 180)
Kunst und Scheidulin: (S. 180)
Kobler R. / Institut für Didaktik der Naturwissenschaften Universität Salzburg: (S. 169)
Mauritius: Photononstop (S. 36), **Imagebroker** (S. 280), **Redcover** (S. 37)
naturbildportal.de: (S. 262), M. Ruckszio (S. 148)
Okapia: H. Reinhard (S. 121), **Hapo** (S. 260), **N. Cattlin** (S. 224, 267, 267, 267), **R. Maier** (S. 139), **Scimat / NAS** (S. 155, 223, 204, 256, 257, 231, 264)
OP Bilderdienst, Berlin: (S. 76, 108, 264)
Peter Arnold: Ed Reschke (S. 166), **M. Del Guercio** (S. 18)
picture press: Flora / A. Bock (S. 47), **Flora / Kramp und Gölling** (S. 162)
Plainpicture: Hasengold (S. 270), **westend61** (S. 78)
Premium: V. Brockhaus (S. 265)
Schapowalow: Giel (S. 265)
Stock4b: Yo (S. 234)
Stockfood: O. Diez (S. 252)
Vario Images: vario-images (S. 81)
Visum: H. Theissen (S. 269), **Hendel** (S. 283)
Vietmeier A.: (S. 257, 259, 159, 263)
Wildhirt St.: (S. 72, 84, 85)
Wildlife: A. Harmer (S. 139, 264), **O. Diez** (S. 262), **Harms** (S. 254, 262), **P. Hartmann** (S. 254, 256)
Willemsen Th.: (S. 247)
www.gwa-online.de, www.willi-wurm.de: (S. 246)
www.gartenbedarfversand.de: (S. 31)
www.GeKaHo.de: (S. 213)
www.hartmann-brockhaus.de: (S. 212)
www.nolimit-online.de: (S. 120, 135)
www.solarlichtladen.de: (S. 74, 75, 76)
www.windmobil.de: (S. 77)

Illustrationen
Grafik-Weber / www.grafik-weber.de: (S. 64, 196, 199)
Kati Hammling / www.ktgrafix.de: (S. 16)
Birgit Heyne (S. 14, 15, 20)
Neubau Welt, Edited by Robert Klanten & Mika Mischler, Published by Die Gestalten Verlag

Impressum

Herausgeber und Verlag
Stiftung Warentest
Lützowplatz 11–13
10785 Berlin
Telefon 0 30/26 31–0
Fax 0 30/26 31–25 25
www.test.de

Vorstand
Dr. jur. Werner Brinkmann

Weiteres Mitglied der Geschäftsleitung
Hubertus Primus (Publikationen)

Vertrieb Bücher
Christian Wagner

Autor
Friedrich Schenk

Lektorat
Uwe Meilahn

Redaktionelle Mitarbeit
Lothar Beckmann
Hans-Peter Brix (Schädlinge und Nützlinge)
Annegret Jende (Umweltanalysen)
Michael Koswig

Externe Experten
Birgit Heyne, Kleinmachnow

Grafik-Design
Anke Dessin

Bildredaktion
Anke Dessin, Sylvia Heisler, Margrit Porzelt

Produktion
Vera Göring
Catrin Schroeter

Verlagsherstellung
Rita Brosius (Leitung)
Sabine Beeh

Litho
tiff.any GmbH, Berlin

Druck
Firmengruppe APPL, aprinta druck,
Wemding

Einzelbestellung
Stiftung Warentest
Vertrieb
Postfach 81 06 60, 70523 Stuttgart
Telefon: 0 180 5/00 24 67
Fax: 0 180 5/00 24 68
(je 14 Cent pro Minute aus dem Festnetz)
www.test.de

Redaktionsschluss: Februar 2009